看懂心經

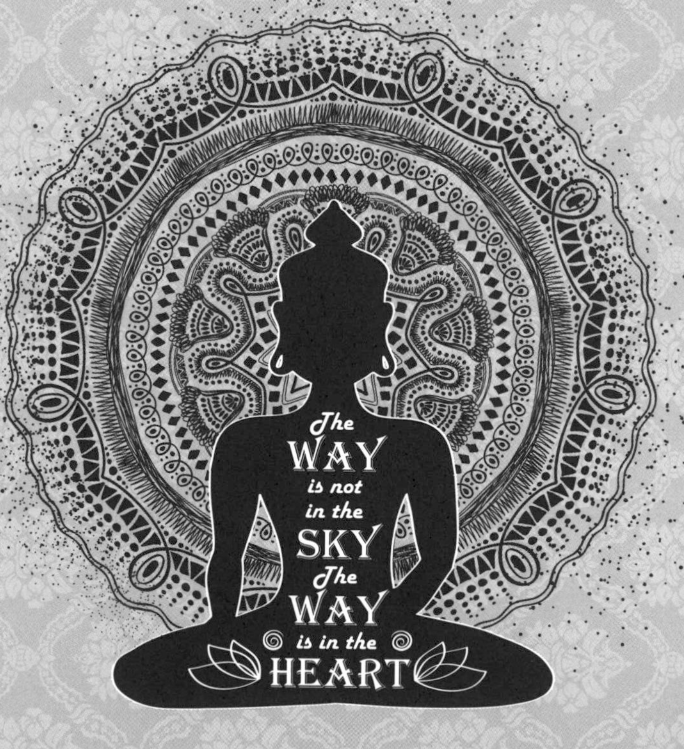
The
WAY
is not
in the
SKY
The
WAY
is in the
HEART

呂冬倪——著

再版序

首先，我要感謝購買這本《看懂心經》的讀者們，因為有你們的支持與鼓勵，才有這本書的再版機會。

寫這本書的初衷，是要傳播佛法，而且是用最白話的方式，介紹給普羅大眾。可是，沒想到幾位親友告訴我，內容還是「有看沒有懂」。經過溝通了解之後，我才恍然大悟，原因出在於他們都太認真了，認真的從第一頁開始看起。但是，一讀到佛經的原文時，就停住了，因為看不懂。

有些人腦筋轉得快，先跳到最後一單元的「《心經》懶人包」看起，等看完這個單元，對內容有概念之後，再回到第一頁開始看起，情況就好多了。有人還建議我，應該把最後一單元的「《心經》懶人包」，改到第一單元，這樣會比較看得懂。

感謝這些熱心親友讀者的建議，所以我才寫這篇〈再版序〉，建議讀者先跳到最後一單元的「《心經》懶人包」看起。

另外，我還有一個建議，佛經經文看不懂沒關係，先跳過去，看白話文的部分就好。等看完有概念了，再回過頭來看佛經經文的部分；或者直接跳過佛經經文的部分，直接看白話文的部分就好，等以後因緣到了，你自然會渴望看佛經經文的部分。

我現在正著手在寫「看懂」系列的第二本書《看懂禪機》，第一單元就是「禪機懶人包」。這本

《看懂禪機》除了說明「禪」到底是什麼？還延續第一本《看懂心經》的核心重點「要見自性，就必須要讓第七識『末那識』停止作用。」進階說明：要如何讓第七識「末那識」停止作用的方法？請大家拭目以待。

希望我的學習心得，能夠幫助想要學佛的同好們。也希望大家繼續給我批評指教，讓內容更完善，感謝大家。

呂冬倪

二零一九年十二月寫於澳洲・布里斯本・家中

緣起

我是在三十歲的時候，第一次與《心經》邂逅。在那之前，我完全沒有佛學的基礎。直到有一天，奶奶交代我要念《心經》，因為當時第三度中風的爺爺，將不久於人世。奶奶對我說，爺爺往生的時候，幫爺爺助念《心經》，對爺爺有幫助。為了從小就很疼愛我的爺爺，只要任何對他老人家有幫助的事情，我當然願意盡心盡力的去做。

只是當我第一次拿到只有一張A4大小的《心經》時，滿腦子充滿著疑惑，心裡想著：「佛經不都是厚厚的一本書嗎？為什麼《心經》只有一張紙而已？」。

接著又聽說《心經》有「佛經之王」的美譽，這更加引起我的好奇心，很想了解《心經》到底在講什麼？但是，當我看完《心經》的全文之後，如墮五里霧中，完全不知所云。

為了明白《心經》到底在說什麼？我決定把《心經》當作「英文」來學習。後來在書局找到一本吳汝鈞先生編著的《佛教思想大辭典》，這是一本解釋佛經專有名詞的辭典。我把《心經》的經文逐字查詢，這才明白原來《心經》所談的觀念，是我從來沒有接觸過的思想領域，這真是太有趣了。

《心經》就像是我的「佛法啟蒙老師」一般，為我打開學習佛法的一扇窗，從此點燃了我學習佛法的興趣。後來有了佛學的基礎之後，更好奇其他宗教與佛教有什麼不同？於是心中這股強烈的求知欲望，引導我延伸去研究儒家、道家、道教、基督教、伊斯蘭教和一貫道的經典，以及各宗教的歷史淵源。最後，我終於理解這些宗教的思想、源流、理念和差異性。

到了二〇〇二年，為了二個兒子能夠受到更好的教育，我選擇移民到澳洲。閒暇之餘，我喜歡和布里斯本市的朋友們，一起談論宗教的經典和歷史典故。

或許冥冥中有一股無形的力量在督促著我，居然在同一段時間裡，陸續有朋友和我討論《心經》的內容，他們最常提問的問題如下：

「《心經》是什麼？」

「《心經》在說什麼？」

「聽說唸《心經》可以驅邪避凶，是真的嗎？」

「看完許多版本的《心經》白話解釋，可是我仍然不懂《心經》到底在說什麼？」

看著這些朋友們滿臉狐疑的表情，以及渴望得到答案的眼神，我內心激起了陣陣的漣漪，心潮熱血澎湃不已，頓時心中響起了一個聲音：「告訴他們，你所知道的佛法心得吧！」。

過沒多久，我遇到一位正在研讀《心經》的朋友，他得意的告訴我說：「『觀自在菩薩』是觀看自己內在的菩薩；『舍利子』就是指在我們的肉體屋舍中，住著一位真靈，就是你的『本性』，就是『自性佛』。」

聽完他津津樂道的經文解說，我的內心突然有點刺痛和慚愧，因為我剛學習《心經》的時候，也和他犯了相同的錯誤，以「字面解義」來詮釋《心經》，誤解了「觀自在菩薩」和「舍利子」的意思。

最後，我下定決心並且立下志願：「我應該把我的所學，用最白話的解釋，讓大家都知道《心經》到底在說什麼？不要再有人解釋錯誤了。」於是就誕生了這本《看懂心經》。

回想二十多年前，我在台灣曾經寫過《般若波羅蜜多心經心得錄》、《般若心經說什麼》和《般若心經的二大重點》這三本書。如今，再回顧當時所寫的內容，不但覺得內容不足，更重要的是，都不夠白話，不適合沒有佛學基礎的朋友來閱讀。所以這次重新提筆寫《心經》的白話解釋，希望對於有興趣了解《心經》的讀者們，能夠有所幫助。

另外，這本《看懂心經》是以《心經》為核心，延伸到「自性」、「中陰身」、「修行心法」和「諸佛淨土」的探討，希望讀者看完這本《看懂心經》之後，能夠點燃學習佛法的興趣，這是我寫這本《看懂心經》的另一個心願。

在這個世界上，研讀《心經》的專家和大德非常多，我不敢浮誇這本《看懂心經》是最好的。假如有善知識覺得本書的內容有不好之處，敬請指教，我一定真誠的虛心領受，我只希望能為傳播正確的佛法，盡一點微薄的力量。

最後，再一次感謝這些澳洲朋友的「緣起」，沒有你們求知的「因」，就沒有寫這本書的「緣」。

呂冬倪

二〇一八年十月寫於澳洲・布里斯本・家中

前言

《般若波羅蜜多心經》簡稱《般若心經》或《心經》，是闡述大乘佛教「空相」和「般若思想」的經典。這部極受大家喜愛的「一頁佛經」，是萃取自《大般若波羅蜜多經》（簡稱《大般若經》）的部分經文，再加上密教「般若波羅蜜菩薩」的咒語後，濃縮成為一部極精簡的經典。

《大般若經》是「般若波羅蜜多」義理的集結，多達六百卷，非常龐大。古德為了讓後人容易學習，將重要而且核心的部分摘錄出來，獨立分成二本濃縮精華的經文，來單獨流通：一本是《金剛般若波羅蜜經》（簡稱《金剛經》），另一本就是《般若心經》。《金剛經》可以說是《大般若經》的綱領；而《心經》則是《金剛經》的綱要。

回想我學習《心經》的過程，先去買了《佛教思想大辭典》，把《心經》經文裡面的「名相（專有名詞）」都查清楚；再去各大書局蒐羅，買了好多本法師們和居士們所白話註解的《心經》書籍。

但是，即使明白了經文裡的「名相」，也看完各種版本的白話解說，對於《心經》到底在說什麼？總覺得似懂非懂；而且還常發生同一個「名相」，專家們各有不同解讀的情形，這讓我困擾不已。

直到後來，我研究了其他的佛典，尤其是《瑜伽師地論》，有了「八識」的概念之後，我才恍然大悟，原來釋迦牟尼佛在講什麼？

我不是說我已經「悟道」了，而是說我已經「明白、了解」釋迦牟尼佛在講什麼？以佛教的術語來說，我還停留在「文字般若」的階段。

什麼是「文字般若」？「般若」是梵語，意思為「妙智慧」。在《大乘義章》卷十裡，依據《大智度論》，立下三種「般若」的定義，即：

（一）文字般若：指「佛經所有的文字」，因為能令人理解而開發妙智慧，所以稱為「文字般若」。

（二）觀照般若：「觀照」就是觀一切法空，依照「文字般若」，了解佛經中所教導的道理，依此道理去實修，直到有一天能夠照見「五蘊皆空」，明瞭「凡所有相，皆是虛妄」，而證得「實相」。

（三）實相般若：是禪定「觀照」時，所覺知的境界。「實相」就是「道」，就是萬法本來的真面目。「實相」不能用凡夫思考的心去敘述它，也不是我們所能想像，也不是言語所能表達，這是一種不可思議的境界。

學習佛法的過程，就是從「文字般若」生起「觀照般若」，再由「觀照般若」證得「實相般若」。「佛經」就是「文字般若」，讀「佛經」能夠讓人理解人生的真相，進而開發「般若智慧」。但是，對一般人來說，假如沒有善知識來導讀，要了解「佛經」的內涵，知道「佛經」到底在講什麼？是一個不可能的任務。因為面對眾多的「佛經」，不知道從哪一本開始讀起？而且「佛經」裡的名相太多、太難懂，即使看完解釋，也是一知半解、似懂非懂。

我不敢自稱為「善知識」，只是我研究了三十年的佛經後，不禁心裡感嘆，假如在三十年前，有善知識幫我導引讀「佛經」，我就不用浪費那麼多時間，在佛海裡摸索尋覓釋迦牟尼佛的真理。所以，我只想把我對佛法的研究心得，寫出來和有緣的讀者分享，希望對有心想學習佛法的人有幫助。

今天我有這個緣分，來寫這一本《看懂心經》，就是希望能夠以《心經》為核心，然後向四面八方去延伸探討，來引導讀者一步一步的了解釋迦牟尼佛到底在說什麼？我們先建立佛法的基礎，再進階到佛法的修行方法，最後就可以真正明白，原來《心經》在講什麼？

所以這本《看懂心經》的內容，不只是解釋《心經》的經文而已，而是藉由大家耳熟能詳的《心經》，來為初學者建立佛學基礎。

我們在學校受教育的過程中，先念小學、中學，最後到大學，循序漸進的從基礎學起。學習佛學也應該要如此，尤其對一般在佛門外的大眾，更應該要有一套簡易的學習方法，來揭開佛法神秘的面紗。

要了解《心經》，必須先要有「佛法的基礎」，而「佛法的基礎」，必須建立在二件事情上面：

一、先認識「唯識學」

要學習佛法，一定要先學習《瑜伽師地論》，又稱為「唯識學」，主要的重點是認識「八識」，這八個「心識」即「眼識、耳識、鼻識、舌識、身識、意識、末那識、阿賴耶識」等八個識。

「唯識學」是佛法心理學，有了「八識」的概念，你才明白為什麼修道學佛，一定要「靜坐禪定」才行？

「唯識學」告訴我們一個原理，唯有透過「靜坐禪定」的練習，才能夠讓第七識「末那識」停止作用。一旦「第七識」停止作用，我們的思想活動就停止，「妄想執著」當然就不存在。這時候，你的「自性佛」就顯現出來，這就是所謂的「見性成佛」。

二、再認識「自性」和「妄想執著」

認識「八識」之後，再去研究釋迦牟尼佛在菩提樹下悟道後，所說的第一句話。今日佛教的創立，就是源自於這句話。

《指月錄》第一卷：

「入正三昧。至八日明星出時。廓然大悟。成等正覺。乃歎曰。奇哉一切眾生。具有如來智慧德相。但以妄想執著不能證得。」

在這段經文裡，要明白三個名相：「三昧」、「如來智慧德相」和「妄想執著」。

這三個名相，告訴我們三個重點：

(1)我們都有「如來智慧德相（自性、佛性）」，但是都被自己的「妄想執著」所蒙蔽。

(2)「妄想執著」的產生，來自於我們第七識「末那識」的作用。

(3)要去除「妄想執著」，只有一個方法，就是修行「三昧（靜坐禪定）」，讓我們的第七識「末那識」停止思慮的作用，就不會產生「妄想執著」。

本書會詳細介紹這三個重點，然後你再看一遍《心經》的經文，就會恍然大悟，明白原來如此，你就會看懂《心經》在說什麼。

接著，請讀者們翻頁到這本《看懂心經》的目錄，你們會發現有幾個特殊的單元。我把所有有關《心經》的資料，和重要的佛法，都提出來和大家分享。

在《看懂心經》的目錄裡，有七個比較特別的單元：

（一）第三單元——《心經》是釋迦牟尼佛在什麼時候演說的經典？

釋迦牟尼佛宣說佛法是循序漸進的，那《心經》是在什麼時期說的？是說給誰聽的呢？

（二）第四單元——《心經》的原始出處

《心經》的原始出處是《大般若經》，是從《大般若經》中節錄出來，再加上密宗的咒語而成。

（三）第五單元——《心經》原來有二個版本

《心經》像一篇極短篇，所以許多人看不懂。你知道嗎？《心經》有「簡略版」和「原版」兩種版本。你必須要看過「原版」的《心經》，才會恍然大悟，原來《心經》裡，還隱藏著其他的主角。

（四）第六單元——玄奘法師和《心經》的因緣

你知道玄奘法師為什麼要到西方取經嗎？

你知道玄奘法師在西行路上，遇到災難時，就是靠著持誦《般若心經》，才完成取經的偉大事業嗎？

你知道玄奘法師為什麼發願要往生兜率天內院的彌勒菩薩淨土，而不是大家所熟悉的阿彌陀佛的西方極樂世界淨土嗎？而你應該選擇哪個淨土呢？

（五）第十四單元——臨終時會見到「自性光」

你知道在我們一生當中，只有二次的機會，可以見到自己的「自性光」嗎？一次是經由「禪定靜坐」，另外一次是在你「臨終」的時候。

（六）第十八單元——觀自在菩薩的修行法門

觀自在菩薩（觀世音菩薩）深入修行「般若波羅蜜多」的時候，「照見五蘊皆空，度一切苦厄。」那你知道觀自在菩薩（觀世音菩薩）的修行法門嗎？

（七）第二十單元——《心經》懶人包

由這個「懶人包」中，讀者們可以快速的複習《看懂心經》這本書的重點。

佛家說，釋迦牟尼佛有八萬四千個法門，來度化眾生八萬四千個煩惱。我不敢說，每個人看完這本《看懂心經》後，都懂《心經》，都懂佛法。只希望對佛法的傳播，盡一點微薄的心力。

最後，我希望這本《看懂心經》，不僅要讓一般人看懂《心經》在說什麼？還要知道釋迦牟尼佛在說什麼？進而對佛學產生興趣，主動去學習佛法，這是我最大的心願。

目錄

第十九單元

看懂《心經》之後

第二十單元

《心經》懶人包

你為什麼要看《心經》？

一、一般人想看《心經》有四個原因

在開始介紹《心經》之前，我們先來談一件事情：你為什麼要看《心經》？

就我所知道，一般人想看《心經》有四個原因：

（一）基於好奇心

為什麼《心經》被尊稱為「經王」？

為什麼《心經》是所有佛經中流傳最廣，被人持誦講解最多的一部經典？

為什麼聽說只要懂《心經》在說什麼？就可以明白釋迦牟尼佛的佛法精華？

為什麼《心經》雖然只有短短的二百六十個字，但是內涵豐富，經文翻譯的精簡流暢而優美，不同於其它厚厚的佛經？

（二）認為可以驅邪避劫

聽說唸《心經》可以驅邪避兇？

聽說唸《心經》可以躲災避劫？

聽說唸《心經》可以消災解厄？

（三）認為可以得到功德好處

據說唸《心經》可以替自己累積功德？
據說唸《心經》可以替自己消除業障？
據說唸《心經》可以把功德迴向給往生者？

（四）想要精進學習佛法

傳說讀通《心經》可以開智慧，明白釋迦牟尼佛的佛法精華。
傳說讀通《心經》這一經，就可以讀通群經，看懂佛教的「三藏十二部經」。
「三藏」即「經藏、律藏、論藏」三種類別的佛典，合稱為「三藏」，或「三藏十二部經」。「十二部經」是把釋迦牟尼佛宣說的佛法分類，也稱為「十二分教」，即「長行、重頌、孤起、譬喻、因緣、無問自說、本生、本事、未曾有、方廣、論議、授記」等十二類。

二、只要你看過《心經》就和佛法結緣

其實，不管是那個原因，只要你唸完一遍《心經》，從此你就和佛法結緣了。根據佛教「唯識學」的理論，只要你唸完一遍《心經》，這個過程會被儲存起來，形成一個「業識檔案種子」，然後儲存在你的第八識「阿賴耶識」裡面。等「業識檔案種子」成熟，就會形成一股「善業力」，未來或來世會引導你繼續去學習佛法。

「八識」是大乘佛教「唯識學派」的術語，指的是眾生的內在八個「心識」。眾生身上都有「眼

睛、耳朵、鼻子、舌頭、身體」，透過這些感覺器官，便會產生「眼識、耳識、鼻識、舌識、身識（以上合稱「前五識」）」，然後再形成第六識「意識」和第七識「末那識」，而第八識「阿賴耶識」是「根本識」，前七識都是由它所生出。

釋迦牟尼佛告訴我們，在宇宙萬物生成的最初一剎那，唯有此第八識「阿賴耶識」而已，它是宇宙萬物的「根本識」。第八識「阿賴耶識」是宇宙萬有和眾生「自我」的本源，它含藏著一切事物的種子，也是輪迴的主體和解脫的依據。

當我們投胎到這一世時，我們前世的「靈魂（佛教稱為「中陰身」）」帶著第八識「阿賴耶識」來和今生有緣的父母會合。當「中陰身（第八識「阿賴耶識」）」和父精（精子）母血（卵子）三者合一，就融合成「受精卵」，一個新生命就此形成。這個「受精卵」，開始在母親的子宮內長成「胎兒」，第八識「阿賴耶識」開始作用，發展出其他七個「心識」。

當我們往生時，隨著肉體的敗壞，前七個「心識」陸續消失，最後「靈魂（中陰身）」帶著第八識「阿賴耶識」離開人世間，在「業力」的引導下，繼續下一世的六道輪迴。

第八識「阿賴耶識」就像一顆永遠不會壞的「超級無限容量大硬碟」一般，記錄著我們每一世所做的善事、惡事和不善不惡的事件，這三者稱為「業力」，然後我們就是依據這些「業力」不斷的進行六道輪迴。

大乘佛教「唯識學派」的「八識」，我把它稱為「佛法心理學」，要想了解佛法，看懂《心經》，一定要學習「唯識學」，我在後面的單元，會有專題的探討。

有了第八識「阿賴耶識」的概念之後，你就會明白，為什麼我會說，只要你有緣分唸完一遍《心經》，從此你就和佛法結緣了。

在《金剛經》裡，有一段經文可以做為佐證：

須菩提白佛言：「世尊！頗有眾生，得聞如是言說章句，生實信不？」佛告須菩提：「莫作是說！如來滅後，後五百歲，有持戒修福者，於此章句，能生信心，以此為實。當知是人，不於一佛、二佛、三四五佛而種善根，已於無量千萬佛所種諸善根。聞是章句，乃至一念生淨信者；」

白話翻譯：

須菩提問釋迦牟尼佛說：「世尊！您所說的這種無相真空的妙理，眾生聽了會生起真實的信念嗎？」。釋迦牟尼佛告訴須菩提說：「你不要這麼說，我涅槃之後兩千年，仍然會有持守戒律，廣修福田的善男信女，聽到此經中的任何一章或是一句，能夠產生信心，並且認為是真實的。要知道這種人，不僅是在最近世諸佛，修學佛法所種的善根，甚至是從過去無量佛那裡種來的善根。所以他們聽到或看到此經中的任何一章或是一句，就能一心清淨，誠信不退。

這一段經文「當知是人，不於一佛、二佛、三四五佛而種善根，已於無量千萬佛所種諸善根。」說明了只要你有緣分接觸佛經，你的第八識「阿賴耶識」就會記錄這份佛緣（這是一種「善業力」），並且在未來的六道輪迴裡，不斷的茁壯成長，自動引導你繼續延伸這份佛緣。所以，我才會說「從此你就和佛法結緣了」。

這種「延伸佛緣」的現象，也發生在我的身上。

回想我學習佛法的過程，並沒有人教導我。在我三十歲之前，「佛經」對我而言，只是一本厚重的文言文書籍，是寺廟裡的和尚和尼姑，師父們每天在讀誦的書本。不但我看不懂「佛經」，「佛經」也和我沒有任何關係，我是不可能去接觸「佛經」的。

誰知道，有一天我學佛的因緣成熟，我的爺爺和奶奶是「因」，《心經》是「緣」，從此打開我研讀學習佛法的大門到今日。

這種「延伸佛緣」的例子很多，像禪宗六祖惠能大師在《六祖壇經》中，就提到他學佛的因緣。

《六祖壇經》：「能嚴父本貫范陽。左降流於嶺南。作新州百姓。此身不幸。父又早亡。老母孤遺。移來南海。艱辛貧乏。於市賣柴。」

白話翻譯：惠能大師的父親，原本在范陽（現在的河北省）當官，後來因故被降職流放到嶺南（現在的廣東省），成為新州（廣東新興縣）的平民百姓。惠能大師的童年遭遇非常不幸，父親早亡，他與老母親遷移到南海，家境非常清寒，靠賣柴度日。

《六祖壇經》：「時有一客買柴。使令送至客店。客收去。能得錢。卻出門外。見一客誦經。能一聞經云。應無所住。而生其心。心即開悟。遂問客誦何經。客曰。《金剛經》。」

白話翻譯：

某天，有一位顧客要買柴，要惠能大師把柴送到客店。顧客將柴收下，惠能大師收了錢，退出門外時，見到有一位客人在念佛經。惠能大師聽到客人唸佛經中的一段經文「應無所住，而生其心」，心中立即開悟。於是就問客人誦念什麼經？客人說：《金剛經》。

惠能大師沒有讀過書，所以他不認識字。但是他卻能夠一聽到《金剛經》的經文「應無所住，而生其心」，心中立即開悟，這不是奇蹟，而是他的第八識「阿賴耶識」裡的前世「業識檔案種子」因緣成熟，喚醒惠能大師前世學佛的記憶，而「延伸佛緣」到這一世繼續學佛。

不管你想看《心經》的原因是什麼？俗話說：「佛渡有緣人」，即使你是個「沒有佛緣的人」，有緣讀完《心經》之後，恭喜你！你就變成「佛法有緣人」了。

唸《心經》真的可以驅邪避凶嗎？

一、唸《心經》真的可以驅邪避凶

「唸《心經》真的可以驅邪避凶嗎？」這是一個經常被大家提問的問題。平常人若遇到不順利的事情，比如說：事業不順利、身體健康出問題、懷疑自己卡到陰、好像遇到鬼以及遇到意外事故等等，都會想要求神拜佛來保護自己的生命安危。這時候，號稱「佛經之王」的《心經》，理所當然就被當成「王牌護身符」來看待。

但是雖然說《心經》是「佛經之王」，但是仍然有人會懷疑：「唸《心經》真的可以驅邪避凶嗎？真的可以躲災避劫嗎？真的有效嗎？」

針對這個問題，我的答案是：「是的！唸《心經》真的可以驅邪避凶和躲災避劫。」我以「佛經」的記載和「科學」的論點，來證明我的看法。

佛經有記載，忉利天的天主帝釋天曾經念誦《心經》打敗魔王波旬；唐代的玄奘法師西行印度取經，一路上也是靠著誦持《心經》，驅除魑魅魍魎，度過重重的難關，最後完成取經的任務。

在《般若波羅蜜多心經回遮儀軌》中記載著：以前帝釋天（他是忉利天的天主，忉利天是佛教世界中，欲界的第二層天。）受到魔王波旬的侵害時，就觀想空性，念誦《心經》以度過危難，所以《般若波羅蜜多心經回遮儀軌》裡說，往昔帝釋天怎樣祈禱，我們也如是祈禱的話，魔王波旬等一切「違緣（指違逆於我們身心的事緣，如盜賊、水、火等災難。）」都會化為烏有。

原文《般若波羅蜜多心經回遮儀軌》：

「南無敬禮師，敬禮佛，敬禮法，敬禮僧，敬禮大佛母般若波羅蜜多。我之一切真實語，當願成就。如昔時天王帝釋思惟大佛母甚深般若波羅蜜多義，依止念誦而遣除魔王波旬等一切違緣。如是我亦思惟大佛母甚深般若波羅蜜多義，依止念誦，魔王波旬等一切違緣，願皆遣除，願成無有，願成寂滅，願極寂滅。

不生亦不滅。不常亦不斷。不來亦不去。不一亦不異。能說是因緣。善滅諸戲論。我稽首禮佛。」

為什麼念《心經》能遣除「違緣」呢？因為《心經》所講的是「空性」精華。我們之所以會遭遇恐怖、災難等「違緣」的侵擾，原因在於「我執」和「法執」。假如證悟了「無我空性」，斷除了「我執」和「法執」，一切魔障就沒有猖狂的餘地了。

什麼是「我執」和「法執」呢？

「我執」是「執著實我」的意思，因為眾生的身體，原來是「五蘊（即色蘊、受蘊、想蘊、行蘊、識蘊，後面的單元會有詳細的解說）」的假組合，但是我們都妄想執著眾生的身體是個實體。

「法執」，「法」表示「存在、事物」的意思，「思想所能及」就是「法」。

「法執」是將所有「存在（法）」的本質，認為是固定不變、有實體的物體。

「我執」和「法執」都屬於妄想的見解，因為世間萬物都不會永遠存在。人類就算能活到二百歲，最後也都會因為老化死亡而消失；就算是太陽，科學家預估在70至80億年之後，也會毀滅。這都是「無常」的現象，世間萬物永遠依照「成、住、壞、空（成立、持續、壞滅、空無）」的四個步驟在演化。

另外，在《大唐大慈恩寺三藏法師傳》裡，也有記載《心經》是可以驅魔的。唐代有名的玄奘法師（就是《西遊記》裡的唐三藏），他到印度去取經，經過沙漠地帶，夜裡滿天鬼火閃爍如繁星，魑魅魍魎，形狀恐怖，前後跟隨。玄奘法師有時高聲稱念「觀世音菩薩」的聖號，影像就應聲消失；但是有時候還是無法排除，環繞在旁邊，這時候只有誦持《般若心經》後，一切幻影才消聲匿跡。

這部《般若心經》是玄奘法師在成都的時候得到的，當時他看到一個衣衫襤褸，滿身膿瘡的病人，沒有人願意理他。玄奘法師憐憫，請寺裡的人布施給他衣服、食物和藥品。那個病人很感激他，口授這部《般若心經》送給玄奘法師作為回報。

可見《心經》的加持力很大，可以降服妖魔，滿足善願，成就一切功德等。所以我們在遇到「違緣」時，如鬼魅、地震、海嘯等，大家都要誠心念《心經》，依靠「般若空性」的力量與加持，就可以化險為夷，所有的惡緣全部可以消除。

二、《心經》裡的密教「咒語」

在《心經》經文的最後一段，有一句佛教密教的「咒語」：「揭諦，揭諦，波羅揭諦，波羅僧揭諦，菩提薩婆訶。」在佛教的顯教經典裡，會出現密教的「咒語」，是很少見的事情。

佛教「密教（又稱為密宗）」，又名「金剛乘」，是大乘佛教的一個支派。這一個教派，在修行方式上，有很多不許公開的祕密心法傳授，以及充滿神秘內容的儀式，因此被稱為「密教」；而相對於

「密教」，先前的佛教派系，包括其他的大乘佛教、上座部佛教，則被稱為「顯教」。

佛教密教認為宇宙萬物都是「大日如來（又譯為毗盧遮那佛，即釋迦牟尼佛的稱號之一，依照佛教不同的派系，有不同的見解，認為是法身佛或報身佛或應化身佛。密教認為是五方佛之一，位居中央。）」所顯現，表現其「智德」方面者，稱為「金剛界」；表現其「理性（本來存在的、永恆的悟性）」方面者，稱為「胎藏界」。

在「胎藏界」裡有個「持明院」，是「大日如來」的持明使者。「持明院」裡共有四尊「明王」和一尊「菩薩」。這四尊「明王」分別是：不動明王、降三世明王、大威德明王和勝三世明王。「明王」是佛教的護法神，屬於天界的天人，是金剛神之一。據說是釋迦牟尼佛和菩薩們的忿怒化身，密宗修行者經常以「明王」為本尊，以修行「天瑜伽（以觀想本尊為修行的主要方式）」。

而唯獨一尊的「菩薩」是「般若波羅蜜菩薩」，密號為「智慧金剛」，是「大日如來」的正法輪身，為天女的形象，有六臂，她的左手持梵篋，於此收納般若的真文。

《心經》經文的最後一段密教「咒語」，就是「般若波羅蜜菩薩」的咒語。

正確的「般若波羅蜜菩薩」咒語（羅馬拼音）的讀音為：

gade gade bara-gade bara-sam-gade boti-swaha

嘎諦嘎諦 巴拉嘎諦 巴拉僧嘎諦 菩提 梭哈

（注意：「g」念「ㄍ」音。）

般若波羅蜜菩薩的咒語，就是漢傳《正般若心經》裡的咒文來源：「即說咒曰。揭諦揭諦，波羅揭諦，波羅僧揭諦，菩提薩婆訶。」

三、「咒語」是什麼？

「咒語」是什麼？許多人認為「咒語」是一種迷信、是一種江湖騙術，不相信「咒語」的作用與力量。其實，在這個世界上，許多古文明都有「咒語」的存在。

「咒語」起源於古代巫師祭拜神鬼時的祝詞，古人相信「咒語」可以通天地鬼神，與神靈相通。在中國的《書經．無逸》裡說：「厥口詛祝」，疏云：「祝音咒，詛咒為告神明令加殃咎也。」這說明了，最初的咒語，就是用語言告訴神明，要求懲罰惡人，或者向神明發誓。

道教的「咒語」，是一種被認為對鬼神有感應或禁令的神秘語言。道教的「咒語」一般首句是呼喚鬼神的名字，中間是述說對鬼神的要求和命令，末句則以律令作結語。

佛教的「咒語」，是起源於古印度的「吠陀教」（約在前1500年至前500年間），英國人稱為「婆羅門教」。在中世紀後，「婆羅門教」又融合一些民間信仰成為「印度教」，十九世紀後逐漸改革為今日的「新印度教」。

佛教的教主釋迦牟尼佛，在年輕的時候，就是一位「婆羅門教」的信徒。他精通「婆羅門教」的重要典籍，如《吠陀》本集、《梵書》、《森林書》、《奧義書》和《薄伽梵歌》等，這些典籍中就有許多「讚歌」，這些就是最早的「咒語」。

「婆羅門教」認為，念誦「咒語」可以和天神的心靈直接感應，而發生效力。「咒語」就像是諸佛菩薩的「電波密碼」，可以呼應通靈，互相感召，主要功用是祈福和詛咒，以此達到願望的滿足。

佛教密宗的「咒語」又稱為「真言」，梵語稱為「曼怛羅」，又稱為「陀羅尼」，屬於密宗身、口、意三密中的「口密」。「真言」就是真實的話，不虛妄的話，是諸佛菩薩所說的祕密語，被認為是含有諸佛菩薩不可思議的加持力。

另外，「咒語」一般都是音譯，它的意義時常不翻譯。歷代各佛經譯師基本上都不翻譯咒語，以免把含有諸佛菩薩無量密意的咒語錯誤解釋。因此，我們看到《心經》中的咒語都沒被意譯過來。

所以，許多《心經》的白話翻譯書籍，把咒文「揭諦，揭諦，波羅揭諦，波羅僧揭諦，菩提薩婆訶。」翻譯成：「去呀！去呀！去彼岸呀！用許多到彼岸的方法去彼岸，去成就菩提大道。」是不妥當的。

四、用科學來證明《心經》可以驅邪避兇

下面，我再另外用科學的角度，來證明《心經》真的可以驅邪避兇。

西方的科學，從古希臘時期開始，人們就一直在思索著「物質是由什麼構成的？」這個問題，一直到二十世紀「量子力學」（quantummechanics）的發展，才讓我們真正了解到「構成物質的基本粒子是什麼？」。

如果我們不斷地分析某個東西是由什麼構成的？我們會得到分子、原子、亞原子、電子、質子、中子、夸克。但是「夸克」就是基本粒子嗎？

「量子力學」的科學家告訴我們答案：「夸克」不是基本粒子，而是由更小的線狀物質「弦」（String）所組成的。「夸克」是透過「弦」的不同振動狀態所變成，「弦」才是萬物的真正基本粒子。

「弦」的不同振動模式，決定了它是成為電子，還是夸克，或是光子。原來我們所認知的真實世界，是由無數個「弦」的振動，產生無數個「波動」所組成，整個宇宙就是一個「波動的世界」。

現代科學家發現，整個宇宙萬物，都是由「波動」所產生的現象，包括所有動物、植物、礦物，都是「波動」現象。還有「光」的移動，和人類思考時產生的「思想波」，也都是「波動」的一種現象。

釋迦牟尼佛把眾生分為十種世界，稱為「十界」或「十法界」。分別是指：佛、菩薩、緣覺、聲聞、天人、人、阿修羅、畜生、餓鬼和地獄。

「十法界」的後面六個世界（天人道、人道、阿修羅道、畜生道、餓鬼道和地獄道），就是大家耳熟能詳的「六道」。「六道」是指六種欲界、色界及無色界眾生的種類型態，也是凡夫眾生輪迴的途徑。在「六道」中，阿修羅道的眾生遍布在其它的五個道，天道阿修羅也是一種神靈，因為好勇鬥狠，能與天神爭鬥。而其他道的阿修羅，是指心性殘暴的眾生，有的甚至有神通。

按照上面「量子力學」科學家告訴我們答案：宇宙萬事萬物都是「波動」的現象，那「十法界」的眾生也都是「波動」的一種現象。

「波動」的行動方式，稱為「頻率」。「頻率」的定義是：「每一秒振動幾次」，其單位為「Hz（赫茲）」（次／秒）。所以一秒內能振動一次，我們稱為1Hz（赫茲）。

那《心經》的「咒語」，為什麼會有效用？唸「咒語」會發出「頻率」，會產生「共振」。透過這個「共振」路徑，我們的「心念意識」可以和「宇宙意識能量」接軌，來接收「宇宙能量」。

我們可以用手機、電視機和收音機來舉例明。手機為什麼可以在很遠的地方聽到對方的聲音？電視機和收音機的天線為什麼能收訊號，變成影像和聲音？這都是藉由「電磁波」的「波動」來傳遞訊號。

廣播電台將影像和聲音轉換成電子訊號，透過「無線電發射機」形成「無線電波」，經由天線發射出去，而位在遠地的聽眾，可以利用電視機和收音機的「共振天線」接收「無線電波」，並且還原成原來的影像和聲音。

同樣的，唸《心經》的「咒語」會產生振動音波。尤其是集中心力，來唸《心經》的「咒語」，你的大腦就會像「廣播電台」一樣，把你的「思想波」傳遞到宇宙去。諸天仙佛一接收到你的「思想波」，馬上就來幫你驅邪避兇。

關於這個推論，我舉《地藏菩薩本願經》的一段經文，來做佐證：惡毒鬼王在聽完地藏菩薩的說法後，立下誓言要保護往後讀誦《地藏菩薩本願經》的人。

《地藏菩薩本願經》原文：

「爾時惡毒鬼王合掌恭敬白佛言：世尊，我等諸鬼王，其數無量，在閻浮提（指地球），或利益人，或損害人，各各不同。然是業報，使我眷屬遊行世界，多惡少善。過人家庭，或城邑聚落，莊園房舍。或有男子女人，修毛髮善事，乃至懸一旛一蓋，少香少華，供養佛像及菩薩像。或轉讀尊經，燒香供養一句一偈。我等鬼王敬禮是人，如過去現在未來諸佛。敕諸小鬼，各有大力，及土地分，便令衛護，不令惡事橫事、惡病橫病，乃至不如意事，近於此舍等處，何況入門。」

在許多佛經裡，常提到鬼王和諸天仙佛保護行善又唸佛經的人，何況是號稱「經王」的《心經》。如果能夠集中心力來讀誦《心經》，當然會有四面八方，無形的力量來幫你驅邪避兇。

釋迦牟尼佛在《遺教經》上說：「制心一處，無事不辦。」就是說，能夠把心力集中在一處，就沒有什麼事情不能辦。我們越能夠「集中心力」，真心誠意的把《心經》的「咒語」唸到接近「一心不亂」的境界，「咒語」的力量就越大，因為我們的「心力」是最強大的發射波。

如果只是口中唸咒，你的心靈跟「咒語」不相應，「咒語」就沒有辦法起作用，因為《心經》的「咒語」是一種心靈的能量，必須專心誠意的念誦，才能夠和宇宙波動合為一體，才能夠產生「宇宙能量」。

第三單元

《心經》是釋迦牟尼佛在什麼時候演說的經典？

一、感謝大梵天王（四面佛）留住釋迦牟尼佛住世說法

在談《心經》的原始出處之前，我們先來讓大家了解，釋迦牟尼佛是在什麼時期說法提到《心經》的？《心經》在佛法裡的重要性是什麼？如此，我們就能夠更全面性的了解《心經》的「身世」。

話說距今二千五百多年前，釋迦牟尼佛在古印度菩提伽耶的一棵菩提樹下悟道成佛。釋迦牟尼佛初成道時，內心想著：我們這個地球的眾生，迷惑顛倒，難以教化，他長久留在這個世間，實在沒有益處，於是就想離開人世間，進入涅槃。

還好當時天上的大梵天王，知道釋迦牟尼佛的想法，立即前往面見釋迦牟尼佛，恭敬禮拜、長跪合掌，勸請釋迦牟尼佛慈悲留住世間「大轉法輪（宣說佛法）」。

釋迦牟尼佛告訴大梵天王：「一切眾生都貪著世間欲樂，蒙蔽了清淨智慧。若住世說法，都是徒勞無功，不如速入涅槃。」後來經過大梵天王，一再的懇請，釋迦牟尼佛才答應留下來說法，也才有今天的佛教。

「大梵天王」是何方神聖呢？祂就是泰國信奉的「四面神」，也是印度教的「創造神」和「智慧

神」。由於「大梵天王」的外形近似佛像，因此一般人都誤稱為「四面佛」。這是錯誤的稱呼，因為「大梵天王」是天人，不是佛。

在《阿含經》及《大悲經》等經典中，記載著居住在色界初禪天的大梵天王深信佛法，時常幫助釋迦牟尼佛教化眾生，擔任釋迦牟尼佛的侍者，他與欲界的帝釋天（台灣民間將佛教的帝釋天視同為道教的玉皇大帝，也就是大家口中的天公。）同受釋迦牟尼佛的囑咐，護持我們這個娑婆世界（地球）。

另外，大梵天王（四面佛）有四個面的造型，一般人認為：

①正面祈求功名，

②第二面祈求感情，

③第三面祈求財富，

④第四面祈求健康。

其實，這是錯誤的傳言。

大梵天王（四面佛）的四個面是代表「慈、悲、喜、捨」，也就是修行與實踐佛教的「四無量心」四種心境。凡是信眾要祈求與大梵天王（四面佛）相應，必須勤修這四種功德。而勤修「慈、悲、喜、捨」四無量心，也是對大梵天王（四面佛）最高的供養。

釋迦牟尼佛答應大梵天王住世說法之後，採取「因材施教」的方式，根據「利根（悟性高）」和「鈍根（悟性低）」不同悟性的眾生，實行階段性說法，使「利根」和「鈍根」的眾生，最後皆能成佛。

釋迦牟尼佛說法四十九年，最初演說《華嚴經》二十一日，當時在座的小乘聲聞、緣覺的修行人，完全不能領悟理解。於是釋迦牟尼佛又另外演說《阿含經》十二年、《方等經》八年、《般若經》二十二年，《法華經》和《涅槃經》共八年，這是大型法會的宣講，至於對個人特別的教化，說過無數次，感化無數人。

有一個重點要注意的是，在釋迦牟尼佛弘法四十九年當中，大部分是說給隨行的羅漢弟子們（聲聞、緣覺）和菩薩們聽的，他們大多是正在修行，但是尚未悟道的眾生。所以，在當時一般人是聽不懂的，更何況是經過二千五百年後的我們這些一般人，那就更不用說了。

但是，大家也不要氣餒，因為在現代，仍然會有看得懂佛經的人。你們或許在累世有修道、持戒和修福，那就有機會在今世看懂佛經、喜歡聽佛經，或者對佛經有興趣。我這個說法，是有根據的。

釋迦牟尼佛在《金剛般若波羅蜜經》裡曾經提到：「如來滅後，後五百歲，有持戒修福者，於此章句能生信心，以此為實，當知是人不於一佛二佛三四五佛而種善根，已於無量千萬佛所種諸善根。」

對於初次接觸佛學的讀者，我在這裡解釋一下，釋迦牟尼佛主要弘法的對象「聲聞」、「緣覺」和「菩薩」：

(1)「聲聞」是指聽聞釋迦牟尼佛的聲教而證悟的出家弟子。

(2)「緣覺」是指獨自悟道的修行者。

(3)「菩薩」是印度話「菩提薩埵」的簡稱，「菩提」是「覺悟」的意思；「薩埵」是「有情」的意思，「有情」是指有情愛感覺的動物。「菩薩」的意思就是「覺有情」，意思是說「菩薩」是覺悟的有情眾生，並且也能夠理解和同情一切眾生的痛苦，進而解決一切眾生的痛苦。所以，「菩薩」就是「上求佛道和下化眾生」的大聖人。

我們要感謝大梵天王（四面佛），留住了釋迦牟尼佛住世說法度眾生，我們才有機會學習佛法，才能夠在這本書裡一起研究《心經》。

那麼《心經》是釋迦牟尼佛在什麼時期演說的經典呢？

二、《解深密經》提到釋迦牟尼佛在人間的「三轉法輪」

在《解深密經》中有提到，釋迦牟尼佛在人間的「三轉法輪」，意思是：分三階段來演說佛法。佛教把「佛法」稱為「法輪」，把「佛法的傳授」稱為「轉法輪」。佛教以「車輪的旋轉」來比喻釋迦牟尼佛的教法像車輪一般，能夠把世間一切不正確的見解都輾碎；也比喻「佛法」像車輪一樣，是圓滿無缺的；也比喻「佛法」如同車輪一般的輾轉不息，能夠普遍流傳。

「三轉法輪」的詳述如下：

初轉：「四諦法輪」時期

這是釋迦牟尼佛在證道成佛之後的第一階段說法，又稱為「阿含期」。

此階段最具代表性的經典為《阿含經》系列，也就是《長阿含經》、《中阿含經》、《雜阿含經》及《增壹阿含經》。

主要的內容是為「聲聞」和「緣覺」層次的眾生解說：斷「我見」與「我執」的法門，即「聲聞」、「緣覺」所修的「解脫道」。「初轉法輪」時，釋迦牟尼佛先說《華嚴經》，但無人能明白。所以他改從演說「四聖諦（苦、集、滅、道）」開始傳道，說明眾生的「流轉（即生死相續不斷，而輾轉於三界、六道的輪迴。）」到煩惱的「還滅（即由修行的功行，斷除煩惱，出離生死，還歸涅槃的本源。）」教導「聲聞」和「緣覺」，修行「解脫道（解脫迷惑的智慧）」。

第二轉：「無相法輪」時期

釋迦牟尼佛在第二轉法輪階段，宣說「般若」，又稱「般若期」。

此階段的代表經典為《小品般若經》、《大品般若經》、《金剛經》及《心經》等《般若經》系列。

主要的內容是為「菩薩」層次的眾生解說，說明世間一切法皆「空無自性」，認知煩惱、生死是可以斷除的，「涅槃（實相、滅卻煩惱的狀態）」是不二的，世間一切法皆無「自性」。

第三轉：「善分別法輪」時期

在第三轉法輪階段，釋迦牟尼佛所講述內容是「如來藏」的更深細功能差別，又稱為「唯識期」，以弘演「大乘成佛之道」為主。

此階段主要的代表經典為《方廣》、《唯識》諸經，如《楞伽經》、《楞嚴經》、《解深密經》、《大般涅槃經》、《勝鬘經》等。

主要的內容，也是為「菩薩」層次的眾生來解說「空性」。對「無自性」再分別解釋，以更淺顯的方式說明《般若經》等開示的「一切法無生無滅，本來寂靜，自性涅槃」。

此階段的內容分為兩大部分，一是以《解深密經》為主，說明「唯識思想」；二是以《如來藏經》為主，說明「一切眾生皆有佛性」。

「三轉法輪」其實也可以看做是眾生的修道過程：

①「第一轉法輪」擊破眾生對「實有」的執著；

②「第二轉法輪」點破眾生對「實有」和「空」的執著；

③「第三轉法輪」告訴我們，當「實有」和「空」的念頭都消失之後，剩下的不是像「虛空」一樣，什麼都沒有，而是存在一種，用言語思想無法描述表達的東西，這就是一切萬法的本體，稱為「如來藏」。

由上面的說明，我們可以得知，《般若波羅蜜多心經》是屬於釋迦牟尼佛在「三轉法輪」中，也就是分三階段演說佛法的第二轉「無相法輪」時期，所演說的經典。

在第二轉「無相法輪」時期的代表經典為《小品般若經》、《大品般若經》、《金剛經》及《心經》等般若經。這些般若經，最初在東漢時期傳到中國，經過東漢、三國時期的曹魏、前秦、後秦等，不同朝代的佛經翻譯家，翻譯成中文版的般若經。

最後，唐朝的玄奘法師，把全部的《般若經》，綜合彙編成《大般若波羅蜜多經》，簡稱《大般若經》，分成十六會，總共六百卷。

《大般若經》的主旨在闡明萬事萬物都出於「因緣和合」，故其「自性本空」，此經為宣說「諸法皆空」的大乘佛教般若類經典的彙編。釋迦牟尼佛在《大般若經》中，常提到「般若」的重要性，更比喻「般若」為「佛母」，能生一切佛法。

東晉時期鳩摩羅什法師所翻譯的《金剛般若波羅蜜經》，實際上就是《大般若經》裡的第九會第577卷。

三、中國智顗法師創立「五時教判」

釋迦牟尼佛在什麼時期說法提到《般若心經》的？這個答案，除了在《解深密經》中提到之外，還有另一種說法，就是中國智顗（一）法師所創立的「五時教判」。

智顗法師生於南北朝時代的南梁，圓寂於隋代。智顗法師於南朝陳、隋兩朝深受帝王禮遇，隋煬帝楊廣授予智顗法師「智者」的封號，世稱「智者大師」。智顗法師為佛教天台宗的實際創始人，後世尊崇他為天台宗四祖。

當時智顗法師看見佛教教義的複雜，佛經的文義又互相牴觸，就建立「五時判教」的學說，判明釋迦牟尼佛所說一切經典的地位和特色。

智顗法師在他的著作《法華玄義》裡，提出「五時教」的理論，他把佛教所有經典的內容加以分類、解釋。從釋迦牟尼佛說法的順序，分為華嚴時、鹿苑時、方等時、般若時、法華涅槃時，稱為「五時」。詳述如下：

第一、華嚴時

指釋迦牟尼佛在菩提樹下悟道、成道之後，最初宣說《華嚴經》的時期，當時說法的主要對象是大菩薩眾，但是此時的說法程度太高，聲聞、緣覺和根基淺的人都聽不懂，不能收到教化的效果。所以釋迦牟尼佛流露慈悲心，為根基淺的人，另外演說小乘的方便法門。此時期的代表經典是《大方廣佛華嚴經》，屬於大乘的經典。

第二、鹿苑時（**阿含時**）

指釋迦牟尼佛宣說《華嚴經》之後的十二年間，於十六大國演說小乘的四《阿含經》時期。因為釋迦牟尼佛最初說法的場所在「鹿野苑」，所以此時期稱為「鹿苑時」；又取所說經的經名，所以又稱為「阿含時」。

此時期所說的教法程度較低，僅為「小乘法」，說的是「十善業（不殺生、不偷盜、不邪婬、不妄語、不兩舌、不惡口、不綺語、不貪欲、不瞋恚、不愚癡）」、「四諦法（苦、集、滅、道）」和「十二因緣法（無明、行、識、名色、六處、觸、受、愛、取、有、生、老死）」。

此時期的代表經典是《雜阿含經》、《長阿含經》、《中阿含經》和《增壹阿含經》。

第三、方等時

「方等」意思是「方正、平等的實相道理」，指「鹿苑時」之後的八年間，釋迦牟尼佛改變祂的教法。

此時期的教法，打破第二「阿含時」小乘的淺證，其中所說的重點，斥責「小乘」而讚嘆「大乘」，要引導「小乘」走向「大乘」的修行之路。

此時期的代表經典是《維摩詰經》、《楞伽經》、《楞嚴經》、《阿彌陀經》等，屬於大乘經典。

第四、般若時（**淘汰時**）

指「方等時」之後的二十二年間，說諸《般若經》的時期，依據《般若經》名取名為「般若時」。

此時期所說教法，為去除大乘和小乘的分別，說「諸法皆空」。因為「空理」比較深奧難懂，所以一些執著相的人，逐漸被淘汰，所以又稱為「淘汰時」。

此時期的代表經典是《大般若經》、《金剛經》和《般若心經》等，屬於大乘經典。

第五、法華涅槃時

指為使受教者的能力達到最高境界，證入「佛知見」的時期。是釋迦牟尼佛在最後八年間說《法華經》與入涅槃之前，一日一夜說《涅槃經》的時期。

《法華經》是將第一「華嚴時」以後至第五「法華涅槃時」之間的大乘和小乘，加以開導，使他們成就「入佛知見」為目的；《涅槃經》則對《法華經》所遺漏的有能力者，闡揚「眾生皆有佛性」，教化他們，使他們成佛。

此時期的代表經典是《妙法蓮華經》、《大般涅槃經》等，屬於大乘經典。

所以，我們可以得知《般若心經》是第四「般若時」，釋迦牟尼佛所宣說的經典。

《心經》的原始出處

一、看不懂《心經》的二個原因

《心經》是《大般若經》的重點結集，包含「大品般若」和「小品般若」的教理，是《大般若經》加以濃縮後，成為二百餘字的極精簡經典，因此是《般若經》系列中，一部極為重要的經典，是可以與同樣出自《大般若經》的《金剛經》相互詮釋。

《大般若經》是解說「諸法皆空」意義的經典，此經主要在闡明萬事萬物都源自於「因緣和合」的現象，所以萬事萬物的「自性本空」。

「空相」、「諸法皆空」、和「因緣和合」的「般若思想」，這些佛法的「名相」（專名名詞）很重要，不懂它們的意思，就看不懂《心經》。這些「名相」，在本書中都會有詳細解說。

什麼叫做「名相」？「名相」是佛經的術語，耳朵可以聽到的，叫做「名」，眼睛可以看到的，叫做「相」。世上萬物都有「名相」，但是所有的「名相」都是虛妄不實的，《楞伽經》上說：「愚癡凡夫，隨名相流。」

《心經》是所有佛經中翻譯次數最多，並且最常被背誦的經典。但是，大多數的人卻是「有看沒有懂」，尤其是「觀自在菩薩」常被錯誤翻譯成「觀看自己內在的菩薩」；還有「舍利子」也常被錯誤翻譯成「我們身體屋舍中的真靈」，也就是指「本性、自性佛」。

歸納看不懂《心經》的原因有二個：

（一）不懂佛法，沒有佛法的基礎，因為《心經》是屬於高層次的「般若」佛法。

（二）目前最流通的《心經》，是「略本（精簡版）」，不是「廣本（完整版）」。所以初學者不知道，原來在完整版的《心經》版本裡，還有其他的人物角色。

《心經》有「廣本（完整版）」及「略本（精簡版）」兩種版本，「廣本」具有序分、正宗分、流通分；「略本」只有正宗分。最有名的鳩摩羅什法師與玄奘法師的《心經》翻譯本，都是屬於「略本」，我們在下一個單元，會有專題詳述。

我們現在最常見的《心經》版本是玄奘法師的翻譯本，總共260個字，其經文言簡義豐、博大精深、提綱挈領，直接闡明「第一義諦」，集中了「般若學」的精髓，是大乘佛教出家及在家佛教徒日常背誦的佛經之一。

關於上述的二個原因，我們在後面的單元會陸續詳細介紹，這裡先來了解一下，《心經》的原始出處。

二、《心經》的原始出處

《心經》的內容架構，是從下列的佛經中，所節錄出來的精華版本：

（一）在《大般若波羅蜜多經》（簡稱為《大般若經》）中提到，釋迦牟尼佛在靈鷲山演說《心經》的緣起，為諸菩薩、聲聞弟子所圍繞。所以，《大般若波羅蜜多經》和《心經》是在「靈鷲山」演說的。

原文：

《大般若波羅蜜多經》第二三會卷第403第二分緣起品第一：

「如是我聞，一時，薄伽梵（釋迦牟尼佛）住王舍城鷲峯山中，與大苾芻（比丘）眾五千人俱，皆阿羅漢，……」

（二）《心經》的經文結構，是釋迦牟尼佛與弟子舍利弗的對談，「色不異空、空不異色，色即是空、空即是色，……」這一段的來源大部分出自於《摩訶般若波羅蜜經》和《大般若波羅蜜多經》。

原文：

《摩訶般若波羅蜜經》習應品第三：

「舍利弗！色不異空、空不異色，色即是空、空即是色，受想行識亦如是。舍利弗！是諸法空相，不生不滅、不垢不淨、不增不減。是空法非過去、非未來、非現在，是故空中無色，無受想行識，無眼耳鼻舌身意，無色聲香味觸法，無眼界乃至無意識界，亦無無明亦無無明盡，乃至亦無老死亦無老死盡，無苦集滅道，亦無智亦無得，……」

這一段的來源也出自於《大般若波羅蜜多經》觀照品：

原文：

《大般若波羅蜜多經》卷第403第二分觀照品第三之二：

「舍利子！色不異空，空不異色，色即是空，空即是色；受、想、行、識不異空，空不異受、想、行、識，受、想、行、識即是空，空即是受、想、行、識。舍利子！是諸法空相，不生不滅，不染不淨，不增不減，非過去非未來非現在。如是空中無色，無受、想、行、識；無眼處，無耳、鼻、舌、身、意處；無色處，無聲、香、味、觸、法處；無眼界、色界、眼識界，無耳界、聲界、耳識界，無鼻界、香界、鼻識界，無舌界、味界、舌識界，無身界、觸界、身識界，無意界、法界、意識界；無無明亦無無明滅，乃至無老死愁歎苦憂惱亦無老死愁歎苦憂惱滅；無苦聖諦，無集、滅、道聖諦；無得，無現觀；無預流，無預流果；無一來，無一來果；無不還，無不還果；無阿羅漢，無阿羅漢果；無獨覺，無獨覺菩提；無菩薩，無菩薩行；無正等覺，無正等覺菩提。……」

這一段的來源也出自於《大般若波羅蜜多經》學觀品：

原文：

《大般若波羅蜜多經》卷第四　初分學觀品第二之二：

「舍利子！菩薩自性空，菩薩名空。所以者何？色自性空，不由空故。色空非色，色不離空，空不離色，色即是空，空即是色。受、想、行、識自性空，不由空故。受、想、行、識空非受、想、行、識，受、想、行、識不離空，空不離受、想、行、識，受、想、行、識即是空，空即是受、想、行、識。何以故？舍利子！此但有名謂為菩提，此但有名謂為薩埵，此但有名謂為菩提薩埵，此但有名謂之為空，此但有名謂之為色、受、想、行、識。如是自性無生、無滅、無染、無淨，菩薩摩訶薩如是行般若波羅蜜多，不見生、不見滅、不見染、不見淨。何以故？但假立客名，別別於法而起分別；假立客名，隨起言說如如言說，如是如是生起執著。菩薩摩訶薩修行般若波羅蜜多時，於如是等一切不見，由不見故不生執著。……」

對照《般若波羅蜜多心經》原文：

「舍利子。色不異空。空不異色。色即是空。空即是色。受想行識。亦復如是。舍利子。是諸法空相。不生不滅。不垢不淨。不增不減。是故空中無色。無受想行識。無眼耳鼻舌身意。無色身香味觸法。無眼界。乃至無意識界。無無明。亦無無明盡。乃至無老死。亦無老死盡。無苦集滅道。無智。亦無得。」

（三）「般若波羅蜜多是大神咒……」這一段，出自於《大般若波羅蜜多經》和《摩訶般若波羅蜜經》。

原文：

《大般若波羅蜜多經》第二會功德品第三十二：

「爾時，天帝釋白佛言：『世尊！如是般若波羅蜜多是大神呪、是大明呪，是無上呪，是無等等呪，是一切呪王，最尊最勝、最上最妙，能伏一切，不為一切之所降伏。何以故？世尊！如是般若波羅蜜多能除一切惡不善法，能攝一切殊勝善法。』」

這一段來源也出自於《摩訶般若波羅蜜經》勸持品：

原文：

《摩訶般若波羅蜜經》勸持品第三十四：

「釋提桓因（即天帝釋）白佛言：「世尊！般若波羅蜜是大明呪、無上明呪、無等等明呪。何以故？世尊！是般若波羅蜜能除一切不善，能與一切善法。

佛語釋提桓因言：「如是，如是！憍尸迦（天帝釋的另一個名字）！般若波羅蜜是大明呪、無上明呪、無等等明呪。何以故？憍尸迦！過去諸佛因是明呪故，得阿耨多羅三藐三菩提。未來世諸佛、今現在十方諸佛，亦因是明呪，得阿耨多羅三藐三菩提。……」

對照《般若波羅蜜多心經》原文：

「故知般若波羅蜜多。是大神咒。是大明咒。是無上咒。是無等等咒。能除一切苦。真實不虛。」

（四）最後一段的咒文則出自於《佛說陀羅尼集經》。

原文：

《佛說陀羅尼集經》第三卷，般若大心陀羅尼第十六：

「呪曰。跢姪他 揭帝揭帝 波羅揭帝 波囉僧揭帝 菩提 莎訶是大心呪。用大心印。作諸壇處一切通用。」

對照《般若波羅蜜多心經》原文：

「即說咒曰。揭諦揭諦。波羅揭諦。波羅僧揭諦。菩提薩婆訶。」

相信讀者看到這裡，心中一定會有一個疑問：「《心經》不是觀自在菩薩與佛弟子舍利弗的對談嗎？怎麼在《大般若經》裡是釋迦牟尼佛與弟子舍利弗的對談？」。

沒錯！《心經》確定是擷取自《大般若波羅蜜多經》。所以原本在《心經》裡，觀自在菩薩對佛弟子舍利弗所說的佛法，其實不是觀自在菩薩說的，而是釋迦牟尼佛親自直接向舍利弗說的。

那這麼說來，《心經》是不是一部「偽經」呢？

《心經》絕對不是一部「偽經」，而是一部貨真價實的「真經」。因為《心經》的經文，完全符合《大般若波羅蜜多經》的經文內涵，而且是濃縮《大般若波羅蜜多經》經文的精華。

所以，我們只能推測，某位古代的大師或高人，為了後代眾生容易背誦和流通《大般若波羅蜜多經》的精華，所以奉請觀自在菩薩做為《心經》的主角，以《大般若波羅蜜多經》的精髓，再附加密教的「密咒真言」而完成單行本的迷你《大般若波羅蜜多經》，也就是現在《心經》的版本。

第五單元

《心經》原來有二個版本

一、《心經》有「原版」和「簡略版」二個版本

現在你知道，原來《心經》的經文，真正的主講者是釋迦牟尼佛，而不是觀自在菩薩。

但是，你可能不知道，就算是改編的單行本迷你《大般若經》，原作者也是編寫的有模有樣，像一般的佛經一樣，地點、人物、主角、配角和佛法重點，應有盡有。

所以，《心經》也是一本標準模式的「迷你佛經」，具有「序分（序言）」、「正宗分（本文）」和「流通分（結論）」等三個部分。

但是，古德為了更加容易背誦和流通，《心經》又被濃縮再濃縮成一本「超迷你佛經」，也就是目前大家所熟悉的260個字的《心經》，內容只有「正宗分（本文）」的部分，「序分（序言）」和「流通分（結論）」都被拿掉。

當你第一次看完流傳最廣的譯本，也就是玄奘法師所翻譯的260個字的《心經》譯本後，你會不會覺得《心經》就像一篇極短篇的文章？「觀自在菩薩」是那一尊菩薩？「舍利子」又是誰？「觀自在菩薩」到底在說什麼？

你之所以會有這些疑問，是因為玄奘法師所翻譯的《心經》是「簡略版」的版本，而不是「原

版」。你只看到「正宗分（本文）」的部分，不知道還有「序分（序言）」和「流通分（結論）」的內容，讀起來當然會覺得有點突兀。

你一定沒有想到，佛經也有「簡略版」。沒有錯！在所有佛經當中，就只有《心經》這一本有「原版」和「簡略版」兩種版本的經文。所以，讀《心經》一定要讀「原版」，你才會知道前因後果，才明白原貌是什麼？

上面提到《心經》有「原版」和「簡略版」兩種版本，在正統的佛教稱為「略本」和「廣本」。「廣本」具有「序分（序言）」、「正宗分（本文）」和「流通分（結論）」三個部分，而「略本」只有「正宗分（本文）」。

什麼是「序分」、「正宗分」和「流通分」呢？

二、道安法師創立「三分科經」

在佛經的翻譯史上，東晉時期的道安法師有非常重要的傑出貢獻。漢傳佛教著名的譯師鳩摩羅什推崇他是「東方聖人」，在當時有「彌天釋道安」的美譽。

道安法師首創「三分科經」來分類佛經的結構，就像寫作文慣用的行文方法：「起、承、轉、合」一樣。自道安法師以後，「三分科經」的方法，就被僧眾所沿用，迄今不衰。

什麼是「三分科經」呢？佛經的「正文部分」是佛經的主體，由於許多佛經的經卷內容浩大繁複，一般人閱讀起來比較困難。所以，為了更清楚的了解佛經的主旨，讓百姓容易接受深奧的佛理，道安法師將佛經的內容分為三個部分，即「序分」、「正宗分」和「流通分」。每一部分再細分下去，就像生物學裡「綱、目、種、屬」的分類一樣，這種將經文的內容分為「序分」、「正宗分」和「流通分」的劃分方法，就是所謂的「三分科經」。

「三分科經」的分類：

（一）**序分**（**序言**）

「序分」是指佛經中敘述「本經」產生由來的部分，一般位於佛經正文的開頭。「序分」是為讀經的人說明，這部經文是因為什麼事情或什麼人而說，就是所謂的「本經因緣」。讀了「序分」，我們會大概了解這部經書產生的時間、地點、緣由等情況，有助於我們更理解這部佛經的主旨。

（二）**正宗分**（**本文**）

「正宗分」是論述一部佛經的「宗旨」，「正宗」是指釋迦牟尼佛親口所說所說，必為「正宗」的意思，「正宗」是指正統。「正宗分」是一部佛經中最重要的部分，此部分一般包含「教義闡明」、「論證」以及「修行法門」。「正宗分」一般採取問答的方式，由釋迦牟尼佛的弟子提問，釋迦牟尼佛解答，往來問答之後，釋迦牟尼佛再做總結的結構組成。

（三）**流通分**（**結論**）

「流通分」是佛經正文的「結尾」，在佛經教義陳述完結之後，還要讓佛經在世間流傳，進而傳於後世，以便利益眾生。「流通分」的基本形式，大多是「大眾聞佛所說，皆大歡喜，信受奉行」意思是大家在聽了釋迦牟尼佛的說法後，內心無比的歡喜，恭敬的接受釋迦牟尼佛的教誨，並發願依照釋迦牟尼佛的教導來修行。

三、原版的「廣本」《心經》

玄奘法師所翻譯的《心經》是「略本」，而「略本」只有「正宗分（本文）」，這對於初次接觸《心經》的人而言，自然有霧裡看花的感覺。因為一般人不知道有「序分（序言）」和「流通分（結論）」這三個部分，只看到「正宗分（本文）」的內容，當然會不知所云，甚至解釋錯誤。

下面我就以唐代智慧輪大師所翻譯的「廣本」《般若波羅蜜多心經》，來說明「廣本」《心經》的「三分科經」的分類。

（一）序分（序言）原文

「如是我聞。一時薄誐梵。住王舍城鷲峰山中。與大苾芻眾。及大菩薩眾俱。爾時世尊。入三摩地。名廣大甚深照見。時眾中有一菩薩摩訶薩。名觀世音自在。行甚深般若波羅蜜多行時。照見五蘊自性皆空。」

專有名詞解釋：

(1)薄誐梵：

「薄誐梵」是釋迦牟尼佛的另一個稱號，又翻譯做「婆伽梵」，意思是：有德行而且被世人所尊重者。

(2)王舍城鷲峰山：

「王舍城」是印度的古城，位於現在比哈爾邦那蘭達縣，是佛教八大聖地之一，為釋迦牟尼佛修行的地方。「鷲峰山」又翻譯為「靈鷲山」、「靈山」，位於古印度王舍城的西邊。

(3)苾芻：

「苾芻（ㄅㄧˋ ㄔㄨˊ）」又翻譯做「比丘」，意思是為乞士、乞士男。佛教受具足戒之後的男性出家眾，稱為「比丘」（女性出家眾稱為「比丘尼」）。在中國通常以「和尚」或「沙門」來作為「比丘」的通稱。

(4)三摩地：

「三摩地」又翻譯做「三昧」，是指把心專注於一處，進入心不散亂的狀態，又翻譯為「止」、「定」、「禪定」。

序分（序言）解說：

(1)這一段序分（序言），說明這場盛會是在古印度王舍城的靈鷲山舉行。

(2)盛會中，有許多大比丘與大菩薩都來參加。

(3)經文一開始，就提到當時釋迦牟尼佛進入三摩地（禪定）的境界。

(4)當時在大眾中，觀世音自在菩薩也進入禪定中，在觀照甚深微妙的般若波羅蜜多，照見色、受、想、行、識這五蘊皆是空幻。

（二）正宗分（本文）原文

「即時具壽舍利子，承佛威神，合掌恭敬。白觀世音自在菩薩摩訶薩言。聖者。若有欲學甚深般若波羅蜜多行。云何修行。如是問已。

爾時觀世音自在菩薩摩訶薩。告具壽舍利子言。舍利子。若有善男子。善女人。行甚深般若波羅蜜多行時。應照見五蘊自性皆空。離諸苦厄。

舍利子。色空。空性見色。色不異空。空不異色。是色即空。是空即色。受想行識。亦復如是。

舍利子。是諸法性相空。不生不滅。不垢不淨。不減不增。是故空中。無色。無受想行識。無眼耳鼻舌身意。無色聲香味觸法。無眼界。乃至無意識界。無無明。亦無無明盡。乃至無老死盡。無苦集滅道。無智證無得。

以無所得故。菩提薩埵。依般若波羅蜜多住。心無障礙。心無障礙故。無有恐怖。遠離顛倒夢想。究竟寂然。三世諸佛。依般若波羅蜜多故。得阿耨多羅。三藐三菩提。現成正覺。

故知般若波羅蜜多。是大真言。是大明真言。是無上真言。是無等等真言。能除一切苦。真實不虛。故說般若波羅蜜多真言。即說真言

唵誐帝誐帝。播囉誐帝。播囉散誐帝。冒地娑縛賀。」

專有名詞解釋：

(1)具壽舍利子：

「具壽」是對佛弟子、阿羅漢等的尊稱。「舍利子」又翻譯為「舍利弗」，是釋迦牟尼佛十大弟子之一，意譯鶖鷺子，梵漢並譯，則稱為「舍利子」。梵語「弗」，意思是「子息、兒子」。「舍利子」的母親為摩伽陀國王舍城婆羅門論師的女兒，出生時以眼睛好像「舍利鳥」，就取名為「舍利」；所以「舍利弗」這個名字的意思是「舍利的兒子」。

正宗分（本文）解說：

舍利弗承蒙釋迦牟尼佛的威神力，恭請觀世音自在菩薩說法，如何修行「般若波羅蜜多」。

(1)觀世音自在菩薩告訴舍利弗，修行「般若波羅蜜多」的方法。

(2)觀世音自在菩薩傳授密教般若波羅蜜多菩薩的咒語給舍利弗。

（三）流通分（結論）原文

「如是舍利子。諸菩薩摩訶薩。於甚深般若波羅蜜多行。應如是學。

爾時世尊。從三摩地安祥而起。讚觀世音自在菩薩摩訶薩言。善哉善哉。善男子。如是如是。如汝所說。甚深般若波羅蜜多行。應如是行。如是行時。一切如來。悉皆隨喜。

爾時世尊如是說已。具壽舍利子。觀世音自在菩薩及彼眾會一切世間天人阿蘇囉巘馱嚩等。聞佛所說。皆大歡喜。信受奉行。」

專有名詞解釋：

(1)阿蘇囉：

「阿蘇囉」又翻譯做「阿修羅」，直接翻譯為「非天」，意思是「果報」似天而非天的意思。在佛教中是六道之一，是欲界天半神半人的大力神。阿修羅易怒好鬥，驍勇善戰，但是阿修羅也信奉佛法，是佛教護法神天龍八部之一。

(2)巘馱嚩

「巘馱嚩（ㄧㄢˇ ㄊㄨㄛˊ ㄆㄛˊ）」又翻譯做「乾闥（ㄊㄚˋ）婆」，在印度教中，是一種以香味為食的男性神，能演奏音樂。

流通分（結論）解說：

(1)觀世音自在菩薩告訴舍利弗和其他在場的菩薩，要如他所說的方法來學習。

(2)觀世音自在菩薩一說完，釋迦牟尼佛也從三摩地（禪定）的境界裡，安祥的出定。

(3)釋迦牟尼佛出定後，讚嘆觀世音自在菩薩，並告訴在場的眾人，要按照觀世音自在菩薩所說的方法去修行。

(4)一切世間的天人、人、戰神「阿修羅」和音樂神「乾闥婆」等聽眾們，聽完釋迦牟尼佛的說法後，皆大歡喜，進而信受、奉行佛法。

各位看完「廣本（原版）」《心經》的解釋之後，是否有大夢初醒的感覺？是否有原來如此的感受呢？

四、《心經》有多少種漢文翻譯本？

《心經》有「略本」和「廣本」兩種版本，那到底有多少種漢文翻譯本？

《心經》是所有佛經中翻譯次數最多的佛經，除了最初的梵文版本，也翻譯成漢文、西藏文、德文、法文、俄文、荷蘭文、泰國文、越南文、韓文、日文和英文等國的譯本。

在西元五世紀（402-412年），西域龜茲的鳩摩羅什法師，在中國長安翻譯出《摩訶般若波羅蜜大明咒經》，這是目前所流傳下來最早的《心經》版本。

唐代玄奘法師（649年）所翻譯的《般若波羅蜜多心經》，共260個字，是現在流通最廣的《心經》版本。

在漢文譯本中，《心經》有兩個重要的「略本」，分別由姚秦的鳩摩羅什法師和唐代的玄奘法師所翻譯，另外還有其他五個重要的「廣本」譯本，分別是：

①《普遍智藏般若波羅蜜多心經》（739），唐代・法月重譯
②《般若波羅蜜多心經》（790），唐代・般若共利言合譯
③《般若波羅蜜多心經》（燉煌石室本）・（856），唐代・法成譯
④《般若波羅蜜多心經》（860），唐代・智慧輪譯
⑤《佛說聖佛母般若波羅蜜多經》（980），宋代・施護譯

在這五個「廣本」譯本中，有一件很奇怪的事情，就是其中有一本的「序分（序言）」部分，居然和其它四個譯本不同。

在唐代法月所翻譯的《普遍智藏般若波羅蜜多心經》中，有幾個重點：

（一）這部《普遍智藏般若波羅蜜多心經》演說的背景是，釋迦牟尼佛在王舍大城靈鷲山中，這一點與其他四個「廣本」譯本相同。

（二）在場的大眾有大比丘眾滿百千人，七萬七千位大菩薩，包括觀世音菩薩、文殊師利菩薩和彌勒菩薩等。這一點與其他四個「廣本」譯本大致相同，只是參加次法會的大菩薩，這部《普遍智藏般若波羅蜜多心經》寫得最詳細。

（三）然後，觀自在菩薩出場了。奇怪的是，前面介紹觀世音菩薩在場，後面卻說觀自在菩薩站起來詢問釋迦牟尼佛，而觀世音菩薩和觀自在菩薩，其實是同一尊菩薩，此經卻用不同的聖號來稱呼，容易造成後人誤解是二位不同的菩薩在場。

（四）其他四個「廣本」譯本，都記載當時釋迦牟尼佛正在進入「禪定」的狀態中，只有這部《普遍智藏般若波羅蜜多心經》沒有記載這一段。

（五）這部《普遍智藏般若波羅蜜多心經》記載，是觀自在菩薩主動徵詢釋迦牟尼佛的意見，祂想要為眾人宣說祕密的佛法概要，也就是「諸菩薩普遍智藏般若波羅蜜多心」。在得到釋迦牟尼佛的贊同後，觀自在菩薩先進入禪定中，以禪定的功力，深入修行「般若波羅蜜多」的時候，「照見五蘊自性皆空」。再從禪定中出定，並且「主動」告訴舍利弗，祂要為舍利弗解說密秘的佛法概要。

這一段的記載，與其他四個「廣本」譯本的描述不同。其他四個「廣本」譯本，都是記載著：當時釋迦牟尼佛正在進入「禪定」的狀態中，同時間觀自在菩薩也進入禪定中，以禪定的功力，深入修行「般若波羅蜜多」的時候，「照見五蘊皆空」。那時，舍利弗仰仗釋迦牟尼佛的威力，合掌恭敬的請問觀自在菩薩要如何修行「般若波羅蜜多」。

另外，我在前面有提到，不管是「略本」《心經》或者是「廣本」《心經》，都說《心經》是「觀自在菩薩」演說給聽眾中的代表「舍利子」聽的，並不是由「釋迦牟尼佛」親口講這部《心經》。

但是，在《心經》的來源《大般若經》的經文裡，《心經》卻不是「觀自在菩薩」說的，而是「釋迦牟尼佛」直接向「舍利子」說的。

為什麼演說《心經》的主角不是「釋迦牟尼佛」，而是「觀自在菩薩」，這件事情很奇怪，但是已經無法考證。不過還好這並不是重點，無關《心經》的內容是真還是假，因為《心經》的佛法精髓，與《大般若經》裡，「釋迦牟尼佛」親自演說的內容是一致的。

建議讀者把下面兩個「略本」《心經》和五個「廣本」《心經》，全部有耐心的至少研讀一遍，能夠如此，對《心經》的心得，一定會有意想不到的收穫。

《心經》重要的七個版本：

（一）《摩訶般若波羅蜜大明咒經》

姚秦天竺三藏鳩摩羅什譯

鳩摩羅什（402-412年翻譯），東晉十六國時期西域龜茲人。

版本：略本

「觀世音菩薩。行深般若波羅蜜時。照見五陰空。度一切苦厄。

舍利弗。色空故無惱壞相。受空故無受相。想空故無知相。行空故無作相。識空故無覺相。何以故。

舍利弗。非色異空。非空異色。色即是空。空即是色。受想行識亦如是。

舍利弗。是諸法空相。不生不滅。不垢不淨。不增不減。是空法。非過去非未來非現在。是故空中。無色無受想行識。無眼耳鼻舌身意。無色聲香味觸法。無眼界乃至無意識界。無無明亦無無明盡。乃至無老死無老死盡。無苦集滅道。無智亦無得。

以無所得故。菩薩依般若波羅蜜故。心無罣礙。無罣礙故。無有恐怖。離一切顛倒夢想苦惱。究竟涅槃。三世諸佛依般若波羅蜜故。得阿耨多羅三藐三菩提。

故知般若波羅蜜是大明咒。無上明咒。無等等明咒。能除一切苦真實不虛。故說般若波羅蜜咒。即說咒曰。

竭帝竭帝 波羅竭帝 波羅僧竭帝 菩提僧莎呵」

（二）《般若波羅蜜多心經》

唐三藏法師玄奘譯

玄奘（649年翻譯），唐代著名高僧。

版本：略本

「觀自在菩薩。行深般若波羅蜜多時。照見五蘊皆空。度一切苦厄。

舍利子。色不異空。空不異色。色即是空。空即是色。受想行識亦復如是。

舍利子。是諸法空相。不生不滅。不垢不淨。不增不減。是故空中。無色。無受想行識。無眼耳鼻舌身意。無色聲香味觸法。無眼界。乃至無意識界。無無明。亦無無明盡。乃至無老死。亦無老死盡。無苦集滅道。無智亦無得。

以無所得故。菩提薩埵。依般若波羅蜜多故。心無罣礙。無罣礙故。無有恐怖。遠離顛倒夢想。究竟涅槃。三世諸佛。依般若波羅蜜多故。得阿耨多羅三藐三菩提。

故知般若波羅蜜多。是大神咒。是大明咒。是無上咒。是無等等咒。能除一切苦。真實不虛。故說般若波羅蜜多咒。即說咒曰。

揭帝揭帝 般羅揭帝 般羅僧揭帝 菩提僧莎訶」

（三）《普遍智藏般若波羅蜜多心經》

摩竭提國三藏沙門法月重譯

唐代法月（738年重譯）

版本：廣本

「如是我聞。一時佛在王舍大城靈鷲山中。與大比丘眾滿百千人。菩薩摩訶薩七萬七千人俱。其名曰觀世音菩薩。文殊師利菩薩。彌勒菩薩等。以為上首。皆得三昧總持。住不思議解脫。

爾時觀自在菩薩訶薩在彼敷坐。於其眾中即從座起。詣世尊所。面向合掌曲躬恭敬。瞻仰尊顏而白佛言。世尊。我欲於此會中。說諸菩薩普遍智藏般若波羅蜜多心。唯願世尊聽我所說。為諸菩薩宣秘法要。

爾時世尊以妙梵音。告觀自在菩薩摩訶薩言。善哉善哉具大悲者。聽汝所說。與諸眾生作大光明。

於是觀自在菩薩摩訶薩蒙佛聽許。佛所護念。入於慧光三昧正受。入此定已。以三昧力行深般若波羅蜜多時。照見五蘊自性皆空。

彼了知五蘊自性皆空。從彼三昧安詳而起。即告慧命舍利弗言。善男子。菩薩有般若波羅蜜多心。名普遍智藏。汝今諦聽善思念之。吾當為汝分別解說。

作是語已。慧命舍利弗白觀自在菩薩摩訶薩言。唯大淨者。願為說之。今正是時。

於斯告舍利弗。諸菩薩摩訶薩應如是學。色性是空空性是色。色不異空空不異色。色即是空空即是色。受想行識亦復如是。識性是空空性是識。識不異空空不異識。識即是空空即是識。
舍利子。是諸法空相。不生不滅。不垢不淨。不增不減。是故空中無色。無受想行識。無眼耳鼻舌身意。無色聲香味觸法。無眼界乃至無意識界。無無明亦無無明盡。乃至無老死亦無老死盡。無苦集滅道。無智亦無得。
以無所得故。菩提薩埵依般若波羅蜜多故。心無罣礙。無罣礙故。無有恐怖。遠離顛倒夢想。究竟涅槃。三世諸佛依般若波羅蜜多故。得阿耨多羅三藐三菩提。
故知般若波羅蜜多是大神咒。是大明咒。是無上咒。是無等等咒。能除一切苦真實不虛。故說般若波羅蜜多咒。即說咒曰。
揭諦揭諦 波羅揭諦 波羅僧揭諦 菩提莎婆訶
佛說是經已。諸比丘及菩薩眾。一切世間天人阿修羅乾闥婆等。聞佛所說皆大歡喜。信受奉行。」

（四）《般若波羅蜜多心經》

罽（ㄐㄧˋ）賓國三藏般若共利言等譯
唐代般若共利言等（790年翻譯）
版本：廣本
「如是我聞。一時佛在王舍城耆闍崛山中。與大比丘眾及菩薩眾俱。
時佛世尊即入三昧。名廣大甚深。
爾時眾中有菩薩摩訶薩。名觀自在。行深般若波羅蜜多時。照見五蘊皆空。離諸苦厄。

即時舍利弗承佛威力。合掌恭敬白觀自在菩薩摩訶薩言。善男子。若有欲學甚深般若波羅蜜多行者。云何修行。如是問已。

爾時觀自在菩薩摩訶薩告具壽舍利弗言。舍利子。若善男子善女人行甚深般若波羅蜜多行時。應觀五蘊性空。

舍利子。色不異空空不異色。色即是空空即是色。受想行識亦復如是。

舍利子。是諸法空相。不生不滅不垢不淨不增不減。是故空中無色。無受想行識。無眼耳鼻舌身意。無色聲香味觸法。無眼界乃至無意識界。無無明亦無無明盡。乃至無老死亦無老死盡。無苦集滅道。無智亦無得。

以無所得故。菩提薩埵。依般若波羅蜜多故。心無罣礙。無罣礙故。無有恐怖。遠離顛倒夢想。究竟涅槃。三世諸佛。依般若波羅蜜多故。得阿耨多羅三藐三菩提。

故知般若波羅蜜多。是大神咒。是大明咒。是無上咒。是無等等咒。能除一切苦。真實不虛。故說般若波羅蜜多咒。即說咒曰。

檗（ㄋㄧㄝˋ）諦 檗諦 波羅檗諦 波羅僧檗諦 菩提娑婆訶

如是舍利弗。諸菩薩摩訶薩於甚深般若波羅蜜多行。應如是行。如是說已。

即時世尊從廣大甚深三摩地起。贊觀自在菩薩摩訶薩言。善哉善哉。善男子。如是如是。如汝所說。甚深般若波羅蜜多行。應如是行。如是行時一切如來皆悉隨喜。

爾時世尊說是語已。具壽舍利弗大喜充遍。觀自在菩薩摩訶薩亦大歡喜。時彼眾會天人阿修羅乾闥婆等。聞佛所說皆大歡喜。信受奉行。」

（五）《般若波羅蜜多心經》（燉煌石室本）

國大德三藏法師沙門法成譯

唐代法成（856年翻譯）

版本：廣本

「如是我聞。一時薄伽梵住王舍城鷲峰山中。與大苾芻眾。及諸菩薩摩訶薩俱。

爾時世尊等入甚深明了三摩地法之異門。

復於爾時。觀自在菩薩摩訶薩。行深般若波羅蜜多時。觀察照見五蘊體性。悉皆是空。

時具壽舍利子。承佛威力。白聖者觀自在菩薩摩訶薩曰。若善男子。欲修行甚深般若波羅蜜多者。復當云何修學。作是語已。

觀自在菩薩摩訶薩答具壽舍利子言。若善男子及善女人。欲修行甚深般若波羅蜜多者。彼應如是觀察。五蘊體性皆空。色即是空。空即是色。色不異空。空不異色。如是受想行識。亦復皆空。

是故舍利子。一切法空性。無相無生無滅。無垢離垢。無減無增。

舍利子。是故爾時空性之中。無色。無受。無想。無行。亦無有識。無眼。無耳。無鼻。無舌。無身。無意。無色。無聲。無香。無味。無觸。無法。無眼界。乃至無意識界。無無明。亦無無明盡。乃至無老死。亦無老死盡。無苦集滅道。無智無得。亦無不得。

是故舍利子。以無所得故。諸菩薩眾。依止般若波羅蜜多。心無障礙。無有恐怖。超過顛倒。究竟涅槃。三世一切諸佛。亦皆依般若波羅蜜多故。證得無上正等菩提。

舍利子。是故當知般若波羅蜜多大密咒者。是大明咒。是無上咒。是無等等咒。能除一切諸苦之咒。真實無倒。故知般若波羅蜜多。是祕密咒。即說般若波羅蜜多咒曰。

峨帝峨帝。波囉峨帝。波囉僧峨帝。菩提莎訶。

舍利子。菩薩摩訶薩。應如是修學甚深般若波羅蜜多。

爾時世尊從彼定起。告聖者觀自在菩薩摩訶薩曰。善哉善哉。善男子。如是如是。如汝所說。彼當如是修學般若波羅蜜多。一切如來。亦當隨喜。

時薄伽梵說是語已。具壽舍利子。聖者觀自在菩薩摩訶薩。一切世間天人阿蘇羅乾闥婆等。聞佛所說。皆大歡喜。信受奉行。」

（六）《般若波羅蜜多心經》

唐上都大興善寺三藏沙門智慧輪奉朝詔譯

唐代智慧輪（856年翻譯）

版本：廣本

「如是我聞。一時薄誐梵。住王舍城鷲峰山中。與大苾芻眾。及大菩薩眾俱。

爾時世尊。入三摩地。名廣大甚深照見。

時眾中有一菩薩摩訶薩。名觀世音自在。行甚深般若波羅蜜多行時。照見五蘊自性皆空。

即時具壽舍利子。承佛威神。合掌恭敬。白觀世音自在菩薩摩訶薩言。聖者。若有欲學甚深般若波羅蜜多行。云何修行。如是問已。

爾時觀世音自在菩薩摩訶薩。告具壽舍利子言。舍利子。若有善男子。善女人。行甚深般若波羅蜜多行時。應照見五蘊自性皆空。離諸苦厄。

舍利子。色空。空性見色。色不異空。空不異色。是色即空。是空即色。受想行識。亦復如是。

舍利子。是諸法性相空。不生不滅。不垢不淨。不減不增。是故空中。無色。無受想行識。無眼耳鼻舌身意。無色聲香味觸法。無眼界。乃至無意識界。無無明。亦無無明盡。乃至無老死盡。無苦集滅道。無智證無得。

以無所得故。菩提薩埵。依般若波羅蜜多住。心無障礙。心無障礙故。無有恐怖。遠離顛倒夢想。究竟寂然。三世諸佛。依般若波羅蜜多故。得阿耨多羅。三藐三菩提。現成正覺。

故知般若波羅蜜多。是大真言。是大明真言。是無上真言。是無等等真言。能除一切苦。真實不虛。故說般若波羅蜜多真言。即說真言。

唵誐帝誐帝。播囉誐帝。播啰散誐帝。冒地娑縛賀。

如是舍利子。諸菩薩摩訶薩。於甚深般若波羅蜜多行。應如是學。

爾時世尊。從三摩地安祥而起。讚觀世音自在菩薩摩訶薩言。善哉善哉。善男子。如是如是。如汝所說。甚深般若波羅蜜多行。應如是行。如是行時。一切如來。悉皆隨喜。

爾時世尊如是說已。具壽舍利子。觀世音自在菩薩及彼眾會一切世間天人阿蘇囉巘馱嚩等。聞佛所說。皆大歡喜。信受奉行。」

（七）《佛說聖佛母般若波羅蜜多經》

西天譯經三藏朝奉大夫試光祿卿傳法大師賜紫臣施護奉詔譯

宋代施護（980年翻譯）

版本：廣本

「如是我聞。一時世尊。在王舍城鷲峰山中。與大苾芻眾千二百五十人俱。並諸菩薩摩訶薩眾。而共圍繞。

爾時世尊。即入甚深光明宣說正法三摩地。

時觀自在菩薩摩訶薩在佛會中。而此菩薩摩訶薩。已能修行甚深般若波羅蜜多。觀見五蘊自性皆空。

爾時尊者舍利子。承佛威神。前白觀自在菩薩摩訶薩言。若善男子善女人。於此甚深般若波羅蜜多法門。樂欲修學者。當云何學。

時觀自在菩薩摩訶薩。告尊者舍利子言。汝今諦聽為汝宣說。若善男子善女人。樂欲修學此甚深般若波羅蜜多法門者。當觀五蘊自性皆空。何名五蘊自性空耶。所謂即色是空即空是色。色無異於空。空無異於色。受想行識亦復如是。

舍利子。此一切法如是空相。無所生。無所滅。無垢染。無清淨。無增長。無損減。

舍利子。是故空中無色。無受想行識。無眼耳鼻舌身意。無色聲香味觸法。無眼界。無眼識界。乃至無意界。無意識界。無無明。無無明盡。乃至無老死。亦無老死盡。無苦集滅道。無智。無所得。亦無無得。

舍利子。由是無得故。菩薩摩訶薩。依般若波羅蜜多相應行故。心無所著。亦無罣礙。以無著無礙故。無有恐怖。遠離一切顛倒妄想。究竟圓寂。所有三世諸佛。依此般若波羅蜜多故。得阿耨多羅三藐三菩提。

是故應知。般若波羅蜜多。是廣大明。是無上明。是無等等明。而能息除一切苦惱。是即真實無虛妄法。諸修學者。當如是學。我今宣說般若波羅蜜多大明曰。

怛（寧*也）他。唵誐帝誐帝。播囉誐帝。播囉僧誐帝。冒提莎賀。

舍利子。諸菩薩摩訶薩。若能誦是般若波羅蜜多明句。是即修學甚深般若波羅蜜多。

爾時世尊。從三摩地安詳而起。贊觀自在菩薩摩訶薩言。善哉善哉。善男子。如汝所說。如是如是。般若波羅蜜多。當如是學。是即真實最上究竟。一切如來亦皆隨喜。

佛說此經已。觀自在菩薩摩訶薩。並諸苾芻。乃至世間天人阿修羅乾闥婆等。一切大眾。聞佛所說皆大歡喜。信受奉行。」

第六單元

玄奘法師和《心經》的因緣

一、玄奘法師為什麼要到西方取經？

唐代玄奘法師所翻譯的《般若波羅蜜多心經》，是現在流通最廣的《心經》版本。而且玄奘法師和《般若波羅蜜多心經》有很深厚的緣分，所以我們來談談玄奘法師一生的事蹟，還有他和《般若波羅蜜多心經》的奇遇。

讀者們大多知道玄奘法師到西方取經的故事，但是可能不知道，一路上保護玄奘法師安全到達西方的人，實際上不是《西遊記》故事裡的四個徒弟：孫悟空、豬八戒、沙悟淨和座騎龍馬；而是玄奘法師自己靠著誦念《心經》，才能度過重重的危險難關，而且保住性命。

在這一個單元裡，要特別介紹玄奘法師和《心經》的因緣。

玄奘法師，俗姓陳，名禕，洛州緱氏縣（今河南省偃師市南境）人，是漢傳佛教史上最偉大的譯經師之一，也是中國佛教「法相唯識宗」的創始人，師承印度那爛陀寺的戒賢大師。明朝小說《西遊記》中的主角人物「唐三藏」，就是以玄奘法師作為原型。

大家知道玄奘法師為什麼要到西方取經嗎？

因為當時玄奘法師在博覽佛教各家宗派的論典書籍時，發現各宗派對佛經的解釋說法不同。這時候，玄奘法師剛好遇到來自印度那爛陀寺的佛教學者波頗蜜多羅，聽他講說《十七地論》後，得到啟示。

玄奘法師認為，他必須到印度的那爛陀寺，親自向波頗蜜多羅的師父戒賢大師學習完整的三乘學說《十七地論》，才能夠正確解釋所有佛經的內涵，讓佛經有統一和正確的解釋標準。

於是，玄奘法師發願要到西方的天竺（即今天的印度）求法取經，他認為只有將原版的佛經，正確的翻譯出來，才能夠解開眾人對佛經內容的疑問，也才能夠讓正確的佛法，繼續在東土（中國）弘揚傳播，利益世人。

玄奘法師上表官府請求西行，但是卻因為唐朝才推翻隋朝不久，改朝換代之際，國政需要穩固，所以不允許百姓隨便出境而受阻。當時駐守邊防的官員不允許，他只好留在京城長安遍學梵書梵語，等待機會。

到了唐太宗貞觀二年（628年）的秋天，因為北方遭逢霜災，糧食不足，政府才准許民眾出關找食物謀生。於是玄奘法師趁這個機會，在貞觀三年（629年）混在難民群中，離開長安，踏上旅途，前往敦煌，出關西行到印度。

經過了千辛萬苦，最後玄奘法師才如願到達印度的那爛陀寺，拜戒賢大師為師，學習完整的《十七地論》和其它的經論。

玄奘法師花了十六年的時間，去印度取經學法。西元643年，玄奘法師學法完成，啟程回到中國，並且帶回657部梵文佛經。貞觀十九年（645年），回到長安，受到唐太宗的熱烈歡迎。

玄奘法師回到中國後，開始著手翻譯佛經的工作，一生中所翻譯的佛經，總計74部，1,338卷。

玄奘法師把《十七地論》翻譯成漢文版，稱為《瑜伽師地論》。《瑜伽師地論》，共一百卷，是彌勒菩薩所說，後來成為佛教「瑜伽行唯識學派」的根本大論，也是大乘佛教「瑜伽行者」修行所依循的根本論典。

二、玄奘法師和《心經》的因緣

西元649年，玄奘法師完成《般若波羅蜜多心經》的翻譯，共260個字，是現在流通最廣的《心經》版本。

對於玄奘法師翻譯《心經》這件事，我有一個疑問?就是早在西元五世紀（402-412年），鳩摩羅什法師已經翻譯過最早的《心經》版本，照道理說，應該已經廣為流傳。而且以玄奘法師的求學精神，當年為了得到《瑜伽師地論》，以求融會貫通「法相宗（唯識宗）」的學說，花了十六年的時間，赴印度求法取經。為什麼到西元七世紀（649年），玄奘法師才在另外一個因緣裡，得到《心經》？難道在這之前，玄奘法師不知道鳩摩羅什大師有翻譯過《心經》？

翻開《大唐大慈恩寺三藏法師傳》，裡面有提到：玄奘法師在西行取經之前，在四川遇到一個病人，滿身膿瘡，惡臭不堪，衣服破爛骯髒。玄奘法師憐憫此人，特地向寺中要了些舊衣服和食物給他。病人十分感激，慚愧無以為報，就傳授《般若心經》給玄奘法師。

後來，玄奘法師在西行取經的途中，經過廣闊的沙漠，遇到惡鬼和奇狀異類圍繞在他的前後，雖然玄奘法師持念觀世音菩薩的聖號，仍然不能驅散他們。後來玄奘法師就持誦《般若心經》，所有的惡鬼一聽到就全部散去。往後玄奘法師一遇到災難，就持誦《般若心經》，才完成取經的偉大事業。

有關這段奇遇的記載，《大唐大慈恩寺三藏法師傳》的原文如下：

「……從是已去。即莫賀延磧長八百餘里。古曰沙河。上無飛鳥下無走獸。復無水草。是時顧影唯一但念觀音菩薩及般若心經。

初法師在蜀見一病人。身瘡臭穢衣服破污。愍將向寺施與衣服飲食之直。病者慚愧乃授法師此經。因常誦習至沙河間。逢諸惡鬼奇狀異類遶人前後。雖念觀音不能令去。及誦此經發聲皆散。在危獲濟實所憑焉。……」

看完這段奇遇的記載，令我好奇的是，這位「病人」是何方神聖？居然擁有這本《般若心經》，還傳授給玄奘法師，幫助他西行取經。

後來，我在《唐梵翻對字音般若波羅蜜多心經序》當中，找到這個答案。這篇序是玄奘法師的大弟子窺基法師所寫，是玄奘法師口述，由窺基法師記錄下來，詳細敘述玄奘法師這段奇遇的前因後果。

玄奘法師立志要前往天竺之前，曾經路過益州（四川），借宿在空惠寺。他在那裡遇到一位生病的僧人。當這位病僧知道玄奘法師發願西行取經，讚歎不已。告訴玄奘法師，從中國到天竺有十萬里程路，不但要翻山越嶺，還有各種障礙，要想克服取經路上的諸多困難，非常不容易。接着就把從中國到天竺，路途上所要經過的種種艱難險阻，向玄奘法師描述了一遍。描述完後，又對玄奘法師　：「我有三世諸佛的心要法門，如果能夠受持這個法門，就可以保佑你往來西天一切平安。」然後就把《般若心經》口授給玄奘法師。

第二天早上，玄奘法師再去找那位病僧，卻找不到了。往後，玄奘法師在西行取經的路途中，遇到種種厄難，就持誦《般若心經》49遍，都能逢凶化吉，化險為夷，躲災避劫。就這樣，玄奘法師在遭遇種種困難的情形下，憑藉着《般若心經》的加持，平安的抵達了印度。

玄奘法師到達印度摩竭陀國的佛教大學「那爛陀寺」，跟隨戒賢法師學《瑜伽師地論》的時候，他與那位病僧不期而遇。那位病僧看見玄奘法師完成求法的願望，就滿心歡喜的祝賀他，並且告訴他：「你經過無數的艱險，終於到達此地，藉著我在中國傳授給你三世諸佛的心要法門，保護妳一路平安，完成你取經的心願，其實我就是觀世音菩薩。」

所以，玄奘法師到西天取經，是觀世音菩薩一路保護，又藉著三世諸佛的心要法門，也就是《般若心經》的加持，才能實現前往西天取經的弘誓大願。

這段事蹟，記載在《唐梵翻對字音般若波羅蜜多心經序》中，原文如下：「梵本般若多心經者，大唐三藏之所譯也。三藏志遊天竺，路次益州，宿空惠寺道場內。遇一僧有疾，詢問行止。因話所之，乃難歎法師曰：……『為法忘體。甚為希有。然則……，道涉流沙，波深弱水。胡風起處，動塞草以愁人；山鬼啼時，對荒兵之落葉。朝行雪巘，暮宿氷崖，樹掛猨猱，境多魑魅。……。逞途多難，去也如何。我有三世諸佛心要法門，師若受持，可保來往。』遂乃口受與法師訖。至曉，失其僧焉。三藏結束囊裝，漸離唐境。或途經厄難，……，憶而念之四十九遍，失路即化人指引，思食則輒現珍蔬。但有誠祈，皆獲戩祐。至中天竺磨竭陀國那爛陀寺，旋遶經藏次，忽見前僧，而相謂曰：『涉艱嶮，喜達此方。賴我昔在支那國所傳三世諸佛心要法門。由斯經歷，保爾行途。取經早回，滿爾心願。我是觀音菩薩。』言訖沖空。既顯奇祥，為斯經之至驗。……」

以上是我在研究玄奘法師翻譯《般若波羅蜜多心經》的過程中，所發現比較特殊的事情，給大家做參考。

三、玄奘法師發願往生彌勒淨土

在介紹完玄奘法師和《般若波羅蜜多心經》的因緣後，有一件重要的事情，要跟大家分享。因為我發現一件很奇特的事情，玄奘法師臨終時，是發願往生兜率天內院的彌勒菩薩淨土。而我們現在普遍認為人往生了，都希望去阿彌陀佛的西方極樂世界。

我們往生後要去哪裡？這件事和每一個人都有關係，或許有人會說：「不就是去阿彌陀佛的西方極樂世界嗎？」是沒錯！這是現在大多數人普遍的想法。但是，我很好奇為什麼玄奘法師不去西方極樂世界？而是選擇彌勒淨土呢？

其實在佛經裡，釋迦牟尼佛介紹了許多「淨土」，所以我們往生後，還有別的「淨土」可以選擇。但是，有一件非常重要的事情，大多數的人並不知道，就是「要去阿彌陀佛的西方極樂世界，是有條件的。」而不是我們往生的時候，請廟裡面的和尚、尼姑，這些師父們來念念經，我們就可以去西方極樂世界。

下面，我們就來談談去「諸佛淨土」的正確觀念。

在本書一開始的「緣起」一文中，我大略敘述我學習佛學的過程。在比較和總結各宗教的思想後，我選擇了和唐代玄奘法師相同的志向：皈依彌勒佛。玄奘法師現今在彌勒佛的兜率天淨土，那裡也是我以後要去的地方。

玄奘法師為什麼發願要往生彌勒淨土？這和他學習佛法的緣分有關。

前面提到，當時玄奘法師發現各宗派對佛經的解釋說法不同，剛好遇到來自印度那爛陀寺的佛教學者波頗蜜多羅，聽他講說《十七地論》。然後，玄奘法師認為，他必須到印度的那爛陀寺，親自向波頗蜜多羅的師父戒賢大師學習完整的三乘學說《十七地論》，才能夠正確解釋所有佛經的內涵。

玄奘法師西行取經回國後，把《十七地論》翻譯成漢文版，稱為《瑜伽師地論》。相傳《瑜伽師地論》是印度的無著菩薩經由禪定，上升到兜率天親自受學於彌勒菩薩，從彌勒菩薩處得到此論並傳述後世。

玄奘法師精通《瑜伽師地論》後，嚮往親見彌勒菩薩，當然想要去彌勒菩薩的住處兜率天內院，所以玄奘法師發願要去彌勒淨土。

玄奘法師十三歲皈依佛門，28歲遠赴印度求法，經歷過無數的艱難險阻，終於求得梵文佛經返回中國。十六年的留學生涯，十九年的譯經弘法，玄奘法師終於在63歲那一年，完成他一生的心願，然後安然的去了自己所嚮往的「彌勒淨土」。

玄奘法師晚年臨終時，是發願往生兜率天內院彌勒菩薩處的。這在《大唐大慈恩寺三藏法師傳》裡，有二段記載：

（一）玄奘法師的遺言，表明他發願往生彌勒菩薩的淨土，並且也會跟隨彌勒菩薩下生，廣作佛事。

原文：

「玄奘此毒身深可厭患。所作事畢無宜久住。願以所修福慧迴施有情。共諸有情同生覩史多天（就是兜率天）彌勒內眷屬中。奉事慈尊。佛下生時。亦願隨下廣作佛事。」

（二）玄奘法師臨終前，身邊的弟子問他「決定得生彌勒內院否？」玄奘法師堅定地回答：「決定得生。」

原文：

「師從無始已來所有損惱有情諸有惡業因今小疾並得消除。應生欣慶。法師顧視合掌良久。遂以右手而自支頭。次以左手申左髀上。舒足重疊右脇而臥。迄至命終竟不迴轉。不飲不食至五日夜半。弟子光等問。和上（即和尚）決定得生彌勒內院不。法師報云。得生。言訖喘息漸微。少間神逝。」

另外在《大唐故玄奘法師行狀》裡也記載：

「師從少以來。常願生彌勒佛所。及遊西方。又聞無著菩薩兄弟。亦願生覩史多天宮。奉事彌勒。並得如願。俱有證驗。益增剋勵。自至玉花。每因翻譯。及禮懺之際。恒發願上生覩史多天。見彌勒佛。」

玄奘法師為什麼發願要往生兜率天內院的彌勒菩薩淨土，而不是大家所熟悉的阿彌陀佛的西方極樂世界淨土呢？除了前面提到的學佛因緣之外，還有一個原因。就是釋迦牟尼佛指定彌勒菩薩，做為我們這個世界的「未來佛」。釋迦牟尼佛涅槃之後，所有遺留下來的佛弟子和末法的眾生，都要皈依彌勒佛。

藉著玄奘法師和《心經》的因緣，我們來談談「淨土」這件事，這是學佛的人，往生後的大事。

首先，我們先來談談「淨土」的概念。

四、「淨土」的概念

(一)什麼是「淨土」?

所謂「淨土」就是清淨的地方,沒有染污的莊嚴世界;相對的,眾生業報所感應而成的地方,就稱為「穢土」。

「淨土」是諸佛為了把「穢土」的苦海眾生,渡出生死輪迴,以自身的願力所成就的佛土。

(二)去「淨土」做什麼?

我們往生後,為什麼要去「諸佛淨土」呢?因為,不知道修佛道的眾生,會永遠陷在六道輪迴的苦海中;而知道修佛道的眾生,大多在這一世無法修成佛果,而且往生後,一墮入六道輪迴,就不知道何時才有機會再繼續接觸佛道。

因此,諸佛慈悲,以願力各自成立國土,接引有願往生的眾生,為眾生提供理想的修道環境,並且親自教導,期望來「淨土」的眾生,能夠精進修持直到成佛。

所以,去「淨土」並不是大乘修持的最終目的,而只是一個「中途站」。假如把諸佛的世界比喻作「大學」,那諸佛的「淨土」,就是為了大學聯考,所設立的「補習班」。

在「淨土」裡的眾生,可以親自接受佛的教導,繼續修行到開悟見性;可以和許多善人一起學習修道;修行到較高的境界時,修持者會乘願再度重返人世間,或者六道中去渡化眾生。

（三）「淨土」有多少個？

在佛經中記載，十方都有三世無量諸佛的「淨土」。根據《十住毗婆沙論》卷五易行品第九記載：

「東方有無憂世界，佛名善德如來；南方有歡喜世界，佛名栴檀德；西方有善解世界，佛名無量明；北方有不可動世界，佛名相德；東南有月明世界，佛名無憂德；西南有眾相世界，佛名寶施；西北有眾音世界，佛名華德；東北有安隱世界，佛名三乘行；下方有廣大世界，佛名明德；上方有眾月世界，佛名廣眾德。」

所以，不是只有一個大家所熟悉的阿彌陀佛西方極樂世界「淨土」。

（四）在佛經中常見的四大「淨土」

釋迦牟尼佛在各種大乘經典中，宣說介紹各種佛「淨土」，常見的有四個，分別是：阿彌陀佛的西方極樂世界、阿閦（ㄔㄨˋ）佛的東方妙喜世界、藥師佛的東方淨琉璃世界和彌勒佛的兜率淨土。另外還有《華嚴經》的華藏世界、《法華經》的靈山淨土、《大乘密嚴經》的密嚴淨土、《維摩詰經》的唯心淨土。

在這些「淨土」中，我們最熟悉的是西方極樂世界的阿彌陀佛淨土。彌勒淨土傳入中國時，曾經流行一時，但是因為種種原因，所以就逐漸式微。至於其他「淨土」，比較不受大家的重視。

五、西方極樂世界和兜率淨土

有了「淨土」的概念之後，接下來，我們要特別討論阿彌陀佛的西方極樂世界和彌勒佛的兜率淨土。因為這二個「淨土」非常特殊，和我們有密切關係。

釋迦牟尼佛宣說《佛說阿彌陀經》，把阿彌陀佛的西方極樂世界介紹給眾生認識。但是，這部《佛說阿彌陀經》有一個特點，就是這部經典是釋迦牟尼佛「不問自說」的經典，所以經題特別冠上「佛說」。

《佛說阿彌陀經》一開始就是「爾時佛告長老舍利弗」，沒有人發問啟請。而大多數的經典，都是有弟子或菩薩向釋迦牟尼佛請法，釋迦牟尼佛才會開示說法的。可見釋迦牟尼佛對「阿彌陀佛」的「西方極樂世界」十分推崇，盛讚西方極樂淨土的殊勝之處。

釋迦牟尼佛在《觀彌勒菩薩上生兜率天經》、《彌勒下生經》和《彌勒大成佛經》中，詳細介紹彌勒菩薩給眾生認識。其實，在佛教史上，彌勒菩薩的記載起源很早，很可能在佛教第一次結集佛經時，就已經出現。在《中阿含經．王相應品．說本經》中記載：「佛告諸比丘。未來久遠人壽八萬歲時。當有佛。名彌勒如來。」這是各個佛教部派都認可的基本共識。

「彌勒菩薩」意譯為慈氏，是釋迦牟尼佛親口交代，彌勒菩薩未來將在娑婆世界降生成佛，成為娑婆世界的下一尊佛。

所以我才會說，這二個「淨土」非常特殊，阿彌陀佛的西方極樂世界是諸佛淨土中，最殊勝的；而兜率淨土的彌勒佛是釋迦牟尼佛指定的繼任者，是我們末法眾生的大皈依處，和我們有密切關係。

現在，你一定有個疑問？那以後我往生後，該去哪一個「淨土」呢？答案是：「眾生往生，隨意所願」。就看你的因緣，你喜歡去哪個「淨土」，你就選擇你喜歡的「淨土」。

目前，大多數的佛教徒都推崇阿彌陀佛的西方極樂世界，而且貶抑彌勒佛的兜率淨土；甚至阿彌陀佛的信徒們和彌勒佛的信徒們舌槍唇戰，都說自己選擇的「淨土」才是最好的。其實，認為那個「淨土」是「最好」的，這個觀念是不對的，而應該是自己「適合」那個「淨土」才對。

彌陀淨土及彌勒淨土是釋迦牟尼佛為不同根機的眾生，所宣說的法門。其實「佛法平等，無有高下」。所以，無論是彌陀淨土，還是彌勒淨土，只要眾生契合該淨土的條件，便是最理想的淨土。

我舉一個最代表性的例子：道安法師和慧遠法師，來證明我的看法。

魏晉南北朝時代著名高僧道安法師，鳩摩羅什法師推崇他是「東方聖人」，在當時有「彌天釋道安」的美譽。道安法師修習彌勒淨土法門，曾於彌勒像前立誓，願生彌勒淨土所處的兜率天內院，將來參與彌勒佛的龍華三會，護持佛法廣度眾生。

慧遠法師是東晉的高僧，他曾在廬山東林寺組織蓮社，弘揚西方淨土法門，被尊為淨土宗初祖，但是他的老師就是道安法師。

老師道安法師去彌勒淨土，弟子慧遠法師去彌陀淨土，師徒倆各自去「適合」自己的「淨土」，就是最好的見證。

在前面我有提到，我選擇了和唐代玄奘法師相同的志向：皈依彌勒佛。那是因為，我研究過有關「諸佛淨土」的佛經之後，我認為彌勒淨土比較「適合」我，而不是因為彌勒淨土是「最好」的「淨土」。

六、去彌勒淨土的八個理由

下面我列出彌勒淨土比較「適合」我的八個理由，給大家做參考：

（一）彌勒淨土離我們人間的世界最近

在《佛說觀彌勒菩薩上生兜率天經》裡記載：「佛告優波離。諦聽諦聽善思念之。如來應正遍知。今於此眾說彌勒菩薩摩訶薩阿耨多羅三藐三菩提記。此人從今十二年後命終。必得往生兜率陀天上。爾時兜率陀天上。有五百萬億天子。一一天子皆修甚深檀波羅蜜。為供養一生補處菩薩故。以天福力造作宮殿。」

彌勒淨土在「欲界」六天中的第四層天「兜率陀天」的「內院」，「外院」是天人的住處。「兜率陀天」又稱為「知足天」，該天的天人都知足常樂，不會對「五欲（財、色、名、食、睡等五種慾望）」過分的貪求，這正是彌勒佛選在此天設立淨土的原因。我們人間在「欲界」裡，彌勒淨土也在「欲界」裡，彌勒淨土離我們人間的世界最近。

而阿彌陀佛的西方極樂世界，距離我們非常遙遠。在《佛說阿彌陀經》裡說：「爾時佛告長老舍利弗。從是西方過十萬億佛土。有世界名曰極樂。其土有佛號阿彌陀。今現在說法。」

看到沒有？「從是西方過十萬億佛土」，這是個什麼概念呢？我們先說明一個「佛土」有多大？

在佛經的宇宙觀中，「三千大千世界」是一尊佛教化眾生的範圍，所以又稱為一個「佛土」或「佛國」。

那麼「三千大千世界」有多大呢？根據《長阿含經》卷十八〈閻浮提洲品〉和《起世經・閻浮洲品》的記載描述，一個日、月系統，也就是一個「太陽系」（也有人認為是「銀河系」），叫做一個「小世界」，一千個「小世界」就是「中千世界」，一千個「中千世界」，就稱為「大千世界」；因為包括了小、中、大三種「千世界」，所以一個「大千世界」也叫做「三千大千世界」，而一個「大千世界」就是一尊佛所教化的範圍。

阿彌陀佛的西方極樂世界，距離我們有「十萬億佛土」那麼遠，也就是「十萬億個三千大千世界」的距離，這已經是我們無法想像的遠距離。

（二）去彌勒淨土的條件，對我來講比較容易做的到

假如我們用全世界的大學，來比喻西方極樂世界和兜率淨土，那麼西方極樂世界就是排行世界第一名的美國哈佛大學，而兜率淨土就是台灣的台灣大學。要上美國哈佛大學太難了，要讀台灣的台灣大學比較有可能。

在《佛說觀彌勒菩薩上生兜率天經》中說：「佛告優波離：佛滅度後，四部弟子、天、龍、鬼神，若有欲生兜率陀天者，當作是觀繫念思惟。念兜率陀天，持佛禁戒一日至七日，思念十善，行十善道，以此功德迴向，願生彌勒前者，當作是觀。」

所以，要去彌勒淨土的條件是「繫念思惟（常常想著）」三件事情：

(1)念兜率陀天：心中常念彌勒佛，念念不忘兜率陀天淨土。

(2)持佛禁戒一日至七日：平時要「諸惡莫做，眾善奉行。」

(3)思念十善，行十善道。

所謂「十善道」就是「身、口、意」三清（三個清淨項目）：

(1)身清：不殺生、不偷盜、不邪婬；

(2)意清：不貪欲、不瞋恚、不愚癡；

(3)口清：不惡口、不綺語、不妄語、不兩舌。

而要去阿彌陀佛的西方極樂世界的條件，記載在《佛說阿彌陀經》裡：「舍利弗！不可以少善根福德因緣，得生彼國。舍利弗！若有善男子、善女人，聞說阿彌陀佛，執持名號，若一日、若二日、若三日、若四日、若五日、若六日、若七日，一心不亂。其人臨命終時，阿彌陀佛與諸聖眾現在其前。是人終時，心不顛倒，即得往生阿彌陀佛極樂國土。」

我們來分析一下經文，要去阿彌陀佛淨土的條件也有三個：

(1)不可以少善根福德因緣，得生彼國。

要去阿彌陀佛淨土，「不可以少善根福德因緣，得生彼國。」，所以「善根福德」不夠的人，是沒有資格去的。

(2)聞說阿彌陀佛，執持名號，若一日、若二日、若三日、若四日、若五日、若六日、若七日，一心不亂。

這是要去阿彌陀佛淨土的方法，要持續念阿彌陀佛的佛號，有慧根的念「一日」，遲鈍的念「七日」，佛號要念到「一心不亂」才符合條件。這個方法看似簡單，實際上卻是很困難。要不斷的念阿彌陀佛的佛號，念到「一心不亂」，這個方法不是一般大眾做得到的。

(3)是人終時，心不顛倒。

想要往生去西方極樂世界的人，臨終的時候，必須「心不顛倒」。什麼是「心不顛倒」？就是「內心清淨，沒有煩惱和執著。」這個條件，一般人是不可能做到的。因為一般人臨終的時候，內心恐懼慌亂，捨不得離開自己的身體、家人、親人、朋友、財產、名譽和地位。

《心經》裡說：「菩提薩埵。依般若波羅蜜多故。心無罣礙。無罣礙故。遠離顛倒夢想。究竟涅槃。」所以，只有平時修行到一個程度的人，才有機會在平時，就讓自己的心境保持在「心無罣礙」的狀態。等到臨終時，才有可能「心不顛倒」。

所以，我們知道要去阿彌陀佛淨土的人，必須要「親自」做到這三個條件，才能符合往生到阿彌陀佛淨土：

(1)生前要有「善根福德」；

(2)生前要持續念阿彌陀佛的佛號，有慧根的念「一日」，遲鈍的念「七日」，而且佛號要念到「一心不亂」的境界；

(3)臨終時，要有「心不顛倒」的境界。

那也就是說，請廟裡面的和尚、尼姑，這些師父們，到往生者的靈堂前誦念《佛說阿彌陀經》，是沒有用的，根本不能讓往生者去阿彌陀佛的西方極樂世界。

因為，要想去西方極樂世界，需要往生者在臨終前「親自」念阿彌陀佛的佛號，念到「一心不亂」的境界；臨終時，要「心不顛倒」；而且，在生前，還必須要有「善根福德」才可以。

想去西方極樂世界的條件，看似簡單卻很難做到；而要去彌勒淨土的條件，對一般人來說，就簡單可行多了。

釋迦牟尼佛為了鼓勵末法的眾生去彌勒淨土，在《佛說觀彌勒菩薩上生兜率天經》裡，告訴弟子優波離：「是諸大眾若有得聞彌勒菩薩摩訶薩名者，聞已歡喜恭敬禮拜，此人命終如彈指頃即得往生。」

看到沒有？聽到彌勒菩薩名號的人，只要「歡喜恭敬禮拜」，此人命終馬上可以往生彌勒淨土。只要往生者在臨終前「親自」誠心的念彌勒佛的佛號，腦海裡專心的想著彌勒佛，命終後就有機會往生彌勒淨土。這說明了，眾生要往生彌勒淨土真的是很容易的。

讀者們或許會有疑問：「為什麼往生彌勒淨土的條件那麼容易？」那是因為釋迦牟尼佛太慈悲，知道「末法的剛強眾生很難教化」的關係。

在《地藏菩薩本願經》裡，有提到說：「爾時，世尊舒金色臂，摩百千萬億不可思、不可議、不可量、不可說、無量阿僧祇世界諸分身地藏菩薩摩訶薩頂，而作是言：吾於五濁惡世，教化如是剛強眾生，令心調伏，捨邪歸正，十有一二，尚惡習在。」

（三）彌勒淨土的環境比較適合現代末法眾生

因為末世的眾生不易捨棄「五欲（指財、色、名、食、睡等五種慾望）」，假若在人間修行，還不能離欲，生到兜率陀天仍有欲樂供享受，只是在此的欲念比人間淡薄，所以不妨礙佛道的修習。

在「有欲念又不妨礙修行」的淨土中，又能經常見到彌勒佛聽聞佛法，自然能夠逐漸捨棄欲念，最後達到離欲而成佛。這對於一時無法斷欲的在家修道者，彌勒淨土的確是個理想的往生處。往生彌勒淨土，不必斷欲，即可往生。不像其他十方淨土，要斷除欲念。所以唯有彌勒淨土，才是適合現代末法眾生修行的法門。

（四）歷代有許多彌勒淨土的信仰者

二千五百年以來，雖然彌勒淨土的信仰者逐漸遞減，但卻無礙於歷代高僧祖師的彌勒信仰，以下都是歷代彌勒淨土的信仰者：

1. 阿難尊者：釋迦牟尼佛的堂弟，是釋迦牟尼佛的十大弟子中，人稱「多聞第一」。《佛說觀彌勒菩薩上生兜率天經》：「爾時尊者阿難即從座起。叉手長跪白佛言。世尊。善哉世尊。快說彌勒所有功德。亦記未來世修福眾生所得果報。我今隨喜。」

2. 無著菩薩和世親菩薩：古代印度佛教高僧，無著菩薩和弟弟世親菩薩是印度唯識學派的創始人。根據《大唐西域記》記載，無著菩薩上昇兜率天從彌勒菩薩受學《瑜伽師地論》。無著和世親相約要往生兜率內院見彌勒菩薩，先去的人見到彌勒菩薩後，要回來告訴世間還活著的人。後來世親先往生於兜率天，可是三年之後才來相告。無著就問世親說：「怎麼去那麼久才回來呢？」世親回答說：「我到了兜率天，就繞彌勒菩薩禮畢之後，就馬上回來告訴你，而這裡已經三年了。」

3. 戒賢大師：為印度大乘瑜伽行派著名論師，也是玄奘法師的印度老師。

4. 法顯大師：東晉時代著名的高僧，著有《法顯傳》（又名《佛國記》）。

5. 道安法師：魏晉南北朝時代著名的高僧，淨土宗初祖慧遠的老師。

6. 智顗（一）大師：梁武帝時代著名的高僧，天台宗四祖，天台宗的實際創始人。

7. 智嚴法師：南朝劉宋時期著名的高僧。

8. 玄奘法師：唐朝時期著名的高僧，俗稱唐三藏，法相（唯識）宗創始人。

9. 窺基大師：唐朝時期著名的高僧，為玄奘大師的徒弟。

10. 道宣大師：唐朝時期著名的高僧，律宗南山宗初祖。

11. 憨山大師：與紫柏真可、蕅益智旭、雲棲祩宏並稱明清四大高僧。據《憨山老人夢游集》中憨山大師所記，憨山大師還曾於夢中上升兜率天，親聽彌勒菩薩說法，並蒙彌勒菩薩授予經卷。

12. 虛雲老和尚：中國近代禪宗高僧，虛雲老和尚曾經在定中神遊兜率淨土（《虛雲老和尚年譜》）。

13. 太虛大師：中國近代高僧，太虛大師規定晚課誦《彌勒上生經》及念彌勒菩薩，迴向兜率天。

14. 慈航法師：慈航法師一生追隨太虛大師，一九五四年農曆四月四日，慈航法師過世，死後肉身不腐，成為台灣第一位肉身菩薩。

15. 常照法師：台灣「大慈山彌勒道場（慈照寺）」的創建人，常照法師發願在台灣南投縣竹山鎮建立大慈山道場，供奉彌勒菩薩，弘揚兜率淨土法門。

（五）釋迦牟尼佛授記彌勒菩薩為「未來佛」，指定彌勒菩薩為他的接班人。彌勒菩薩未來將在娑婆世界降生成佛，成為娑婆世界的下一尊佛，所以我們都要皈依彌勒佛。

釋迦牟尼佛在多部佛經提到彌勒菩薩為「未來佛」，如下：

1. 釋迦牟尼佛摩彌勒菩薩頂，授記未來成佛。

《大寶積經》卷八十八 摩訶迦葉會 第二十三之一：「爾時世尊。即申右手。猶如金色微妙光明。無量阿僧祇劫善根所集。其指掌色猶如蓮花。以摩彌勒菩薩摩訶薩頂。作如是言。彌勒。我付囑汝。當來末世後五百歲正法滅時。汝當守護佛法僧寶。莫令斷絕。……爾時彌勒菩薩從坐而起。偏袒右肩。右膝著地。合掌恭敬白佛言。世尊。我為利益一一眾生。尚受無量億劫之苦。況復如來付我正法。而當不受。世尊。我今受持。於當來世。演說如來無量阿僧祇劫。所集阿耨多羅三藐三菩提。」

2. 諸佛印證彌勒菩薩是釋迦牟尼佛所授記的未來佛。

《妙法蓮華經》：「爾時諸佛各告侍者：『諸善男子！且待須臾，有菩薩摩訶薩，名曰彌勒——釋迦牟尼佛之所授記，次後作佛。』」

3. 釋迦牟尼佛預言未來佛是彌勒佛。

《佛說長阿含經》卷第六：「當於爾時，有佛出世，名為彌勒如來……彼眾弟子有無數千萬，如我今日弟子數百。彼時，人民稱其弟子號曰慈子，如我弟子號曰釋子。」

4. 釋迦牟尼佛傳法並且交棒給彌勒菩薩。

《維摩詰所說經》囑累品第十四：於是佛告彌勒菩薩言：「彌勒！我今以是無量億阿僧祇劫所集阿耨多羅三藐三菩提法，付囑於汝。如是輩經，於佛滅後末世之中，汝等當以神力，廣宣流布於閻浮提（地球），無令斷絕。」

5. 釋迦牟尼佛交代地藏菩薩渡化眾生，直到彌勒佛出世為止。

《地藏菩薩本願經》分身集會品第二：「爾時，世尊舒金色臂，摩百千萬億不可思、不可議、不可量、不可說、無量阿僧祇世界諸分身地藏菩薩摩訶薩頂，而作是言：吾於五濁惡世，教化如是剛強眾生，令心調伏，捨邪歸正，十有一二，尚惡習在。……汝當憶念吾在忉利天宮，殷懃付囑。令娑婆世界，至彌勒出世已來眾生，悉使解脫，永離諸苦，遇佛授記。」

《地藏菩薩本願經》閻浮眾生業感品第四：「爾時地藏菩薩摩訶薩白佛言：世尊，我承佛如來威神力故，遍百千萬億世界，分是身形，救拔一切業報眾生。若非如來大慈力故，即不能作如是變化。我今又蒙佛付囑，至阿逸多（是彌勒菩薩的字，彌勒是姓，阿逸多是字。）成佛以來，六道眾生，遣令度脫。唯然世尊，願不有慮。」

6. 釋迦牟尼佛交付弟子迦葉尊者衣缽轉給彌勒佛。

《指月錄》：「世尊在靈山會上拈花示眾。是時眾皆默然。唯迦葉尊者破顏微笑。世尊曰。吾有正法眼藏。涅槃妙心。實相無相。微妙法門。不立文字。教外別傳。付囑摩訶迦葉。……。世尊至多子塔前。命摩訶迦葉分座令坐。以僧伽黎圍之。遂告曰。吾以正法眼藏。密付於汝。汝當護持。并敕阿難副貳傳化。無令斷絕。而說偈曰。……。爾時世尊說此偈已。復告迦葉。吾將金縷僧伽黎衣。傳付於汝。轉授補處。至慈氏佛出世。勿令朽壞。」

7. 迦葉尊者把釋迦牟尼佛交付的衣缽拿給彌勒佛。

《彌勒大成佛經》：「爾時彌勒佛。與娑婆世界前身剛強眾生及諸大弟子。俱往耆闍崛山到山下已。安詳徐步登狼跡山。到山頂已舉足大指躡於山根。是時大地十八相動既至山頂。彌勒以手兩向擘山如轉輪王開大城門。爾時梵王持天香油灌摩訶迦葉頂。油灌身已擊大揵椎。吹大法蠡。摩訶迦葉即從滅盡定覺。齊整衣服偏袒右肩。右膝著地長跪合掌。持釋迦牟尼佛僧迦梨。授與彌勒而作是言。大師釋迦牟尼多陀阿伽度阿羅訶三藐三佛陀。臨涅槃時以此法衣付囑於我。……爾時彌勒持釋迦牟尼佛僧伽梨。」

8. 舍利弗請問釋迦牟尼佛，為什麼預言未來佛是彌勒佛？

《彌勒來時經》：舍利弗者，是佛第一弟子，以慈心念天下，往到佛所前，長跪叉手問言：「佛常言：『佛去後，當有彌勒來。』願欲從佛聞之。」

9. 釋迦牟尼佛預言彌勒佛上升兜率陀天的時間。

《觀彌勒菩薩上生兜率天經》：「爾時優波離即從座起。整衣服頭面作禮。白佛言。世尊。兜率陀天上乃有如是極妙樂事。今此大士何時於閻浮提沒生於彼天。佛告優波離。彌勒先於波羅捺國。劫波利村。波婆利大婆羅門家生。卻後十二年二月十五日。還本生處結加趺坐如入滅定。身紫金色光明豔赫如百千日。上至兜率陀天。其身舍利如鑄金像不動不搖。」

（六）釋迦牟尼佛介紹彌陀淨土和彌勒淨土給眾生的目的不同。

釋迦牟尼佛介紹彌陀淨土，是因為彌陀淨土實在太好了。釋迦牟尼佛在《佛說阿彌陀經》中說：「舍利弗。我見是利。故說此言。若有眾生聞是說者。應當發願生彼國土。」

釋迦牟尼佛告訴弟子舍利弗，他親眼看見，凡是一心不亂，念阿彌陀佛名號的人，臨終時，阿彌陀佛親自帶領菩薩眾迎接到西方極樂淨土，最後通通不退轉成佛。這樣的「大利」真實不虛，所以我才這樣說。假如有眾生聽到我所說的話，都應當發願往生西方極樂世界。

但是，釋迦牟尼佛介紹彌勒淨土，是因為彌勒淨土是末法眾生的「大皈依處」。釋迦牟尼佛在《佛說觀彌勒菩薩上生兜率天經》中說：「佛告優波離：『汝今諦聽！是彌勒菩薩於未來世當為眾生作大歸依處。」

（七）往生彌陀淨土的眾生，大多是菩薩和阿羅漢，一般凡人是很難來彌陀淨土的；而釋迦牟尼佛交代彌勒菩薩於未來世當為眾生作大歸依處，我們以後都要去彌勒淨土。

釋迦牟尼佛在《佛說阿彌陀經》中說：

「又舍利弗。極樂國土眾生生者皆是阿鞞跋致（是菩薩階位之名）。其中多有一生補處。其數甚多。」

又說：「彼佛有無量無邊聲聞弟子。皆阿羅漢。非是算數之所能知。諸菩薩亦復如是。」

而釋迦牟尼佛則交代，他的弟子和末法的眾生，未來都要皈依彌勒佛，去彌勒淨土。在《佛說觀彌勒菩薩上生兜率天經》中提到：「世尊記曰：『汝等及未來世修福持戒，皆當往生彌勒菩薩前，為彌勒菩薩之所攝受。』」

（八）釋迦牟尼佛還預言，彌勒菩薩未來將在龍華樹下成道後，有三次法會說法，度化眾生，稱為「龍華三會」。當時，彌勒佛所渡化的弟子，都是釋迦牟尼佛遺留下來的弟子。

在《佛說彌勒下生經》中交代：「大迦葉。亦不應般涅槃。要須彌勒出現世間。所以然者。彌勒所化弟子。盡是釋迦文弟子。由我遺化得盡有漏。

摩竭國界毘提村中。大迦葉於彼山中住。又彌勒如來將無數千人眾。前後圍遶往至此山中。遂蒙佛恩。諸鬼神當與開門。使得見迦葉禪窟。是時彌勒。申右手指示迦葉告諸人民。過去久遠釋迦文佛弟子。名曰迦葉。今日現在頭陀苦行最為第一。是時諸人見是事已歎未曾有。無數百千眾生。諸塵垢盡得法眼淨。或復有眾生見迦葉身已。

此名為最初之會。九十六億人皆得阿羅漢。斯等之人皆是我弟子。所以然者。悉由受我訓之所致也。亦由四事因緣（飲食、衣服、醫藥、臥具）惠施仁愛利人等利。

爾時阿難。彌勒如來當取迦葉僧伽梨著之。是時迦葉身體奄然星散。是時彌勒復取種種華香供養迦葉。所以然者。諸佛世尊有敬心於正法故。彌勒亦由我所受正法化。得成無上正真之道。

阿難當知。彌勒佛第二會時。有九十四億人。皆是阿羅漢。亦復是我遺教弟子。行四事供養（飲食、衣服、醫藥、臥具）之所致也。

又彌勒第三之會。九十二億人。皆是阿羅漢。亦復是我遺教弟子。爾時比丘姓號皆名慈氏弟子。如我今日諸聲聞皆稱釋迦弟子。」

看完我列出來的「彌勒淨土比較適合我的八個理由」之後。你應該又有一個疑問要問我？那為什麼現在幾乎都是信仰阿彌陀佛的西方極樂世界呢？

七、為什麼現在往生者大多是要去西方極樂世界呢？

大家會有這個疑問，是很正常的。因為目前在台灣，佛教界大多是提倡去阿彌陀佛的西方極樂世界。例如：

（一）佛光山：星雲法師（禪宗臨濟

（二）慈濟：證嚴法師（以《法華經》精神為旨，承續印順長老與太虛大師，直屬釋迦牟尼佛，不屬於任何宗派。）

（三）法鼓山：聖嚴法師（禪宗臨濟與曹洞法脈的傳人）

（四）中台禪寺：惟覺老和尚（傳承虛雲老和尚，綜合禪宗五宗-曹洞、臨濟、雲門、法眼、溈仰。）

（五）淨宗學會：淨空法師（傳承印光大師的淨土宗）

（六）密宗

要解答這個疑問，必須研究中國的佛教發展史，才能夠得到答案。我們先來回顧歷史，了解「彌陀淨土思想」和「彌勒淨土思想」的發展和興衰的過程。

在魏晉時期，最早傳入中國的「淨土思想」是「彌勒淨土思想」，並且被著名的高僧道安等大德所重視。往後數百年，又陸續有「彌勒淨土」經典被翻譯出來，這是「彌勒淨土信仰」能夠廣傳的原因。魏晉南北朝時期，成為「彌勒信仰」的鼎盛期，而且遠較「彌陀信仰」盛行。

到了南朝時期，「彌勒信仰」和「彌陀信仰」並駕齊驅，兼修兩種淨土的潮流開始萌芽。但是，「彌勒信仰」還是當時淨土信仰的主流。

到了隋代，「彌勒下生思想」被野心政客所利用，以彌勒諸經中有關「彌勒即將出世」的預言，並以此為號召，發動革命反叛隋煬帝楊廣，最後反被朝廷消滅。

隋代是「彌勒信仰」由盛轉衰的關鍵時期，由於民間的彌勒信徒，對朝廷頻繁的反抗起義，使得統治者對「彌勒信仰」的支持不再熱心。但是在玄奘法師等大德的弘揚，和武則天等帝王的支持下，「彌勒淨土信仰」在這一段時期中，仍然流行。隋代之後，「彌陀信仰」逐漸超越「彌勒信仰」成為中國淨土信仰的新主流。

在中國歷史上，有「三武滅佛」的慘事，指的是北魏太武帝滅佛、北周武帝滅佛和唐武宗滅佛，這三次大規模禁佛事件的合稱；再加上五代十國時期，也有後周世宗進行大規模的滅佛運動，故又合稱「三武一宗」滅佛事件。

「三武一宗」滅佛事件，使得佛教元氣大傷，本來顯得衰落狀態的「彌勒淨土」信仰，到此也徹底一蹶不振。

中唐之後，來自印度的「彌勒淨土」信仰，在中國已經消失。「彌勒信仰」徹底被中國本土化，僅在西夏、新疆等地還有保留印度的「彌勒淨土」信仰。

中國本土化的「彌勒信仰」，保留「彌勒教」的傳統，然後和摩尼教、禪宗、道教、儒家以及民間信仰，互相融合在一起，成為民間宗教「白蓮教」。

「白蓮教」是跨越南宋、元朝、明朝和清朝的一個祕密民間宗教組織，一般認為主要是源於宋高宗時期，由茅子元所創立的佛教淨土宗分支「白蓮宗」所創立。在南宋創立之初，吸取「彌陀淨土」思想和「天台宗」的教義。到了元朝之後，再融入「彌勒淨土」信仰的內容。「白蓮教」常被視為是附佛外道和邪教，在歷史上發動多次民變，屢次遭受到當時朝廷的查禁和鎮壓。「白蓮教」成為反叛運動的工具，並在中國歷史上產生了一定影響。

直到近代，「白蓮教」仍未消失，但已發生質變現象。許多民間宗教與團體，例如羅教、齋教、理教和一貫道等，都與「白蓮教」有著相似的信仰及傳說。通常以「無生老母」為主神，以「彌勒佛救世」為號召。

「彌勒淨土」思想在近代的復興，主要是由太虛大師及其弟子印順導師所提倡。民國二十一年，太虛大師在在廈門南普陀寺，設立慈宗壇，供奉彌勒菩薩像，試圖復興「彌勒信仰」。印順導師是太虛大師的高徒，他進一步完善人間佛教思想，提倡求生兜率淨土，親近彌勒佛，將來隨同彌勒佛一同來淨化人間。經過兩位法師的弘揚，「彌勒淨土」信仰呈現出中興的趨向。

看完中國佛教二大淨土的發展與興衰過程，我來做個總結。目前的佛教派系流行信仰阿彌陀佛的西方極樂世界，而「彌勒信仰」勢微的原因共有二個：

1.「彌勒下生思想」被野心政客所利用，朝廷大力打擊「彌勒信仰」：

中國自東晉以來，「彌勒淨土」與「彌陀淨土」的信仰共存。但是隨著許多民間信仰的信徒以「彌勒降世」為號召，對朝廷頻繁的反抗起事，使得統治者對「彌勒信仰」的支持不再熱心。早在北魏末年和隋代，都有打著「新佛出世，去除眾魔」的口號，來起義造反的行動。其中比較有名的是元末起義的兩個著名教派「彌勒教」和「白蓮教」，導致「彌勒信仰」遭到朝廷大力的打擊、鎮壓和禁止，這是「彌勒信仰」由盛轉衰的關鍵。到明、清之後，「彌勒信仰」逐步讓位給「阿彌陀佛信仰」，在佛教中逐漸式微。

2.「蓮宗」弘揚「阿彌陀佛淨土」貶斥「彌勒信仰」：

魏晉南北朝時代著名的高僧道安大師，是「彌勒信仰」的崇拜者，但是他的徒弟慧遠大師卻在廬山組織「蓮社」（亦稱白蓮社、蓮宗），弘揚「阿彌陀佛淨土」，被尊為「淨土宗」的初祖。

隋唐之際，「彌陀信仰」興起，「蓮宗」大事宣揚「阿彌陀佛淨土」。在弘法過程中，對「彌勒淨土」難免有所排斥及曲解，「彌勒信仰」便逐漸衰落。

「淨土宗」實際創始人是唐朝的善導法師，後世稱為「蓮社第二祖」。善導法師主張佛教已進入充滿危機的末法時代，只有「淨土教」能被眾生接受並引導他們達到解脫。善導法師提倡「罪惡凡夫」皆可往生，以及推行簡便易行的「口稱念佛」，提出比較完備的教義體系，對後世「淨土宗」的盛行影響很大。

從五代至宋代，「淨土宗」一直很盛行，它的信仰深入民間。由於「淨土宗」修行的方法簡便，人人都能做到，所以中唐以後廣泛流行。宋明以後與「禪宗」融合，有「家家念彌陀」的說法，一直流傳至今。

第七單元

「般若」、「空」和「無」是什麼意思？

一、《心經》經文出現最多的字

《般若波羅蜜多心經》全文：

觀自在菩薩。行深「般若」波羅蜜多時。照見五蘊皆「空」。度一切苦厄。

舍利子。色不異「空」。「空」不異色。色即是「空」。「空」即是色。受想行識。亦復如是。

舍利子。是諸法「空」相。不生不滅。不垢不淨。不增不減。是故「空」中「無」色。「無」受想行識。「無」眼耳鼻舌身意。「無」色身香味觸法。「無」眼界。乃至「無」意識界。「無」「無」明。亦「無」「無」明盡。乃至「無」老死。亦「無」老死盡。「無」苦集滅道。「無」智。亦「無」得。

以「無」所得故。菩提薩埵。依「般若」波羅蜜多故。心「無」罣礙。「無」罣礙故。「無」有恐怖。遠離顛倒夢想。究竟涅盤。三世諸佛。依「般若」波羅蜜多故。得阿藐多羅三藐三菩提。

故知「般若」波羅蜜多。是大神咒。是大明咒。是「無」上咒。是「無」等等咒。能除一切苦。真實不虛。

故說「般若」波羅蜜多咒。即說咒曰。揭諦揭諦。波羅揭諦。波羅僧揭諦。菩提薩婆訶。

《般若波羅蜜多心經》以唐代玄奘法師的漢譯本流通最廣，共260個字。在這短短260個字中：

「般若」出現5次：

(1)行深「般若」波羅蜜多時。

(2)菩提薩埵。依「般若」波羅蜜多故。

(3)三世諸佛。依「般若」波羅蜜多故。

(4)故知「般若」波羅蜜多。

(5)故說「般若」波羅蜜多咒。

「空」出現7次：

(1)照見五蘊皆「空」。

(2)色不異「空」。「空」不異色。色即是「空」。「空」即是色。

(3)是諸法「空」相。

(4)是故「空」中無色。

「無」出現21次：

(1)是故空中「無」色。「無」受想行識。「無」眼耳鼻舌身意。「無」色身香味觸法。「無」眼界。乃至「無」意識界。「無」「無」明。亦「無」「無」明盡。乃至「無」老死。亦「無」老死盡。「無」苦集滅道。「無」智。亦「無」得。以「無」所得故。

(2)心「無」罣礙。「無」罣礙故。「無」有恐佈。

(3)是「無」上咒。是「無」等等咒。

所以「般若」、「空」和「無」是這部《般若波羅蜜多心經》中的核心，「般若」是主角，而「空」和「無」是配角。也就是說，能夠了解這三個佛學名詞，就能夠明白這部《般若波羅蜜多心經》的內涵。

因此，在翻譯解說《心經》全文之前，我們先來專題探討「般若」、「空」和「無」是什麼意思？要探討「般若」和「空」比較佔篇幅，所以我們在後面用專題來探討，在這裡先談談「無」的意思。

二、《心經》否定「佛法」的存在

在《般若波羅蜜多心經》的經文中，「無」出現21次，其中最重要的是否定下列諸法：

(1)「無」色、受、想、行、識（五蘊）。

(2)「無」眼、耳、鼻、舌、身、意（六根）。

(3)「無」色、身、香、味、觸、法（六塵）。

(4)「無」眼界，乃至「無」意識界（六識）。

(5)「無」「無」明。亦「無」「無」明盡。乃至「無」老死。亦「無」老死盡。

（無明、行、識、名色、六處、觸、受、愛、取、有、生、老死等十二因緣）

(6)「無」苦集滅道（四聖諦）。

(7)「無」智(般若智慧)。亦「無」得。

以上諸法,都是釋迦牟尼佛因材施教教導眾生修行的「佛法」,但是《般若波羅蜜多心經》完全否認推翻這些「佛法」的存在。

許多學佛法的人,對這一點無法理解。釋迦牟尼佛教導我們的「佛法」不是很好嗎?為什麼要學習最高層的「佛法」,釋迦牟尼佛卻又說:「根本沒有佛法。」這不是自相矛盾嗎?有些學佛的人,就因為這個疑惑而中斷學佛修道。

在《妙法蓮華經》方便品第二裡,就記載發生這種事情:「爾時世尊告舍利弗:『汝已殷勤三請,豈得不說。汝今諦聽,善思念之,吾當為汝分別解說。』說此語時,會中有比丘、比丘尼、優婆塞、優婆夷、五千人等,即從座起,禮佛而退。所以者何。此輩罪根深重,及增上慢,未得謂得,未證謂證,有如此失,是以不住。世尊默然而不制止。」

當時釋迦牟尼佛正要演說最高層的「佛法」,法會中有比丘、比丘尼、優婆塞(居士)、優婆夷(女居士)等共五千人離席而退,不願意學習最高層的「佛法」。

初級先說「佛法」好,到了最高級的「佛法」,卻又否定「佛法」的存在。這到底是為什麼呢?這是因為,真正懂「佛法」的人,最後一定要拋棄「佛法」。這就好像有人生病,醫生開藥方治病,一旦病好了,就不需要藥方了。試想:你沒病還需要吃藥嗎?

眾生有「妄想執著」的病,釋迦牟尼佛開藥方(佛法)治病,病治好了(見性成佛),藥方(佛法)也就不需要了。

有人給你一張「藏寶圖(佛法)」尋找寶藏(見性成佛),當寶藏(見性成佛)還沒有找到時,

「藏寶圖（佛法）」很重要；可是，當寶藏（見性成佛）找到了，你就不需要這張「藏寶圖（佛法）」了。

你要划「船（佛法）」到對岸（見性成佛），還沒到達對岸（見性成佛）時，「船（佛法）」很重要；可是，當你到了對岸（見性成佛），你是應該捨棄「船（佛法）」，然後大步踏上岸（見性成佛）；還是，捨不得這艘「船（佛法）」，然後拖著「船（佛法）」上岸呢？

假如到了對岸，你還執著這艘「船（佛法）」，那你是無法上岸（見性成佛）的。這就是為什麼，初級先說「佛法」好，到了最高級的「佛法」，卻又否定「佛法」存在的原因。

《心經》的經文中，「無」出現21次，完全否定「佛法」的存在。懂了這個道理，你才會明白《心經》在說什麼。

在這裡，先簡單描述一下「無」的概念。

釋迦牟尼佛告訴我們說，在眾生的體內，人人都有一樣東西叫做「自性」。這個「自性」才是真正的你，因為你這一世投胎來做人，是你前世的生命結束之後，轉變成「靈魂（佛經稱為中陰身）」，「靈魂（中陰身）」帶著「自性」，隨著「業力」來投胎的。

在你六道輪迴的旅程中，你已經不知道換過多少「身分」，可能是天人道、阿修羅道、人道、畜生道、餓鬼道或者地獄道。但是，這個「自性」從來沒有改變過。所以，釋迦牟尼佛才會說，這個「自性」才是真正的你。

可是為什麼大家都不知道自己有「自性」呢？因為你的「自性」被你的「妄想執著」所覆蓋。在這個狀況下，「自性」有另外一個名字，叫做「第八識（阿賴耶識）」。

我打個比方，把「自性」比喻做「鑽石」，把「妄想執著」比喻做「泥土」，把「佛法」比喻做「清水」。人人都有一顆純潔無瑕的「鑽石（自性）」，但是都被汙穢的「泥土（妄想執著）」包覆著。釋迦牟尼佛教導我們用「清水（佛法）」把「泥土（妄想執著）」去除掉，讓自己的「鑽石（自性）」顯現出來。

但是，釋迦牟尼佛又怕我們太執著「清水（佛法）」，因為對純潔無瑕的「鑽石（自性）」而言，「清水（佛法）」也是一種「妄想執著」。所以，在最高層的佛法，釋迦牟尼佛才會一再的提醒修行者，「清水（佛法）」也是一種「妄想執著」，最後別忘了也要丟棄。

因此，在《心經》的經文中，才會出現21次的「無」，完全否認掉釋迦牟尼佛所說的所有佛法。《心經》說：「以無所得故」因為修行到最高層次後，心中連「佛法」也不存在，不認為自己有得到「佛法」的緣故。

所以菩薩依照「般若波羅蜜多」來修行的緣故，心中無「佛法」，才能夠真正的心無罣礙，沒有恐佈，遠離「妄想執著」的顛倒夢想，達到佛的境界。

三世諸佛也是依照「般若波羅蜜多」來修行的緣故，心中無「佛法」，才能夠證得佛道。

第八單元 認識「般若」

一、世間智慧

在《般若波羅蜜多心經》的經文裡，「般若」共出現5次。而且提到一個重點：菩薩和三世諸佛都是依照「般若波羅蜜多」來修行的緣故，才能夠證得佛道，達到佛的境界。

《般若波羅蜜多心經》原文：

「菩提薩埵。依『般若』波羅蜜多故。心無罣礙。無罣礙故。無有恐佈。遠離顛倒夢想。究竟涅盤。」

「三世諸佛。依『般若』波羅蜜多故。得阿藐多羅三藐三菩提。」

可見「般若」是修行成佛的一個重要寶物，那「般若」是什麼呢？在這個單元，我們來認識「般若」究竟是什麼？

「般若（ㄅㄛ ㄖㄜˇ）」是梵語prajntildeā的音譯，直接翻譯成漢文，是「智慧」的意思。但是，這個「般若智慧」並不是我們一般人所認知的「智慧」。所以，學習佛法的障礙，來自於語言文字的翻譯表達。

我先來定義我們所認知的「智慧」是什麼？

首先，我把我們一般人所認知的「智慧」稱為「世間智慧」，以便和釋迦牟尼佛所說的「般若智慧」來做區別。

我們在日常生活中，常會用「知識」、「聰明」與「智慧（世間智慧）」這三個名詞，來判斷一個人的能力。

什麼是「知識」呢？「知識」是你所知道的事情、認識的事物等；是指我們用人的感覺器官去認知或認識外界事物，所得到的結果。「知識」可以從受教育中獲得，也可以從日常生活的經驗中取得。一個人知道很多事情、認識很多事物，我們稱他為很有「知識」，是一個「知識淵博」的人。

什麼是「聰明」呢？「聰明」的意思是，智力發達，思維敏捷，理解能力和記憶能力強。「聰明」是用來表達對待某事某物，有好的想法和正確的邏輯。

那什麼是「智慧（世間智慧）」呢？「智慧（世間智慧）」是指具有思考、分析、判斷、創造的綜合能力，包括感知、知識、記憶、理解、聯想、情感、邏輯、辨別、計算、分析、判斷、文化、包容、決定等多種能力。「智慧（世間智慧）」是讓人可以深度的理解人、事、物、社會、宇宙、現狀、過去、將來等，同時擁有思考、分析、探求真理的能力。

一個「知識淵博」的人，只是說他知道很多事情，不代表他「聰明」或有「智慧（世間智慧）」。假如他「知識」很多，但是不會處理事情，他就只是個書呆子，不「聰明」，沒有「智慧（世間智慧）」。

「聰明」又分為兩種，有的人只是「小聰明」，而有的人擁有「大聰明」，又稱為有「智慧（世間智慧）」。

「小聰明」的人，只會為自己的私心去思考做事，經常會為了自己的利益，而不惜去傷害別人的利益。

「智慧（世間智慧）」包括「知識」和「大聰明」，一個人對於事情的處理有明智的判斷能力，能夠選擇適當的方法來處理事情，而且自利又利他，我們稱他為很「聰明」（「大聰明」），也就是說很有「智慧（世間智慧）」。

擁有「智慧（世間智慧）」的人，面對各種生活境況，能夠做出最好的判斷和建議。下面舉個「所羅門王斷案」的例子，來具體說明「智慧（世間智慧）」是什麼？在舊約《聖經》裡，有一個「所羅門王斷案」的故事。

「所羅門王」是古代以色列王國的第三任君主，他是「耶路撒冷」第一聖殿的建造者，擁有超人的智慧（世間智慧），大量的財富和無上的權力。

舊約《聖經》列王紀上3：16-28原文：

一日，有兩個妓女來，站在王面前。

一個說：「我主啊，我和這婦人同住一房。她在房中的時候，我生了一個男孩。我生孩子後第三日，這婦人也生了孩子。我們是同住的，除了我們二人之外，房中再沒有別人。

夜間，這婦人睡著的時候，壓死了她的孩子。她半夜起來，趁我睡著，從我旁邊把我的孩子抱去，放在她懷裡，將她的死孩子放在我懷裡。天要亮的時候，我起來要給我的孩子吃奶，不料，孩子死了。及至天亮，我細細地察看，不是我所生的孩子。」

那婦人說：「不然，活孩子是我的，死孩子是你的。」

這婦人說：「不然，死孩子是你的，活孩子是我的。」

她們在王面前如此爭論。

王說：「這婦人說『活孩子是我的，死孩子是你的』，那婦人說『不然，死孩子是你的，活孩子是我的』。」就吩咐說：「拿刀來。」人就拿刀來。王說：「將活孩子劈成兩半，一半給那婦人，一半給這婦人。」

活孩子的母親為自己的孩子心裡急痛，就說：「求我主將活孩子給那婦人吧，萬不可殺他！」那婦人說：「這孩子也不歸我，也不歸你，把他劈了吧！」

王說：「將活孩子給這婦人，萬不可殺他，這婦人實在是他的母親。」

以色列眾人聽見王這樣判斷，就都敬畏他，因為見他心裡有神的智慧，能以斷案。

從上面這個舊約《聖經》裡的故事，我們可以得知所羅門王有「知識」和「大聰明」，難怪被稱為「有超人智慧（世間智慧）的君王」。

在人世間，大家都推崇有「智慧（世間智慧）」的人，也希望自己是個有「智慧（世間智慧）」的人。但是，二千五百年前，釋迦牟尼佛在菩提樹下禪定悟道後，提出擁有「般若智慧」比「世間智慧」還重要。因為擁有「般若智慧」，能夠找到「真正的我（又稱為「自性、佛性」）」，能夠脫離六道輪迴，證得佛道，得到永生；而「世間智慧」，卻反而是妨礙我們找到「真正的我（自性、佛性）」的障礙物。

這是一個讓我們覺得不可思議的事情，你沒有看錯，我再強調一次釋迦牟尼佛的發現：「世間智慧」是妨礙我們「見性成佛」的障礙物。

為什麼呢？原來「般若智慧」是不能夠用你的「思慮考量」來獲得，反而要停止你的「思慮考量」，才能證得。也就是說，你不能用「想的」，必須停止你的「思想」。要讓你的「思想」停止的方法是：把你的「思想」集中在一個事物上，練習在一段時間內，你只有一個心念，定住個心念，達到「一心不亂」的境界。

要知道原因，讓我們繼續看下去。

二、般若智慧

「般若」是什麼？「般若」是梵語（印度語）的音譯，意譯為「慧、智慧」。「般若」這個名詞，最早出現於東漢高僧支婁迦讖所翻譯的《道行般若經》。

「般若」在中國沒有適合的名詞可以翻譯代替，雖然意思是「智慧」，卻不足以解釋「般若」的含義，所以佛經譯經家不直接漢譯為「智慧」，而以音譯「般若」來表示不同於一般的「智慧」。

那麼，什麼是「般若智慧」？簡單的說，「般若智慧」就是「觀照萬法皆空」的智慧。這裡有兩點要注意的是：

（一）「般若智慧」不是用想的，也不是學習來的，而是必定要進入「禪定」中，達到「一心不亂」的境界，「般若智慧」才會顯現出來。

（二）「般若智慧」能觀照「萬法皆空」，這個「空」，不是「什麼都沒有」的意思。而是表示萬物的本身，並沒有一個真正存在的實體（佛經稱為「自性」）；表示萬物「自性」的非存在狀況，而非純然虛無的意思。

這個「空」，是指世間一切現象，都是因為各種條件的聚合而形成的（佛經稱為「因緣和合」），當條件改變時，現象也跟著改變，本身並沒有一個不變的實體（自性）。

簡單的說，「空」就是「無常（無有恆常不變）」，是宇宙人生一切現象的真理，是指世間萬物都是「緣聚即生，緣散即滅。」；萬物都是遷流不息，變化無窮，無常存者。

「般若智慧」有什麼功能呢？剛才說，「般若智慧」能夠「觀照萬法皆空」，它有「覺知（感覺知道）」「萬法皆空」的功能。

「般若智慧」的「覺知」不同於「身體各感覺器官」的「覺知」，它是自發性的「覺知」，而「身體各感覺器官」的「覺知」必須要有「外在因緣」，才能產生作用。

舉個例子，來說明「般若智慧」的「覺知」。

有一口水井，裡面住著一隻大青蛙和一群小蝌蚪。大青蛙每天都跳出水井，到外面覓食。這群小蝌蚪在水裡搖著尾巴，時常好奇的問大青蛙，外面的世界有什麼？大青蛙回答說：「外面的世界非常廣大，天上有太陽和月亮，地上有各種動物和植物。」小蝌蚪們又問：「這些外面的東西，都長什麼樣子？」大青蛙解釋了半天，小蝌蚪們還是百思不解。

最後，大青蛙笑著對小蝌蚪們說：「等你們長大變成青蛙，自己跳出井外，就知道了。」終於有一天，小蝌蚪們變成了小青蛙，牠們迫不及待的一躍而上，跳出井外。小青蛙一跳到地上，看到外面的景象，馬上就明白大青蛙所說的一切。

「大青蛙」比喻是「佛」，「小蝌蚪」們比喻是「凡夫眾生」，「小青蛙」比喻是「成佛的凡夫眾生」。

「般若智慧」的「覺知」，就如同是小青蛙跳到地上，當下看到外面的景象，馬上就「明白」（覺知）大青蛙所說的一切，不必再解釋，不必經過教育和學習，一切真相都盡在頓然「覺知」的無言中，也就是所謂的「頓悟」。

第九單元

要看懂《心經》需要二個佛法基礎

要了解《心經》的內涵，必須要有「佛法的基礎」，而「佛法的基礎」要建立在二件事情上面：

（一）要學習「唯識學」；

（二）要研究釋迦牟尼佛悟道後所說的第一句話。

一、要學習「唯識學」

要學習佛法，先要研究了解《瑜伽師地論》，沒有《瑜伽師地論》的概念，就好像是瞎子摸象一樣，永遠看不懂佛經。

《瑜伽師地論》，又稱為「唯識學」，說明人人都有八個心識，稱為「八識」，即「眼識、耳識、鼻識、舌識、身識、意識、末那識、阿賴耶識」等。這「八識」是讓我們「造業輪迴」的原因；也是「見性成佛」的鑰匙。

「唯識學」可以說是佛法心理學，它的學說來自於《瑜伽師地論》。此論相傳是印度的無著菩薩，經由禪定，上升至兜率天，親自受學於彌勒菩薩，從彌勒菩薩處得到此論，並傳述後世。

在漢傳的譯本中，最完善的是玄奘法師所翻譯的《瑜伽師地論》。玄奘法師西行取經，最重要的目的，就是要取得這本《瑜伽師地論》。

在解釋《瑜伽師地論》之前，我們先分辨一下「瑜伽（ㄐ一ㄚ）」和「瑜珈（ㄐ一ㄚ）」的不同。「瑜珈」是指修禪定的法門，而「瑜伽」，是指修行「瑜珈」法的人。

什麼是「瑜伽（ㄩˊㄐ一ㄚ）」呢？「瑜伽」起源於古印度，是古印度六大哲學派別中的一個派系，專門探討「梵我合一（天人合一）」的道理與方法。「瑜伽」（Yoga）這個詞在梵文的意思是「合一、相應」，源自梵文的YUJ，原來的意思是一種稱為「軛」的工具，用來駕馭牛馬。這個詞是原始印歐語系的字根yeug-，意思就是「連結、結合、統一」。簡單來說，「瑜伽」可以直接翻譯為「內在真我的統一」。

那什麼是《瑜伽師地論》？《瑜伽師地論》的意思是「瑜伽師」的「地論」。修練「瑜珈」的人叫做「瑜伽士」，修練「瑜珈」有成就的人，稱為「瑜伽師」。「地論」的「地」是範圍，《瑜伽師地論》分成十七個範圍，專門在論說小乘和大乘的修行方法，以及分析如何修行來證得佛道，總共有一百卷。

《瑜伽師地論》又稱為「唯識學」，「唯識」的「唯」，是「唯獨」的意思，有「決定」的意義。「唯獨」什麼呢？「心識」，就是指我們平常的心理活動。「唯識學」說：世間的一切，唯獨是這個「心識」所變現的，「心識」是萬事萬物的主宰。「心識」清淨，就置身於清淨的世界；「心識」染汙，就置身於染汙的世界。所以我們要修道「見性成佛」，就要從淨化「心識」下手。而要淨化「心識」，就要先認識這個「心識」。

「唯識學」是一門博大精深的學問，但是對初學者而言，他只要學到基礎概念即可。他要學到什麼呢？

1. 人類的心理有八個「心識」，即眼識、耳識、鼻識、舌識、身識（以上合稱五識）、意識、末那識及阿賴耶識。

2. 人往生後，「靈魂」就脫離肉體，佛法稱為「中陰身」，第八識「阿賴耶識」跟隨著「中陰身」，在「業力」的引導下，到「六道（天人道、阿修羅道、人道、畜生道、餓鬼道、地獄道」去投胎轉世。

3. 假如投胎到「人道」，「中陰身」會尋找有緣的男女做父母。「中陰身」和父精（精子）、母血（卵子）三者結合，才能在母親的子宮裡成為「胎兒」。成為胎兒之後，「中陰身」裡的第八識「阿賴耶識」開始運作，陸續生出七個「心識」。胎兒長出眼睛、耳朵、鼻子、舌頭、身體（以上合稱五根）之後，就生出眼識、耳識、鼻識、舌識、身識（以上合稱五識）。

4. 胎兒一出生，成為「嬰兒」。這個時候，「五根（眼睛、耳朵、鼻子、舌頭、身體）」接觸到外界的五種環境，稱為「五境（色境、聲境、香境、味境、觸境）」，就產生「五識（眼識、耳識、鼻識、舌識、身識）」，進而生出第六識「意識」。「五識」必定是與外境接觸後才產生的，此「五識」本身單獨並不能產生任何功能，必須與第六識「意識」相結合，才能產生作用。

5. 第六識「意識」的功能有「尋伺、作意、判斷、記憶、決定」和「引發喜怒哀樂的情緒作用」。只要前「五識」一起作用，第六識「意識」就跟著起作用，進行了別、思惟、作意等功能。第六識「意識」還有另外一個功能，叫做「獨頭意識」。它是單獨生起，不與前「五識」俱起。「獨頭意識」可分為四種：夢中、禪定中、精神錯亂中和精神疾病中。

我們的見聞覺知、思想判斷，都是以第六識「意識」為主，第六識「意識」是心理活動的綜合中心。牽引我們去受業報的，也是第六識「意識」的功能。

6. 第七識「末那識」是第六識「意識」的根，它又把第八識「阿賴耶識」當成「我、自己」，而牢執不捨。第七識「末那識」的作用，是經常的審慮思量，執著自我，它是一個以「自我」為中心的心識，是自私的心識。

7. 第八識「阿賴耶識」的功能非常大，前面七個心識的種子，都儲存在第八識中，就像電腦的資料庫存取一樣。第八識「阿賴耶識」能把所有「業識種子」儲存下來，不論多少，永遠不會存滿，像一顆無限量的「硬碟」一樣。

我們出生到人間，雖然是帶著我們前世第八識「阿賴耶識」的「業識種子」而來。但是在今世，也自然會造出各種新的「業識種子」，又將新的「業識種子」儲存到第八識「阿賴耶識」裡去。

第八識「阿賴耶識」到了下一世，「業識種子」成熟了，成為「果報」。我們就這樣，生生世世把「業識種子」儲存進第八識「阿賴耶識」，生生世世的果報，也從第八識「阿賴耶識」的「業識種子」顯現出來。

「唯識學」是佛法心理學，有了「八識」的概念，你才會明白為什麼修道學佛，一定要「靜坐禪定」才行？

「唯識學」告訴我們一個原理，唯有透過「靜坐禪定」的練習，才能夠讓第七識「末那識」停止作用。一旦第七識「末那識」停止作用，我們的思想活動就停止，「妄想執著」當然就不存在。這時候，你的「如來智慧德相」，也就是「自性佛」，就顯現出來，這就是所謂的「見性成佛」。

二、要研究釋迦牟尼佛在菩提樹下悟道後，所說的第一句話

在《指月錄》第一卷裡，記載釋迦牟尼佛成道的過程：

入正「三昧」。至八日明星出時。廓然大悟。成等正覺。乃歎曰。奇哉一切眾生。具有「如來智慧德相」。但以「妄想執著」不能證得。

要學習佛法，一定要思考研究這一段經文，真的是太重要了。釋迦牟尼佛建立佛教，要傳佛道給眾生，就是起源於這句話。

要了解佛法，一定要明白什麼是「三昧」？「如來智慧德相」？「妄想執著」？不知道這三個名相（專有名詞），就進不了佛法的世界。

在《大方廣佛華嚴經》卷第五十一如來出現品第三十七之二裡，記載得更詳細：「爾時，如來以無障礙清淨智眼，普觀法界一切眾生而作是言：『奇哉！奇哉！此諸眾生云何具有如來智慧，愚癡迷惑，不知不見？我當教以聖道，令其永離妄想執著，自於身中得見如來廣大智慧與佛無異。』」

這段經文「我當教以聖道，令其永離妄想執著，自於身中得見如來廣大智慧與佛無異。」說明了釋迦牟尼佛要傳道普渡眾生的原由。

「三昧」、「如來智慧德相」和「妄想執著」，這三個名相的意思如下：

（一）三昧：梵語的音譯，意譯為「止」、「定」、「禪定」等。亦即將心定於一處（或一境），而進入心不散亂的一種安定狀態。

（二）如來智慧德相：就是「自性、佛性、實相、本來真面目、真我」。

（三）妄想執著：「妄想執著」是我們第七識「末那識」的作用，也就是你現在用腦袋所想到的事情。第七識「末那識」的特點是「思慮考量」，功能是理智思維、分別、認知、分析、推理等心智活動。所以，「學問」和「知識」都屬於「妄想執著」。

釋迦牟尼佛修行靜坐時，進入正三昧（禪定）的境界後，發現一件不可思議的事情。釋迦牟尼佛告訴我們說：一切眾生，都有「自性（佛性）」，但是被自己的「妄想執著」蒙蔽，所以我們不知道「自性（佛性）」的存在。

三、學習佛法的三把「鑰匙」

注意！在《指月錄》這段經文裡，藏有學習佛法的三把「鑰匙」（「三昧」、「如來智慧德相」和「妄想執著」）。只要你懂了這三個名相，所有的佛經，你都看得懂，可惜大多數的人都忽略了。

這三把「鑰匙」的重點如下：

（一）我們都有「如來智慧德相（自性、佛性）」，但是都被自己的「妄想執著」所蒙蔽。

舉個例子：你手上有一塊黃金（自性），但是被泥土（妄想執著）包住，所以你以為你拿的是石頭，你不知道它其實是一塊黃金（自性）。

佛家有一句話：「煩惱即菩提，菩提即煩惱。」「菩提」意思是「覺悟」，了解事物的本質，斷絕世間的煩惱，而成就「涅槃（自性、佛性）」的般若智慧。此句出自《六祖壇經》：「前念著境即煩惱，後念離境即菩提。」意思是：前念如果執著境界，對環境產生好或壞的分別心，那就是「煩惱」；

如果下一念對環境沒有分別心，就是「菩提（般若智慧）」。所以，「菩提」就藏在「煩惱」裡面；「如來智慧德相（自性、佛性）」就藏在「妄想執著」裡面。

（二）「妄想執著」的產生，來自於我們第七識「末那識」的作用。當我們的第七識「末那識」起心動念、思慮考量，進而分別好、壞，產生「分別心」的時候，就稱為「妄想執著」。

（三）要去除「妄想執著」，只有一個方法，就是「靜坐禪定」，進入「三昧」的境界。要想去除「妄想執著」，就要讓第七識「末那識」停止作用，而唯一的方法，就是「靜坐禪定」。

四、「禪」的意思

一般人以為「禪定」就是「放空自己」，這是大錯特錯的觀念。我們先來了解「禪」的意思。「禪」是梵語的音譯，意思是「瞑想」，漢譯作「定、靜慮、思惟修」，又稱為「禪定」。下面是對「禪」的說明：

（一）「禪定」是「通過一種方式，使心念安定下來的實踐」，這種方式通常是「打坐」。所謂「通過一種方式」就是指「把心念集中在某一處」，「某一處」可以是一句「佛號」，可以是一句「咒語」，可以是「自己的呼吸」，可以是「佛像」等，只要能夠讓自己的心念集中就可以，這是非常重要的一個修行心法。

（二）「禪定」是一種心、精神的統一作用，把心、精神集中到某一對象去，再凝聚其力量，進入深沉的瞑想境地。

（三）「禪定」是專心於一件事情，而不分心於別的事情，而且這種專心的狀態，是「自然而然」形成的精神集中，是一種「無意識的集中」。

（四）「禪定」是一種使心念專一、不散亂的修行。此中不需要一個特定的東西，作為集中的對象，初步的精神集中，是需要一對象來助成，但是最高階的精神集中，是無對象的集中，達到「非思量（無念）」的境界。

（五）「禪定」能開發你內在的潛能，《遺教經》裡說：「制心一處，無事不辦。」

五、看懂《心經》

看完這段經文的三個重點，再看一遍《心經》的經文，你就會恍然大悟，你就會看懂《心經》，明白原來如此。

（一）《心經》：「觀自在菩薩，行深般若波羅蜜多時，照見五蘊皆空，度一切苦厄。」

在《心經》的一開頭，就說「觀自在菩薩，行深般若波羅蜜多時，」其實，這段經文是在敘述，觀自在菩薩正在修行「菩薩道」的「六波羅蜜（布施、持戒、忍辱、精進、禪定、般若（智慧））」當中的「禪定波羅蜜」之後，進入「般若波羅蜜」的境界。

（二）《心經》：「是諸法空相，不生不滅，不垢不淨，不增不減。」

能夠看透世間萬法，都是「不生不滅，不垢不淨，不增不減。」，只有當你處在沒有「分別心」的時候。你要真正沒有「分別心」，只有在第七識「末那識」停止作用的時候，也就是進入「禪定」的境界。

（三）《心經》：「是故空中無色，無受想行識。無眼耳鼻舌身意，無色聲香味觸法。無眼界，乃至無意識界。無無明，亦無無明盡。乃至無老死，亦無老死盡。無苦集滅道，無智亦無得，以無所得故。」

學佛者要能夠明白：

①「五蘊（色、受、想、行、識）」、

②「六根（眼、耳、鼻、舌、身、意）」、

③「六塵（色、聲、香、味、觸、法）」、

④「十八界（眼界、耳界、鼻界、舌界、身界、意界；色界、聲界、香界、味界、觸界、法界；眼識界、耳識界、鼻識界、舌識界、身識界、意識界）」、

⑤「十二因緣（無明、行、識、名色、六處、觸、受、愛、取、有、生、老死）」、

⑥「四聖諦（苦諦、集諦、滅諦、道諦）」、

⑦「般若妙智」、

⑧「得到般若妙智所觀所證的理體」

等這些佛法，實際上是「無（沒有）」的。只有當你處在沒有「分別心」的時候；也就是讓第七識「末那識」停止作用的時候；也就是進入「禪定」境界的時候，你才會發現這些佛法，實際上是不存在

的。

（四）《心經》：「菩提薩埵，依般若波羅蜜多故，心無罣礙。無罣礙故，無有恐怖，遠離顛倒夢想。究竟涅盤。」

要能夠真正達到「心無罣礙」、「無有恐怖」、「遠離顛倒夢想」的境界，只有讓第七識「末那識」停止作用；也就是進入「禪定」的境界，才能夠做到。

同樣的道理，我們再來看《金剛經》莊嚴淨土分第十裡的經文：「是故須菩提！諸菩薩摩訶薩，應如是生清淨心，不應住色生心，不應住聲、香、味、觸、法生心，應無所住，而生其心。」

《金剛經》的重點就在「應無所住，而生其心」，要做到「心無所住」（心不執著）的方法也是只有一個：透過靜坐禪定，讓第七識「末那識」停止作用。

認識「唯識學」

一、「三界唯心，萬法唯識。」

在上個單元提到，「佛法的基礎」要建立在二件事情上面，第一個是：要學習「唯識學」。

在這個單元，我們來認識「唯識學」。

「唯識學」的學說理論：世間的一切，唯獨是這個「心識」所變現的，「心識」是萬事萬物的主宰。

在佛教裡有一句名言「三界唯心，萬法唯識。」就是「唯識學」的理論：

（一）「三界」：就是指眾生所處的境界，可以分為「欲界、色界、無色界」等三種境界。

（二）「唯心」：就是世界上的一切事物都是由「心識」所變現出來的。

（三）「唯識」：就是世間諸法，都是「心識」所顯現，一切法皆不離「心識」。

開場白先說個韓國佛教故事，大家對「唯識學」會比較有概念。

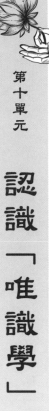

在中國唐代時期，東方的新羅國（國土範圍大約是今天的南韓）有位元曉法師聽說大唐玄奘法師的唯識學派十分興隆，便入唐求法。

元曉法師走海路入唐，預備搭船渡海時，卻遇上暴風雨，加上天色已晚，不利前行，便借宿於路旁的破廟。隔日清晨，才看清楚破廟的四周是古墳區，而且骸骨四散。但是，由於雨勢未停，只好再住宿一晚。

到了半夜，元曉法師就覺得有鬼作怪，輾轉難眠。元曉法師因此而有所感悟：前晚以為是破廟，因此安心睡覺，不見有鬼怪；今夜知道是寄居古墳旁邊，所以心生鬼怪。可見「心生故種種法生，心滅則破廟和古墳都一樣」，簡單地說：「心中有鬼就有鬼；心中沒有鬼就沒有鬼。」

所以「三界唯心，萬法唯識。」是一個真理，不用再心外求法。因此，就決定擱囊返國，不再前往中國。

「唯識學」認為宇宙萬有的存在，必須透過「心識」，依照「心識」的虛妄分別執持萬有，才能產生一切生命現象。

所謂「三界唯心，萬法唯識」，就是說一切外境的種種相狀、分別，都是由「心識」所變現出來。同樣一件事情，會有不同的看法，是因為每個人都用自己的「心識」在塑造世界的樣子。

「心識」共有八種，即眼識、耳識、鼻識、舌識、身識（前五識）、意識（第六識）、末那識（第七識）和阿賴耶識（第八識），這八種「心識」構成了種種不同的法界（思想所能及）。

二、「唯識學」裡的「八個兄弟」

在「唯識學」有一首名偈：

「八個兄弟共一胎，一個伶俐一個呆，五個門前作買賣，一個家在家把帳開。」這首偈的意思，就是說明在我們心中有八個「心識」，好像形影不離的兄弟一樣，聯合運作的情形。

這八個「心識」的功能如下：

（一）八個兄弟共一胎

八個「心識」如同八個兄弟，都是同一個地方來的。這個「胎」是指「自性（佛性、如來藏）」，八個「心識」都是「自性（佛性）」清淨心在迷妄當中所顯現，同屬於生滅的妄心。

（二）一個伶俐一個呆

在這八個「心識」當中，比較伶俐的是第七識「末那識」，比較呆滯的是第八識「阿賴耶識」。

「第七識」為什麼伶俐呢？因為它處處都是「自我」作主，時時刻刻思量和決定一切事情，所以很伶俐，並且恆常相續，連睡覺時、入定時，它都不會停止作用，還在那裡執取深層的「第八識」為「自我」。我們修行禪定，就是要破除這「第七識」的「我執」、「法執」。

「第八識」為什麼呆呢？因為「第八識」又稱為「含藏識」，作用好像「倉庫」一樣，不分好壞，統統接受。經由「前五識」在外緣取外境，加以「第六識」的分別了知，再透過「第七識」的執取、染污，通通都儲存到「第八識」當中，成為「業識種子」，來者不拒，等到因緣成熟的時候，「業識種子」結果，就有生死輪迴的果報了，所以這就是「呆」。

（三）五個門前作買賣

這是指「前五識」，「眼識」透過「眼睛」緣於色塵，「耳識」透過「耳朵」緣於聲塵，「鼻識」透過「鼻子」緣於香塵，「舌識」透過「舌頭」緣於味塵，「身識」透過「身體」緣於觸塵。人的五根（眼睛、耳朵、鼻子、舌頭和身體等，五種感覺器官）必須透過這「五識」，才有納受外境（五塵：色塵、聲塵、香塵、味塵、觸塵）的作用，所以說是在「五根」的門前作買賣。

為什麼說是「作買賣」呢？當「五識」執取外境時，就是「買」；當「五識」緣取其它境界時，原來所「買」的，就「賣」出了，所以，「前五識」不間斷地緣取種種外境，就是不斷的「又買又賣」。

（四）一個在家把帳開

「前五識」在門前「又買又賣」，在家裡會分別、認知、記帳的「第六識」，可是斤斤計較，把買賣的收入記起來。「第六識」把那「前五識」曾經買過、賣過的，都記起來，都去認知它、思慮它、分別它，例如什麼東西是好吃或不好吃；什麼東西是美的或醜的。

這八個「心識」聯合運作的情形就是：「第六識」隨時把「前五識」所傳來的訊息，加以詳細的分析、比對、思考、整理，然後就把所得到的結果，提供給「第七識」來決定是要取還是要捨。好看的，「我」要多看幾眼；好聽的，「我」要多聽幾聲；有利於我的，「我」要想辦法據為己有。然後，這些過程通通被錄影起來，轉成「業識種子檔案」，送到「第八識」的倉庫（硬碟）裡儲藏。這樣就構成了眾生的「認識論」，也說明了生死輪迴，因緣果報，相續不斷的道理。

簡單的解說這首名偈：老六「意識」就像「總管」一樣，透過前面五個兄弟（「眼識」、「耳識」、「鼻識」、「舌識」、「身識」）的幫忙，收集資訊。然後，老六「意識」就不斷的分析歸納、思慮整理，把所收集到的資料，提供給老七「末那識」作參考，讓老七「末那識」去決定應該如何處理。最後，老八「阿賴耶識」把前面所有的過程，都錄影起來，再把錄影的影像檔案，儲存在自己的「倉庫（檔案庫）」裡。

這八個兄弟互相合作無間，一個管看、一個管聽、一個管嗅、一個管嚐、一個管觸、老六管分析整理、老七時時攀緣下命令，老八則像個大倉庫一樣，把前面七個兄弟所提供、所造作的資料，鉅細靡遺的收藏起來，一點都不漏失。

在這八個兄弟裡面，雖然老八「阿賴耶識」是個「呆」，但是它卻是個主角。初學佛法者要建立「佛法的基礎」，不認識第八識「阿賴耶識」是不行的。不認識第八識「阿賴耶識」，你就不知道「自性」是什麼？你就不知道我是從哪裡來的？我到底是誰？

三、「我是誰？」

其實，現在的你和我，都不知道我們是從哪裡來的？我們的前世是誰？我們的來世又是誰？沒有了這個身體，我們到底是誰？

清代順治皇帝出家之後，也是被「我是誰？」這個問題所困惑。順治皇帝寫了一首《順治皇帝出家偈》：

「來時糊塗去時迷，空在人間走一回，
未曾生我誰是我，生我之後我是誰，
長大成人方是我，合眼矇矓又是誰，
不如不來亦不去，來時歡喜去時悲。」

這首詩寫的實在太好了，把我們對生命的迷惘，描寫的淋漓盡致。

假如我們的身體是一輛「車」，你前世做善事，這一世就是一輛「雙B的車」；你前世做惡事，這一世就是一輛「腳踏車」。不管是「雙B的車」或者「腳踏車」，使用久了，終究會壞掉報廢，變成一堆廢鐵。但是，裡面的司機卻不會變，只是換一輛車開而已。

這個住在你、我身體裡面的「司機」，不管我們怎麼輪迴，他永遠不會變。這位「司機」，我們一般人都稱他為「靈魂」。每一個人都有自己獨特的「靈魂」，而且是永恆不滅的。「靈魂」居住在六道輪迴的眾生裡面，並且對他們起主宰的作用。

「靈魂」就好像一部「超級智慧型電腦」，主宰著生生世世的思想和行為，這部「超級智慧型電腦」裡面，有一顆「超大型硬碟」，它會記錄生生世世的行為過程，並且儲存成一個「業識檔案」。

這位被稱為「靈魂」的「司機」，在佛經裡有個名字。釋迦牟尼佛在悟道之後，在《解深密經》中告訴我們這位「司機（靈魂）」，有個名字叫做「阿陀那識」，彌勒佛稱它為「阿賴耶識」。

釋迦牟尼佛在《解深密經》中說：「阿陀那識甚深細。」是說「生命的本體」，有個東西叫做「阿陀那識」，也叫做「阿賴耶識」。「阿陀那識（阿賴耶識）」既深又細，非常祕密難懂，要經過修行實證才會懂。

現在我們來認識一下，什麼是「阿賴耶識」？

四、《瑜伽師地論》發展成「唯識學」

彌勒佛是講解「阿賴耶識」的專家，這門學問他傳授給弟子無著菩薩，稱為《瑜伽師地論》。玄奘法師西行取經的目的，就是學習《瑜伽師地論》，並且把《瑜伽師地論》帶回中國翻譯成漢文，後來發展成「唯識學」。要了解什麼是「阿賴耶識」？一定要研究《瑜伽師地論》。

在《大唐西域記》卷五中記載：「無著菩薩，夜升天宮，於慈氏菩薩所受《瑜伽師地論》、《莊嚴大乘經論》、《中邊分別論》等，晝為大眾講宣妙理。」說明無著菩薩經由禪定，上升至兜率天，親自從學於彌勒菩薩，從彌勒菩薩處得到《瑜伽師地論》並傳述後世。

《瑜伽師地論》這本佛經的書名是什麼意思呢？

什麼是「瑜伽師」？「瑜珈（yoga）」這個詞來自古印度文（梵文），意思是「相應、和諧一致」，也就是「心靈、身體與靈魂全然的和諧狀態」。「瑜伽」是在禪定修行中，心境相應，原本是印度教修行的方法之一。漢傳佛教沿用此名，作為「禪定」或「止觀」的代名詞。

「瑜珈」有三種修行方式：

(1)「身瑜珈」是身體的瑜珈，如倒立蓮式、孔雀式。
(2)「聲瑜珈」是修密宗念咒語。
(3)「心瑜珈」就是心地法門，在印度已經失傳，只有中國的《瑜伽師地論》，是真正古印度宗教的心瑜珈。

這裡要注意的是，「瑜珈」和「瑜伽」是不同的兩件事情。「瑜珈」的「珈」，是斜玉旁的「珈」，就是現在流行的印度「瑜珈」術（身瑜珈）。而「瑜伽」的「伽」是人字旁的「伽」，修瑜珈術、修道的人叫「瑜伽士」或「瑜伽師」。

那什麼是「地論」呢？「地」就是「範圍」，「論」就是依據佛經而發揮其義者。《瑜伽師地論》這本佛經，把學佛修證的道理，分成五道（先修人道，再修天道、聲聞道、緣覺道和菩薩道，最後證果成佛。）和十七個範圍來說明修行的順序，總共一百卷，為彌勒菩薩所演說。

簡單的說，《瑜伽師地論》就是瑜伽師（禪定者）修行時，所經歷的境界（十七地）。

五、「唯識學」的學說理論

《瑜伽師地論》的重點，是以「唯識無境」為根本宗義，所以又稱為「唯識學」。「識」就是「心」，但是這個「心」，並不是指實體的「心臟」，而是一種無形的「精神力量」，有變化的「功能」。

「唯識無境」是「唯有心識，無有外境」，「境」就是「宇宙萬有的一切現象」。意思是說，唯有能「了解分別」的心識的功能，而沒有所分別的外在對象；一切萬法都是假相，沒有真實的世界，都是自己的「心識」所想像顯現出來的。

「唯識」的「唯」是「唯有、只有」，否定有外境（真實的世界）的存在。意譯作「無境」，又作「無外境」。意思是「唯有心識的想像認定，而沒有真實的外在對象」，這是「唯識學派」的根本學說。

「唯識學」的基本理論是「萬法唯識」，唯識家認為，宇宙間的一切法相（現象），全是「心識」所變現，這就是所謂的「唯識無境」。宇宙萬物的一切現象，都不是真實存在，而是第八識「阿賴耶識」所變現出來的；即世界的一切現象，都是「心識」所想像變化出現的。「心識」之外，沒有獨立的客觀存在，這叫做「識所緣，唯識所變」。

所以，佛經才會說「三界唯心，萬法唯識」，三界諸法都是「唯識」，離開「心識」並沒有實在的外境（真實的世界）。

「唯識學」的學說，是由玄奘法師傳入中國之後，玄奘法師以世親菩薩的《唯識三十頌》為主，融合印度十大論師的詮釋編譯，而寫成《成唯識論》，建立中國「唯識宗（又稱為「法相宗」）」的主要理論依據。「唯識學」可以說是佛家的「心理學」，也是佛門各宗共同的學習科目。

「唯識學」裡談到眾生都有「八識」，「八識」的「識」是「心識」的意思，是我們精神作用的主體。在「唯識學」上，把「識」分析為八種，即是眼識、耳識、鼻識、舌識、身識、意識、末那識、阿賴耶識等八個「心識」。詳述如下：

（一）「前五識（即眼、耳、鼻、舌、身五識）」是我們人的五種感覺器官，接收到外界的訊息，所生起的了別認識作用。其作用是：

(1)眼識：依於「眼根（眼睛）」，緣（順着）「色境」所生起的了別認識作用。
(2)耳識：依於「耳根（耳朵）」，緣（順着）「聲境」所生起的了別認識作用。
(3)鼻識：依於「鼻根（鼻子）」，緣（順着）「香境」所生起的了別認識作用。
(4)舌識：依於「舌根（舌頭）」，緣（順着）「味境」所生起的了別認識作用。
(5)身識：依於「身根（身體）」，緣（順着）「觸境」所生起的了別認識作用。

（二）「意識」又稱為「第六識」，是我們心理活動的的綜合中心。我們人的思考、判斷、記憶、決定，以至於喜怒哀樂的情緒作用，全部是第六識「意識」的功能。

在母體內的「胎兒」和生出來的「嬰兒」，第六識「意識」的功能雖然存在，但是沒有發生作用。

到了長大成「兒童」以後，第六識「意識」受到「前五識」的影響逐漸形成，而且越老越頑固，便成為一種力量，稱為「業力」。

第六識「意識」前面連通「前五識」，後面連接「第七識」和「第八識」。「前五識的任何一識發生作用時，第六識「意識」立即與它同時發「了解分別」的作用。

第六識「意識」除了與「前五識」會同時作用（稱為「五俱意識」），還會產生「獨頭意識」。「獨頭意識」的意思是不與「前五識」同時作用，單獨生起作用。

第六識「意識」在清醒的時候，它便執行思維、分別等作用。但是，如果進入睡夢的狀態，它就發起另一個功能，就是不需要「前五識」的作用，就可生起「獨立」的作用。因此，稱為「獨影意識」或「獨頭意識」。這種「獨頭意識」的作用，可以脫離「前五識」而單獨活動。它的活動，歸納起來有三種情況：

(1)作夢時；

(2)神經病、精神病，或者因其他的病症而進入昏迷的情況時；

(3)禪定中某種境界時。

現代心理學所說的「潛意識」和「第六感」等，只是「獨頭意識」的作用而已。

（三）「末那識」又稱為「第七識」，是我們「自我意識」的中心。第七識「末那識」是屬於「潛意識」的範圍，而且是第六識「意識」之根。我們認為有「我」的存在，就是第七識「末那識」的作用。

第七識「末那識」，「末那」二字，是梵語的音譯，意思是「意」，為了不和第六識「意識」混淆，所以保留「末那」的原名。

第七識「末那識」唯一的作用，就是「恒審思量」。它恒常的審慮思量，執著自我，維護自我，以「自我」為中心。這就是我們為什麼會有「自私心」的原因。釋迦牟尼佛所說的「業力」，就是由它而來的作用。

第七識「末那識」是把第八識「阿賴耶識」當成「我」，將「第八識所藏的種子」視為「自己」而牢執不捨。

（四）「阿賴耶識」又稱為「第八識」，也是屬於「潛意識」的範圍，它含藏「萬法種子」，是生起宇宙萬法的本源。

第八識「阿賴耶識」是梵語的音譯，翻譯為「藏識」，意思是說此識含藏萬法的種子，歷經生死流轉，永遠不會消失敗壞。它是「精神世界」與「物理世界」的同一淵源，宇宙萬有由此而出生，也還滅於它，它是一個「生生不已、生滅不停、永無止盡」的倉庫，也是一顆「無限容量」的超級大硬碟。

第八識「阿賴耶識」為宇宙萬有之本，含藏萬有，使之存而不失，故稱「藏識」。又因其能含藏生長萬有之種子，故亦稱「種子識」。

第八識「阿賴耶識」亦稱「初剎那識、第一識」，因為宇宙萬物生成的最初一剎那，唯有此「第八識（阿賴耶識）」而已。

第八識「阿賴耶識」收藏著一切「業的種子」。我們的出生，就是帶著我們累世「業的種子」，由「業因」來決定我們這一世的命運。我們這一世又造各種新的「業因」，又將新的「業的種子」藏到第八識「阿賴耶識」裡去。「業的種子」成熟了，就會出現「果報」，這就是所謂的「因果報應」。

第八識「阿賴耶識」又被稱作「藏識」，「藏」是「儲藏」的意思，有「能藏、所藏、執藏」三種意義：

(1)能藏：「能藏」是「能持」的意思，就好像倉庫一樣，有儲藏米麥糧食的功能。從無始以來，眾生所作一切善惡的業識種子，都儲藏在第八識「阿賴耶識」。第八識「阿賴耶識」就好像一顆「超級無限容量硬碟」，前面七個識在發生作用的時候，每個行為過程（善、惡、不善不惡）都會被轉成一個「業識種子檔案」，然後儲存在裡面。這個「業識種子檔案」會像植物一樣的發芽，等到結成果實，它就會產生一股力量（稱為「業力」）去接受報應。

(2)所藏：「所藏」是「所依」的意思，好像倉庫一樣，為米麥糧食所依賴的地方。此識是一切善惡的業識種子所依賴之處。「所藏」就是所有儲藏的物品，就是所有的善惡業識種子。

(3)執藏：「執」是「堅守不捨」的意思，好像米麥糧食是農民所堅守的生活物資。第八識「阿賴耶識」被第七識「末那識」妄執為實法，而產生「我執」，又名「我愛執藏」。

我們會認為我們的身體是「真的我」，就是「我執」的現象，實際上「真的我」是內在的「自性」。因為我們的身體死亡的時候，就不存在了；但是我們內在的「自性」，卻不會消失，而且繼續隨著業力去六道輪迴。因此，我們的身體不是「真的我」，我們內在的「自性」才是「真的我」。而這個「自性」被「妄想執著」包覆起來，稱為第八識「阿賴耶識」。

我舉一個實例來說明「唯識學」的學說理論：你現在正在看這本書，就是用你的「眼睛（眼根）」在看「這本書（色塵）」；然後透過「眼識」的分析辨別，傳達到你的第六識「意識」去做判斷理解；判斷理解後的結果，被第七識「末那識」執取，判定學佛法對自己有好處，繼續看下去；最後，你的第八識「阿賴耶識」，把前面的所有過程，錄影存檔儲存起來。

六、第八識「阿賴耶識」才是「真正的我」

玄奘法師在《八識規矩頌》中，提到第八識「阿賴耶識」是「去後來先作主公」，意思是說：人從母胎出生的時候，「阿賴耶識」是最先來的；到了死亡的時候，「阿賴耶識」是最後離開身體的。眾生在生死輪迴中，都是「阿賴耶識」在做主，所以叫做「主人公」，第八識「阿賴耶識」才是「真正的我」。

「唯識學」解答了清代順治皇帝的疑惑，他自問「未曾生我誰是我，生我之後我是誰，長大成人方是我，合眼朦朧又是誰。」

「唯識學」告訴我們，我們從「前世」而來，「這一世」受「前世果報」，同時造「新的業因」。死亡之後，又投胎到「來世」，受「前世果報」，同時再造「新的業因」，不斷的輪迴下去，永無盡頭。

依照「唯識學」的理論，當父親和母親結合，父親的「精子」和母親「卵子」結合成「受精卵」。這個時候，和父母親有因緣的「靈魂（中陰身）」，就會進入「受精卵」裡面受胎，新生命才會開始成長，否則就夭折。

「中陰身」是佛學的名相，是指生命在死亡之後，到下一期生命開始之前的「中間存在狀態」。一般人稱為「靈魂」，第八識「阿賴耶識」就隱藏在「靈魂」裡面（「自性」又隱藏在第八識「阿賴耶識」裡面），跟著一起投胎。

「中陰身」不是「鬼」，所謂「鬼」，是指六道輪迴中的「餓鬼道」眾生。當「中陰身」投胎到「餓鬼道」，才稱為「鬼」。

當「中陰身」投胎到「人道」，就有了我們這個生命。第八識「阿賴耶識」是在八個「心識」中，首先來報到的。第八識「阿賴耶識」入胎以後，子宮內的「胎兒」慢慢成長，這時候「前五根」和「前五識」逐漸成長。「胎兒」離開母體，就稱為「嬰兒」。「嬰兒」出生後，第六識「意識」慢慢形成，第七識「末那識」跟著產生，我們開始有了「我」這個觀念，就是這個第七識「末那識」的作用。

當我們死亡的時候，「前五根」會先壞死，「前五識」就消失。接著，「第六識（意識）」也消失，「第七識（末那識）」最後消失，「靈魂」就離開肉體，變成「中陰身」。這時候，這一世的你，就只剩下第八識「阿賴耶識」跟著「中陰身」一起隨著「業力」的牽引，繼續六道輪迴。

所以，釋迦牟尼佛才會告訴我們，現在的你是「假我」。因為那是你這一世產生的第七識「末那識」的認知作用，讓你認為自己現在這個身體是「真我」。事實上，當你這一世的第七識「末那識」消失之後，這一世的你，也就不存在了。只有永遠不會消失的第八識「阿賴耶識」，記錄著你這一生的所做所為（善事、惡事和不善不惡的事），跟著「中陰身」一起去六道輪迴。

第八識「阿賴耶識」就好像是構成「物質」的「基本粒子」，它是不會隨著因緣而改變的，它沒有「緣起性空」的問題，它永恆存在，它的內在住著一個真正的你，稱為「自性」，就是釋迦牟尼佛所說的「如來智慧德相」。「自性」才是「真我」。現在所謂的「你」，是指「你的身體」，實際上「你的身體」是個「假我」，因為這個身體無法永遠存在。

在《勝鬘經》法身章中說：「如來法身不離煩惱藏，名如來藏。」「如來藏」是指在一切眾生的煩惱身中，隱藏著本來清淨（即自性清淨）的「如來法身」，也就是「自性」。「如來藏（自性）」雖覆藏於煩惱中，卻不被煩惱所污，具足本來絕對清淨而永遠不變之本性。

「如來藏」就是「如來智慧德相、自性、本體、真如、無上正等正覺」，也就是我們修行要追求的那個「東西」。它的「性質」是始終不變異、常住不變，是絕對的真實性。它和第八識「阿賴耶識」是什麼關係呢？所謂的「如來藏」，其實就是「清淨」的第八識「阿賴耶識」，是同一個東西，有不同的稱呼。

第八識「阿賴耶識」就好像一顆「超級無限容量硬碟」，可以容納無數的「業識種子檔案」。當第八識「阿賴耶識」裡儲存有「業識種子檔案」，就是「凡夫俗子」；當第八識「阿賴耶識」裡的「業識種子檔案」被清空歸零，變成一顆沒有「業識種子檔案」的空白「超級無限容量硬碟」時，就被稱為「佛」。

所以，修道就是要「清淨」第八識「阿賴耶識」，把第八識「阿賴耶識」裡全部的「業識種子檔案」都「淨空」，變成空白的「超級無限容量硬碟」，就稱為「如來藏」，就是「如來智慧德相」，就是見到「自性」。

七、「自性」是什麼？

「自性」是什麼？在《六祖壇經》付囑品裡，六祖惠能大師提到：

「自性能含萬法，名含藏識，若起思量，即是轉識，生六識，出六門，見六塵，如是一十八界，皆從自性起。」

白話翻譯：

自性能含萬法，故名含藏識（本性）。自性若起思量，即是轉識（識性），生六識（眼識、耳識、鼻識、舌識、身識、意識）。六識出六門（即六根：眼、耳、鼻、舌、身、意），見六塵（色、聲、香、味、觸、法）。如是十八界（六識、六根和六塵），都是自性在起作用。

在《六祖壇經》行由品第一裡，敘述五祖弘忍大師傳心法給六祖惠能大師的過程：祖以杖擊碓三下而去。惠能即會祖意，三鼓入室；祖以袈裟遮圍，不令人見，為說金剛經。至「應無其所住而生其心」，惠能言下大悟，一切萬法，不離自性。遂啟祖言：

「何期自性，本自清淨；
何期自性，本不生滅；
何期自性，本自具足；
何期自性，本無動搖；
何期自性，能生萬法。」

祖知悟本性，謂惠能曰：「不識本心，學法無益；若識自本心，見自本性，即名丈夫、天人師、佛。」

白話翻譯：

五祖弘忍大師於是以杖擊碓三下而去。（暗示說：三更時到我那裡來！）

惠能大師立即領會到師父的意思，於是當夜三更進入師父的丈室（寺主的房間）。五祖弘忍大師以袈裟把窗戶遮圍住，不讓人看見，為惠能大師開說《金剛經》。至「應無所住而生其心」時，惠能大師頓時大悟：原來一切萬法，皆是自性的作用。

於是稟告五祖弘忍大師說：

沒想到自性本來清淨！

沒想到自性本無生滅！

沒想到自性本來具足萬德！

沒想到自性本來無有動搖！

沒想到自性能生萬法。

這時惠能大師既悟真空，亦契妙有，明體達用，大徹大悟。

五祖弘忍大師知道惠能大師已徹悟本性，於是對惠能大師說道：不認識本心，學佛法無益。若認識自己的本心，徹見自己的本性，就稱為調禦丈夫、天人師、佛。

所以，「自性」就是「清淨」第八識「阿賴耶識」之後，轉變成「如來藏」，證得「如來智慧德相」，此時才會產生「般若智慧」。

《心經》裡面說，「般若智慧」能照見「諸法」的「本性」都是「空」，「諸法」都是「因緣和合而成」，無獨立的「自性」、「自體」，所以稱為「空」。這個「空」，不是「空無、沒有」的意思，而是「無常（不能永久存在）」的意思。

我們凡人的「世間智慧」是對外界的東西加以分析、分辨、解釋；但是「般若智慧」不用分析、分辨、解釋。「般若智慧」就好像一面「鏡子」，你用「般若智慧」觀照一個東西，「般若智慧」馬上就顯現給你一個影像，讓你立刻明白，這個東西是什麼樣子。

釋迦牟尼佛用「般若智慧」觀照宇宙，發現宇宙萬物都是「緣起性空」，都是「假相」；只有隱藏在「阿賴耶識（俗稱「靈魂」）」裡的「自性」，才是唯一的「真相」。凡夫因為「認假為真」產生「妄想執著」，才會永遠在六道中輪迴不斷，而且埋沒了自己的「般若智慧」。

釋迦牟尼佛所謂的「妄想執著」，就是第八識「阿賴耶識」裡，充滿了「業識種子」，才會產生煩惱，蒙蔽「般若智慧」。「妄想執著」的本質是「空」，所謂「本來無一物，何處惹塵埃。」我們都有「般若智慧」，但是被障礙住了。

「般若智慧」好像是太陽，我們現在心裡有一層烏雲把太陽遮住了；但是太陽還在，只是被烏雲障礙住，陽光透不出來，所以我們的「般若智慧」就不見了。只要能夠把這個烏雲障礙去掉，你的「自性」裡的「般若智慧」就又顯現出來。

什麼是「烏雲障礙」？就是因「妄想執著」所產生的「煩惱」。你的「煩惱」把你的「自性」遮蓋住了。所以，你「自性」裡面的「般若智慧」，就不能現前。

「般若」是觀照「空」無自性之理的智慧，但是這個「空」理，不是頭腦空空，一切都空空如也，什麼也沒有的意思。這個「空」理的概念，是說「萬法都由因緣和合而生起，並無固定的實體、自性的意思。」

八、《百法明門論》和《解深密經》

「唯識學」是一門博大精深的學問，本書只提到一點皮毛，讓初學者有個基本概念。希望讀者有機會，繼續深入研究。

另外，讀者還要研讀另外二本有關「唯識學」的佛經，都是唐代玄奘法師西行取經，帶回中國並且翻譯成漢文的重要佛經。

（一）《百法明門論》

作者是印度的世親菩薩，玄奘法師於貞觀二十二年（648年）在長安北闕弘法院譯出。《百法明門論》是把「瑜伽論」六百六十法中，最重要的提綱挈領，整理編成一百個法門。「明門」的「明」字，是明白的意思，明白了這個百法的門路。

《百法明門論》的重要性，是把「唯識學派」對一切「萬有諸法」的論說，進行分類整理，簡稱「五位百法」。《百法明門論》把諸法分為五類：心法、心所法、色法、心不相應行法、無為法，共計有百種法，所以稱為「五位百法」。

（二）《解深密經》

「唯識學派」的根本經典是《解深密經》和《瑜伽師地論》，玄奘法師於貞觀21年（647年）譯出《解深密經》。

《解深密經》提出的「三性」思想是「唯識宗」的核心理論，也是佛教思想中最深奧的理論之一。此「三性」的解釋如下：

1. 遍計所執性

人們妄執五蘊、十二處和十八界以及宇宙萬法都是實有，都有自性，並普遍執著這種假有；說明了我們凡夫的我執、法執境界。

2. 依他起性

一切事物都是依「因緣和合」而生的，是「性空假有」；顯示了客觀世界中依因緣所生的「假有現象」。

3. 圓成實性

徹底遠離虛妄的「遍計所執性」，真正明瞭一切都是「依他起性」，就是「圓成實自性」；揭示佛、菩薩以如來實智所認識的宇宙人生實相。

釋迦牟尼佛悟道後的第一句話

一、很重要的佛學名相（專有名詞）

一般人學習佛法，普遍都認為很困難，原因有三個：

1. 佛經是用古代的文言文翻譯撰寫的，艱澀難懂。
2. 許多「佛學名相（專有名詞）」，即使看完白話解釋，還是不懂它的意思。
3. 沒有佛學基礎，當然看不懂高層次的佛經。

所以，一般人看不懂《心經》，是很正常的事。

說實在的，《心經》裡的「般若智慧」不好解釋，也不好懂。但是我們可以從當年釋迦牟尼佛在菩提樹下悟道後，所說的第一句話來做說明，就會比較摸得著頭緒。因為，有了這一段話，釋迦牟尼佛才決定度化眾生；有了這一段話，才有今天的佛教；要了解這一段話，你才看的懂《心經》。

在前面的單元，有提到釋迦牟尼佛悟道的過程，記載在《指月錄》和《大方廣佛華嚴經》。在這裡，我們要學習這二部經典裡的重要「佛學名相（專有名詞）」，讓初學佛法的讀者，建立一些佛法基礎和概念。

《指月錄》第一卷：

入正「三昧」。至八日明星出時。廓然大悟。成等正覺。乃歎曰。奇哉一切眾生。具有「如來智慧德相」。但以「妄想執著」不能證得。

經文白話解釋：

釋迦牟尼佛於菩提樹下，進入禪定的境界，到了第八天看到明星，突然悟道成正覺，就感嘆地說：「奇怪啊！一切的眾生，都具備有如來的智慧德相，但是因為有妄想執著，所以不能證得。」

下面是這段經文的註解，以及一些很重要的「佛學名相（專有名詞）」解釋：

（一）「三昧」

梵語的音譯，意譯為「止」、「定」、「禪定」等。亦即將心定於一處（或一境），而進入「心不散亂」的一種「安定狀態」。進入「三昧」的狀態時，就會發起「般若智慧」而開悟真理。

所以，《心經》裡面的佛法，必須透過「靜坐禪定」，進入「三昧」的狀態，發起「般若智慧」，才會真正開悟明白其中的真理。也就是我在「前言」裡所提到的，「實相般若」必須透過「觀照般若」才能證得。我們現在研究《心經》，是在「文字般若」的階段。

（二）「如來智慧德相」

1.「如來」：是佛的十大稱號之一，「如」的意思為「不變、真如」；「來」的意思是「不來」。

在《大日經疏》裡解釋說：「如諸佛乘如實道來成正覺，今佛亦如是來，故名如來。」意思是說：

如同諸佛乘如實道（真理）來成正覺，現在的佛（指釋迦牟尼佛）也是如同諸佛而來，所以名為「如來」。

所以，「如來」是諸佛的稱號之一，但是有時候佛經提到「如來」，是專指釋迦牟尼佛，這是寫文章敘述主角的一種寫法。

2.「智慧」：就是「般若智慧」，這是一種「高級的知覺能力」，是一種「分辨是非的能力」，是一種「心的作用」，能照見事理、判別是非和邪正，特別是照見「諸法」的「本性」的「空理」。

①「諸法」

「諸」是眾、各的意思。「法」是你想像的到的一切事物，是存在的一切現象。「法」總括宇宙的一切，包括具體的和抽象的，物質的和精神的，形而上的和形而下的。「諸法」又稱作「萬法」，是「一切事物」或「宇宙萬有」的意思。

②「本性」

又翻譯為「自性、自體、實性、實相、真如」，為事物的始終不變異之本質，常住不變之絕對真實性。指「自體的本性」，是自己的存在的本質，有「不變不改」的特性。即所有事物（法）自身擁有、自體形成、自身決定存在形態的性質，是常住的、不變的、獨立，不依緣起而變化的。

③「實相」

又稱為「本體、實體、真相、本性、一如、實性、真性、涅槃、無為、無相、真如」等，指一切萬法真實不虛之體相，或真實之理法、不變之理、真如、法性等。這是釋迦牟尼佛覺悟的內容，認為世俗認識的一切現象均為假相，唯有擺脫世俗認識，才能顯示諸法常住不變之真實相狀，故稱「實相」。

④「真如」

「真」，真實不虛妄之意；「如」，不變其性之意，即大乘佛教所說之「萬有之本體」。即指存在於宇宙中真實的本體，為一切萬有之根源。漢譯佛經時，為了要正確地表示宇宙真實名相的真情實意，只能用「如」或「如如」來形容，意即「如是如是地呈現」、「如是呈現的狀況」、「就是那樣子」的意思，也就是事物的真實本質。「真如」又翻譯做「如如、如實、法性、實相、如來藏、法身、佛性、自性清淨身」等，早期漢譯佛典中譯作「本無」。

依據《阿含》經典載，「緣起」之理法是永遠不變的真理，故稱為「真如」。亦即一切法都是待緣而生起，故無獨立的自性，所以稱為「空」。這是諸法的本質，是本來如此的，不增不減的。

「如來藏學派」將「真如」等同於「如來藏」、「佛性」等。

⑤「空」

與「有」相對。一切存在之物中，皆無自體、實體、我等，此一思想即稱為「空」。「空」是指萬法都由「因緣和合」而生起，並無固定的「實體、自性」的意思。

「空」的思想乃「般若經」系統的根本思想。「空」可分為「人空」與「法空」兩者。

「人空」，意謂人類自己無其實體或自我之存在；

「法空」，則謂一切事物之存在皆由因緣而產生，故亦無實體存在。

「空」簡單的說，就是「無常」，緣起緣滅，永遠在變化。

⑥「空理」

是「空」的道理，諸法都是「因緣和合而成」，無獨立的「自性」、「自體」，所以稱為「空」。

「空」表示某些東西（自性）的非存在狀況，而非純然虛無之意。「空」否定事物的實體性。

佛教的「空」是指世間一切現象，都是因為各種條件的聚合而形成的，當條件改變時現象也跟著改變，本身並沒有一個真正存在的實體。

⑦「空相」

指諸法皆因緣生法，無有自性，即「空」之相狀。「相」：事物的特質。

《大智度論》卷六：「因緣生法，是名空相，亦名假名，亦說中道。」

3.「德相」：意思是「功德相」。「功德」意思是「功能」和「福德」。「功」是福利的功能，能破生死，能得涅槃，能度眾生；「德」是善德。「相」事物的相狀、特質。

（三）「妄想執著」

1.「妄想」

「妄」是不真實，又翻譯做「分別、妄想分別、虛妄分別、妄想顛倒」。即以虛妄顛倒之心，分別諸法之相。亦即由於心之執著，而無法如實知見事物，遂產生謬誤之分別。由因緣生的有為法為「妄法」，不生不滅的真如的無為法為「真法」。

意識常憑其了別、分別作用，了解對象，而執著之，以知為有實「自性、自體」。彼對象本是「因緣和合」而生起，本無「性、自體」，本是「空」。這種以「無」為「有」，以「虛」為「實」的假構作用，就是「虛妄、妄想」。

2.「執著」

指對某一事物或某一信念，產生極強的渴望，堅持不放，無法釋懷，求而不得，便生苦惱。

釋迦牟尼佛把他所開悟的真諦，一語道破，原來所有的眾生都有佛性，都可以成佛。只是因為我們有「妄想執著」，自性佛被煩惱和貪瞋痴三毒遮蔽了，所以沉淪苦海，永遠在六道輪迴中。

另外，在《大方廣佛華嚴經》卷第五十一如來出現品第三十七之二裡也有記載：

爾時，如來以無障礙清淨智眼，普觀法界一切眾生而作是言：「奇哉！奇哉！此諸眾生云何具有如來智慧，愚癡迷惑，不知不見？我當教以聖道，令其永離妄想執著，自於身中得見如來廣大智慧與佛無異。」

對於釋迦牟尼佛這段悟道的過程，我們歸納出三個重點：

(1)要學習「三昧（禪定）」，才能啟發你自己本來就有的「般若智慧」。

要見到自己的「般若智慧」，必須要練習「禪定」的功夫，將自己的心定於一處（或一境），而進入心不散亂的安定狀態，才能見到。

注意！這是很重要的認知，你現有的「智慧」是屬於「世間智慧」，任憑你想破頭，你還是想不懂什麼是「般若智慧」。因為要擁有「般若智慧」，是不能用「思考的」，必須是把你的心處於「一心不亂」的狀態，才能自動顯現出來。

「般若智慧」和「世間智慧」最大的不同在於，「世間智慧」是由思考所產生的創意，或由記憶得來的才能，而「般若智慧」是一種必須經由「禪定的方法」，進入「內觀的狀態」，來觀照「空」的智慧，才能夠證得「金剛性如來藏空性心」而生起「實相智慧」。

《六祖壇經》中說：「即定即慧」。「定」是「慧（般若智慧）」的體，「慧」是「定」的用。也就是說：有「定」的時候一定有「慧」；有「慧」的時候一定有「定」，「定」是「慧」的基礎，「慧」是「定」的作用。

(2)我們都具有像佛一樣的「般若智慧」。

(3)但是，我們都被「妄想執著」遮蔽，所以才不能證得「般若智慧」。

「般若」智慧沒有來去，《中觀論》裡面講「不生不滅、不來不去、不一不異」，你只要起心動念，就是「妄想執著」，你就有分別執著心，就有「煩惱」。

注意！重點來了：

(1)什麼是像佛一樣的「般若智慧」？

(2)什麼是釋迦牟尼佛所謂的「妄想執著」？

原來，釋迦牟尼佛在菩提樹下修道的時候，進入「三昧（禪定）」的狀態。到了第八天悟道，釋迦牟尼佛內在的「般若智慧」顯現出來，釋迦牟尼佛用「般若智慧」觀照宇宙，才發現一個宇宙的真理，就是「緣起性空」。

「般若智慧」能照見「諸法」的「本性」都是「空」，「諸法」都是「因緣和合而成」，無獨立的「自性」、「自體」，所以稱為「空」。

我們凡人的「世間智慧」是對外界的東西加以分析、分辨、解釋；但是「般若智慧」不用分析、分辨、解釋。「般若智慧」就好像一面「鏡子」，你用「般若智慧」觀照一個東西，「般若智慧」馬上就顯現給你一個影像，讓你立刻明白，這個東西是什麼樣子。

釋迦牟尼佛用「般若智慧」觀照宇宙，發現宇宙萬物都是「緣起性空」，都是假相；眾生只有藏在第八識「阿賴耶識（俗稱「靈魂」）」裡的「自性」，才是唯一的真相。凡夫因為「認假為真」產生「妄想執著」，才會永遠在六道中輪迴不斷，而且埋沒了自己的「般若智慧」。

二、什麼是「緣起性空」？

那什麼是「緣起性空」呢？

「緣起性空」是說：宇宙萬物，所有的一切法，都是「緣起」的現象，所以一切法都是沒有「真實不變的本質（稱為「自性」）」，所以「自性」是要被否定的，釋迦牟尼佛把這種現象稱為「空」（但不是「什麼都沒有」的意思）。「性空」是「自性為空」的意思，表示「自性」的否定，而不是什麼都沒有、都不存在的「空無」的意思。

「自性」又翻譯為「本性、自體、實性、實相、真如」，為事物的始終不變的本質，常住不變的絕對真實性。

我用科學的角度，來舉個例子說明「自性」是什麼？

我們的世界是由「物質」所構成的，而「基本粒子」是指人們所認知的構成「物質」的最小、最基本的單位，也就是「在不改變物質屬性」的前提下的最小體積物質。

「基本粒子」這個定義，很接近釋迦牟尼佛所說的「自性」的概念。「自性」是「自己的存在的本質」，有不變不改的特性，是常住的、不變的、獨立，不依緣起而變化的。

那麼物理學上的「基本粒子」到底是什麼？這個世界上最小的東西是什麼？

十七世紀以來，物理學家們發現，「物質」可以一直被分割，直到變成「分子」為止。在粒子物理學中，「基本粒子」是組成「物質」最基本的單位，隨著物理學的不斷發展，人類對物質構成的認知逐漸深入，因此「基本粒子」的定義隨時間也有所變化如下：

「分子」→「原子」→「原子核」→「質子」「中子」「電子」→「夸克」

今天的科學家們相信，「夸克（quark）」是目前最基本的粒子，也是構成物質的基本單元。「夸克」互相結合，形成一種複合粒子，叫「強子」，「強子」中最穩定的是「質子」和「中子」，它們是構成「原子核」的單元。

「夸克」是目前科學家能夠知道的最小粒子，但是科學日新月異在進步，相信未來會更進一步的研究發現，還有比「夸克」更小的基本的粒子，找到真正的「基本粒子」。

釋迦牟尼佛所謂的「自性」，就好像科學家所研究的，構成宇宙萬物的「基本粒子」。「基本粒子」的本質不會變，「自性」也一樣。

「自性」就像「樂高玩具」一樣，小小的塑膠方塊好比「基本粒子」，可以組合成任何東西，但是一拆散，又恢復成「樂高基本粒子」。這種可以組合，又可以拆散的現象，稱為「緣起性空」。整個宇宙萬物都是「緣起性空」的現象，這就是「宇宙人生的真理」。

「宇宙人生的真理」就是「緣起性空」，而「緣起、因緣」是我們學佛的人要認知的。在我可以們這個世界上，任何東西都是有「因緣」的。因為在這個世界上，無論什麼東西，都不是單獨存在的，世界上所有的東西，都是因為有相互的關係，才能存在。

「因緣」是「因」和「緣」的並稱。一切事情的生成，都依賴各種條件，直接主要的根本條件為「因」，間接配合成就的次要條件為「緣」。「緣」字的解釋，有「攀爬」的意思，連結集合「根本因」及「各種緣」，互相配合才能成就現象界的一切法，就是「因緣」。

萬有皆由「因緣」的聚散而生滅，稱為「因緣生、緣生、緣成、緣起」。因此，由因緣生滅的一切法，稱為「因緣生滅法」；而由「因」與「緣」和合所產生之結果，稱為「因緣和合」。一切萬有皆由「因緣和合」而假生，沒有「自性（基本粒子）」，這就是「緣起性空」的道理。

舉個例子來說明「緣起性空」？

一張「桌子」，我們稱它為「桌子」，是因為人們以它的用途和形狀，把它命名為「桌子」，它原本的真相叫做「木材」。這個「木材」做成「桌子」的形狀，就稱為「桌子」，做成「椅子」的形狀，就稱為「椅子」。我們看到的「桌子」和「椅子」其實都只是個「假相」，不是它原來真正的樣子，它原來的真相是「木材」。

但是「木材」也不是它原來真正的樣子，它的真相是山裡面的大樹，「大樹」才是它本來的樣子。但是「大樹」也不是它原來真正的樣子，「大樹」的真相是一粒「種子」。這粒「種子」埋在泥土裡面，經過陽光、空氣、雨水等等，各種大自然的「因緣」把它綜合在一起，它就長成一棵「大樹」。所以說「萬物都是假相」，釋迦牟尼佛稱這種情況為「空相」，它這個「相」是暫時「因緣」而起的，《金剛經》裡說「凡所有相，皆是虛妄。」，就是在講這個道理。

一棵植物，必須有土壤、水分、肥料、人工等這些「因緣」，它才能成長。

我們穿的衣服，必須有工廠織布、布的來源（棉花種植或化學原料所製作）等這些「因緣」，它才能製作成一件衣服。

我們住的房子，必須有建商、設計師、工程師、工人、各種建材等這些「因緣」，它才能建成一間房子。

我們人也是一樣，必須有三種基本「因緣」，即父親的「精子」，和母親的「卵子」，結合成「受精卵」，再加上前世的「靈魂」，然後在母親的子宮內懷胎十月，才能出生。

但是，人在一生經歷「生、老、病、死」之後，最後就成為一堆塵土。所以，釋迦牟尼佛才告訴我們「人空、我空（人並沒有實在的自我、自性）」的真理。

釋迦牟尼佛說，現在的你是「假我」，你要找到真正不會變的那個「真我」，它叫做「自性」。

第十二單元

認識「本性（自性、佛性）」

要看懂《心經》，必須明白「般若智慧」，而「般若智慧」是由「自性」所生出，「自性」必須經由靜坐禪定才能見到。這一單元，我們來深入了解「自性」的特質。

一、「自性」的特質

釋迦牟尼佛告訴我們：「一切眾生，具有如來智慧德相（自性、佛性）」，所以，在你的體內，埋藏著一個「自性（佛性）」，它的特質整理如下：

（一）你的「自性（佛性）」跟著你的靈魂（中陰身），已經不知道在六道裡輪迴多久了？天人道、阿修羅道、人道、畜生道、餓鬼道和地獄道，我們都曾經待過。我們就像一個時空旅行者，在六個不同的世界裡，不斷的來來去去，而且要去那個世界，不是你想去就能去，而是按照你累世所做所為，所產生的「業力」來決定。

（二）「自性（佛性）」有什麼作用呢？當它還沒被轉換的時候，稱為第八識「阿賴耶識」。它就像一顆「超級大硬碟」，記憶體容量無限。它不但儲存著你累世業力的檔案，也擁有宇宙間一切的知識。所以，當你見到你的「自性（佛性）」時，「般若智慧」顯現，剎那間你就像第一次從井底跳出井外的小青蛙一樣。你懂了，你明白了，你了解了，你對宇宙萬物的「覺知」，一切盡在無言中，點滴在心頭。你不用透過學習，你就是每個領域的萬能博士，你無所不知。

（三）「自性（佛性）」有什麼功能呢？它有六種神通：

(1)神足通：又稱「如意通」，能夠騰空飛翔，穿越物質和時空，猶如飛鳥能夠隨心遊歷極遠的地方。在現代超心理學領域中，稱為「瞬間移動」，指的是將物體傳送到不同的空間，或者自己本身在一瞬間移到他處的現象與能力。以目前的科學而言，只有量子隱形傳態技術能夠達成瞬間傳遞量子態訊息到不同位置。

(2)天耳通：能夠聽到極遠方的聲音，或者能夠穿越障礙物聽到聲音。

(3)他心通：能夠知道眾生的心念思想。在現代超心理學領域中，稱為「心電感應」，意思是「遠距感應」，是指不藉助任何感官或物理途徑，將信息傳遞給另一個人的現象或能力。

(4)宿命通：能夠知道自己和眾生過去的累世宿業，知道現在或未來受報應的來由。

(5)天眼通：能夠看見極遠方事物，視力能夠透視障礙物，而且不受光源明暗的影響。

(6)漏盡通：指的是斷盡一切煩惱惑業，永離生死輪迴的神通。「漏」即煩惱，「盡」即盡頭、不存在。「漏盡」即煩惱已盡，即沒有煩惱，脫離輪迴。

眾生皆有佛性，而六道的眾生如天人道、阿修羅道、人道（修禪定或者與生俱有）、餓鬼道和中陰身等，都有前五種神通，但是能力有大小深淺之別。但是，唯獨「漏盡通」必須依照佛經教理，破除煩惱，顯現般若智慧者，才能證得。

在《楞嚴經》中提到，在修定的過程中，可能會隨著禪定功夫的深入，而得到神通，但是若執著求神通或歡喜於得神通，則容易受到天魔的引誘而入魔道。

（四）修道學佛法的目的，就是要見到自己的「自性（佛性）」。在永嘉大師《證道歌》裡說：「但自懷中解垢衣　誰能向外誇精進？」「懷中解垢衣」就是去除妄想執著，見到自性的意思。

（五）「自性（佛性）」是生命的主宰，祕藏不見，奧妙無窮。

（六）「自性（佛性）」的境界：本來空寂，平等不二，沒有對立，沒有執著，不起顛倒分別。

（七）「自性（佛性）」的名相（專有名詞）：自性、佛性、神識、真心、法性、法身、摩尼珠、如來藏、真如實相、自己的本來面目、第八識「阿賴耶識」（即被汙染的「自性（佛性）」）。

（八）為什麼要找回「自性（佛性）」呢？

因為找回「自性（佛性）」之後，你就不用那麼辛苦的繼續六道輪迴，可以了脫生死，你可以去到佛的世界，得到真正的快樂。

（九）中國禪宗的祖師們，都喜歡畫一個圓圈，中間加一點。這個「圓圈」代表空洞靈明的「自性」；而這一「點」，就是當你把你的第七識「末那識」管住了，你就可以了解「空」是體空，體悟「性空」便是法身，就是你的「自性」。

（十）煩惱即菩提，菩提即煩惱。

菩提和煩惱的關係，就好像海水和波浪的關係一樣。煩惱即菩提，菩提即煩惱；海水就是波浪，波浪就是海水，它們是一體的。煩惱與菩提是不可分離的；波浪與海水也是不可分離的。但海水是平靜的，波浪是湧動的，它們又互不相同。明白了這個道理，就會知道菩提是沒有分別心，煩惱是有分別心。見性不能離開相，但又不要執著於相，這就叫做「不即不離」。

二、「自性」的比喻

下面我用各種比喻來說明「自性」是什麼：

（一）假如「自性」是一個「白板」，我們的「思想、煩惱、執著」就是一把「細沙」。我們的第七識「末那識」就是「畫家」，日夜不停的在做「沙畫」，創造出無數個「妄想執著」的美妙「沙畫」作品。要見到「白板（自性）」原來純白的真面目，必須要把「白板（自性）」上的「細沙（思想、煩惱、執著）」拿掉，最後「畫家（第七識「末那識」）」停止作畫。

（二）假如「自性」是藍天，風、雨和白雲就是「思想、煩惱和執著」。要見到藍天（自性），必須無風、無雨和萬里無雲（去除思想、煩惱和執著）。

（三）假如「自性」是平靜的大海，第七識「末那識」就是風，「思想、煩惱和執著」就是海浪。只有當風（第七識「末那識」）靜下來，海浪（思想、煩惱和執著）才會恢復成平靜的大海（自性）。

（四）假如「自性」是影片的空白膠片，拍攝完成的影片就是「思想、煩惱和執著」。整捲拍攝完的膠片，充滿著「思想、煩惱和執著」，就只有在膠片與膠片間連接的空白間隔，還留下少許的空白膠片（本性）。所以，在我們二個不同念頭之間，是有「自性」存在著，只是停留的時間太短暫，我們無法發現「自性」的存在。只有透過「靜坐禪定」，讓「思想、煩惱和執著」逐漸慢下來，一直到停止，你才會發現「空白膠片（自性）」的存在。

三、如何找到「自性（佛性）」？

如何找到「自性（佛性）」呢？答案在這首詩偈裡：

「佛在靈山莫遠求，靈山只在汝心頭，人人有個靈山塔，好向靈山塔下修。」

這首詩偈流傳很廣，通俗易懂，短短幾句話，卻道出了修行學佛的方法，因此很受歡迎。經常看到高僧大德開示佛法時，引用這首詩偈，但是大多說「經云」或者「古德云」，那到底這首詩偈出自於哪裡？

答案是：這首詩偈是「孫悟空」說的。

我不是在開玩笑，這首詩偈真的是「孫行者」說的，就出自於中國古典名著《西遊記》第八十五回「心猿妒木母魔主計吞禪」裡。

（一）**「佛在靈山莫遠求」**

這裡的「佛」是指「自性（佛性）」；「靈山」是指「鼻頭」，我們的鼻子是臉部最高的器官，鼻子好像臉部的一座山，這座「鼻頭山」就是「靈山」。我們的「自性（佛性）」，就住在「鼻頭山」裡頭，所以要尋找「自性佛」，不可以向外求，要向內尋找。

（二）**「靈山只在汝心頭」**

這座「靈山」的起源處，就在你的內心裡，向外突起的「鼻頭山」，只是一個指標。

（三）**「人人有個靈山塔」**

人人都有個「靈山塔」，都有個「鼻頭山」，眾生皆有佛性。

（四）「好向靈山塔下修」

這裡的「好」是副詞，意思是「應該」。要尋找「自性佛」，應該向「靈山塔」下修行，也就是「鼻頭山」下。「鼻頭山下」是指哪裡呢？不是往鼻孔那邊下，而是往鼻樑這邊下，下到鼻樑的底端，剛好是在兩個眉毛的中間。要找到「自性（佛性）」，就要從兩個眉毛的中間下手修行。

四、道教找「自性（佛性）」的方法

前面提到，要找到「自性（佛性）」，要從眉間下手修行。「眉間」這個位置，有個道教修行用的專有名詞，稱為「玄關」。

這裡要先簡單的解釋一下，佛教與道教的修行方法和目的，因為許多現代的修行人都弄不清楚。佛教是從東漢明帝永平十年開始傳入中國，到了魏晉時期，佛教在民間有了更深的普及。而中國本土的道教與外來的佛教，從原本的競爭關係，最後發展成融合一體的夥伴關係。

探究其原因，在魏晉玄學大盛的時候，佛教的一些高僧在著述或翻譯時藉用道家、玄學裡的很多術語；而道家、玄學和道教的修煉者，在學習道法中，也不斷的加入佛教很多術語和理論，應且賦予了不同的意義和解釋。

佛教修行的最終目標是要「見性成佛」，這個「性」是指「自性（佛性）」；而道教修行的最終目標是要「陽神出竅」。

道教修練的目的是要「元神出竅」，又叫做「神識出竅」。初步是修到「陰神出竅」，最終目標是要「陽神出竅」。

「陰神」和「陽神」的不同是：「陰神出竅」的話，是無形無象的，無法觸摸陽界的東西，陽界的人也看不到陰神；「陽神出竅」的話，是有形有象的，是有實質的身體，身外有身，就是佛教所說的「百千萬億化身」。

但是這裡要注意的是，佛教所說的「自性（佛性）」，不等於道教所說的「陽神」。因為「自性（佛性）」是「無相」的，沒有形態，也沒有實體，但是卻有神通的功能，可以化身百千萬億個「陽神」。

《金剛經》裡說：「凡所有相，皆是虛妄，若見諸相非相，則見如來。」而「陽神」卻是有形象的，它是第七識「末那識」所生起之身，稱為「意生身」，還只是虛幻的「識神」。所以，修到「陽神」的境界，還要再更上一層樓，才能見到「自性（佛性）」。

雖然，道教的「元神出竅」，還不是究竟，但是它的初步修行方法，卻很明確，值得有心修行佛法的人參考。

我們再回到主題，道教告訴我們，要找到「自性（佛性）」，要從眉間的「玄關」下手修行。前面提到，「玄關」為「元神府」，是道教修行用的專有名詞。「玄關一竅」是宋、元以來，內丹諸家所強調的一大祕要，但是由於門派太多，眾說紛紜，後世各執一偏，居然所指的位置不同。依照各門派經書的記載，「玄關」位於上丹田（眉間）、中丹田（兩個乳房中間）、下丹田（肚臍以下三吋）、海底、臍後腎前和夾脊等處。

但是其中有一個門派，比較接近佛教「無相」的修練法。認為靜坐修道時，入靜至虛無境界，萬念俱寂之時，就是「玄關」處。

《道德會元》卷六十七說：「玄關一竅論耳、眼、口、鼻、舌、肝、心、脾、肺、腎、臍輪、尾閭、膀胱、谷道、兩腎中間一穴，臍下一寸三分、明堂、泥丸、關元、氣海皆不是。此竅無邊傍，無內外，無前無後，無長無短，無闊狹，無深淺，無大小，無東西南北之分，無青紅黑白之別，不著物，不泥象，不增減，無新無舊，無欠無餘，在人身之中，為神氣之根，虛無之谷，是曰玄牝，實天地交界之間，陰陽混合之蒂。詩訣雲：『此竅非凡竅，中中復一中，萬神從此出，直上與天通』」

《性命圭旨》說：「空洞無涯是玄竅，知而不守是功夫。若有一念，便不能親證玄關。」

「無相」這一門派修練法的代表人是「李道純」，他是宋末元初著名的道士，別號「瑩蟾子」，精於內丹學。

李道純博學多才，他的內丹理論兼容並包，系統非常完整。他的老師王金蟾為道教丹功南宗白玉蟾的弟子。李道純融合內丹道派南北二宗，他的內丹理論，以「守中」為要訣。

李道純指出，時下學道的人多拘泥於形體上求玄關，有的說在眉間，或臍輪，或兩腎中間，或臍後腎前，或膀胱，或丹田，或說頭有九宮，中為玄關等，種種說法都是錯誤的。執著在形體上都不是，也不可向外尋求，丹經大都不說。

李道純引用佛家六祖惠能大師的話：「不思善，不思惡，正與麼時，那個是明上座本來面目？」，也引用儒家所說的「喜怒哀樂未發謂之中」的概念來解釋「玄關」處。

李道純又引證《易經》說：「復見天地之心，且復卦一陽生於五陰之下。陰者，靜也；陽者，動也。靜極生動，只這動處，便是玄關也。汝但於二六時中，舉心動念處著工夫，玄關自然見也，見得玄關，藥物火侯，運用抽添，乃至脫胎神化，並不出此一竅。」

所以，李道純認為，「玄關」並非實體，也無定位，是「有為」所不能求得的。只要靜坐到一個火候，靜極生動，自然會見到「玄關」。

雖然，道教的「意守玄關竅」，和佛教「禪定」的修行方法不同，但是「意守上玄關竅」的方法，倒是值得探討。

道教的《雲笈七籤（卷五十）．三一九宮法》記載：「兩眉間卻（再）入一寸為明堂宮，卻入二寸為洞房，卻入三寸為丹田。」

「意守上玄關竅」這一派認為，「元神」是一顆像「玉米粒」般大的發亮明珠，位於頭部。由頭頂心的「百會穴」，延伸向下；再由印堂中心，兩眉之間，向裡面延伸進去，這兩條直線的交叉點就是「元神」的位置。

因為「上玄關竅」是凝神之處，不管你修那一派別的方法，兩眼一閉時，自然會把意念集中到「眉間」，這就是為什麼會說「好向靈山塔下修」的原因。

所以，要找到「自性（佛性）」的方法，第一個步驟就是「凝神」，「凝」是聚集、集中、凝聚的意思；「神」是精神、意志的意思。「凝神」就是聚精會神、集中精神、專心一意。

在《六祖法寶壇經》行由品第一的經文裡，有一段「凝神」記載：

「惠能遂出坐盤石上，惠明作禮云：望行者為我說法。惠能云：汝既為法而來。可屏息諸緣，勿生一念，吾為汝說。明良久，惠能云：不思善不思惡，正與麼時那箇是明上座本來面目？惠明言下大悟。」

白話翻譯：

惠能大師坐在一塊盤石上，這時候行禮說：「我希望行者（佛道的修行者）能為我說法。」惠能大師就對他說：「你既然是為求佛法而來，可以把一切攀緣心停止，什麼都不要想，一個念頭都不要生起，我就為你說法。」惠明就靜默凝神一段時間，不生一念，屏息諸緣。

惠能大師看惠明沒有打妄想，將攀緣心放下，思想暫時停止，就問說：「你不想善，不想惡的時候，正在這個時候，誰是惠明上座本來的真面目（自性佛）呢？」惠明一聽開示，就豁然開悟了。

所以「屏息諸緣，勿生一念」，就是「凝神」的狀態，當下你的第七識「末那識」暫時停止思考的作用，就是「不思善不思惡」的狀態，這就是「好向靈山塔下修」的方法。

五、「自性（佛性）」會發出「自性光」

當你透過靜坐冥想，「凝神」到一個程度時，你在閉著眼睛的狀態下，你會感受到眉間會痲痲脹脹的，然後會跳動，接著會不斷的跳動，最後會逐漸的看見一道很亮的光芒，由腦內發射出來。這時候，你要靜靜的注視著這道光芒，不可以起心動念，生起歡喜心，否則會「靈光乍現」，倏忽一閃，在眼前消逝無蹤。

這道光芒，就是你的「自性光」。記住！你的「自性光」會出現，只有在一種狀況下，就是惠能大師所說的「屏息諸緣，勿生一念」和「不思善不思惡」，那個時候，你就可以見到你的「本來真面目」，也就是你的「自性」（嚴格來講，只是見到「自性光」，還沒有真正見到「自性」）。

還記得前面提到過,釋迦牟尼佛初證佛道時,所說的第一句話嗎?「奇哉一切眾生。具有如來智慧德相。但以妄想執著不能證得。」

所以,要見到你的「自性」,只有在不生起「妄想執著」心念的狀況下,才有機會見到。

我們人的一生當中,只有二次機會,可以見到自己的「自性光」。一次是經由「禪定靜坐」,另外一次是在你「臨終」的時候:

(一)透過禪定靜坐,當你的第七識「末那識」暫時停止思考作用的時候,你的「自性光」就會顯現;

(二)你在「臨終」的時候,當你的身體進入死亡的最後一個階段,也就是你的第七識「末那識」消失了,你的「自性光」就會顯現。這個時候,你的「中陰身(靈魂)」尚未出現,假如你能夠把握這個千載難逢的機會,把你的「覺知心」定在你的「自性光」裡,投入你的「自性光」的懷抱,那你就能夠脫離六道輪迴,去到佛的世界裡。

可惜,一般人不知道這個原理,當見到自己耀眼的「自性光」時,都是害怕逃跑,又生起「妄想執著」的心念,所以自己的「自性光」又消失無蹤,「中陰身(靈魂)」脫離肉體而生,緊接著自己累世的「業力」現形,把你的「中陰身(靈魂)」帶到六道輪迴裡去投胎。這一個重點,後面的單元會有詳細介紹。

注意!有一個非常重要的概念,你必須要記住。當你見到你的「自性光」,並不代表你已經見到你的「自性(佛性)」。「自性(佛性)」會發出「自性光」,但是見到這道光芒,別以為你已經見到「自性(佛性)」。這道光芒,雖然是「自性(佛性)」發出來的,但是「自性光」不等於「自性(佛性）」，為什麼呢？

這就好像是，你是看到「太陽光」，而不是「太陽」。

這就好像「電燈泡」是藉由「電」發出「燈光」，但是你看到的「燈光」，並不是「電」一樣。「燈光」是「電」釋放出來的熱能；而「自性光」是「自性（佛性）」釋放出來的能量。你看不到「電」，但是觸「電」時，你會明白什麼是「電」；你看不到「自性（佛性）」，但是你會覺知它的存在。

「自性（佛性）」是看不到的，因為「凡所有相，皆是虛妄」，「自性（佛性）」是無相的，沒有形狀的。假如有人認為，他靜坐時看到「自性（佛性）」，那他就走入「魔道」這條路了。能夠見到「自性光」，只是代表你有機會「見性成佛」，你還有很長的路要繼續修行。

六、不要執著「自性（佛性）」的功能

以上是對「自性（佛性）」特質的介紹，但是大家看完之後，記得要忘記這些特質。為什麼呢？因為不要產生「妄想執著」，《金剛經》說：「凡所有相，皆是虛妄，若見諸相非相，則見如來。」

我們來看一段名武俠小說作家金庸，在《倚天屠龍記》裡的精彩描述：

張無忌不記招式，只是細看他劍招中「神在劍先、綿綿不絕」之意。張三豐一路劍法使完，竟無一人喝彩，…………

只聽張三豐問道：「孩兒，你看清楚了沒有？」

張無忌道：「看清楚了。」

張三豐道：「都記得了沒有？」

張無忌道：「已忘記了一小半。」

張三豐道：「好，那也難為了你。你自己去想想罷。」

張無忌低頭默想。

過了一會，張三豐問道：「現下怎樣了？」張無忌道：「已忘記了一大半。」……

張三豐微笑道：「好，我再使一遍。」……

張三豐畫劍成圈，問道：「孩兒，怎樣啦？」

張無忌道：「還有三招沒忘記。」

張三豐點點頭，放劍歸座。張無忌在殿上緩緩踱了一個圈子，沉思半晌，又緩緩踱了半個圈子，抬起頭來，滿臉喜色，叫道：「這我可全忘了，忘得乾乾淨淨的了。」

張三豐道：「不壞，不壞！忘得真快，你這就請八臂神劍指教罷！」說著將手中木劍遞了給他。

哈哈！書中的男主角，明教教主張無忌，不記招式，只是細看張三豐劍招中「神在劍先、綿綿不絕」之意。最後叫道：「這我可全忘了，忘得乾乾淨淨的了。」

學習佛法也要這樣做！剛開始學佛法時，你或許學習念佛、修止觀、修戒定慧、學習三十七道品、學習唯識等。但是學會之後，在修練禪定時，要把你以前所學的佛法，通通忘記，必須要把佛法「全忘了，忘得乾乾淨淨的。」

第十三單元

認識「妄想執著」

一、「妄想執著」的特質

釋迦牟尼佛告訴我們說，我們的「自性」被「妄想執著」覆蓋著，「妄想執著」是怎麼一回事呢？它的特質整理如下：

（一）「妄想執著」是從什麼地方來的呢？其實，它的來源就是我們的「自性」，「自性」是生起一切法的根本。「自性」是人人本有的靈明真心，這個真心能生起一切妙用，能顯現各種形象。

「妄想執著」是我們第七識「末那識」的作用，而第七識「末那識」是我們的「自性」所變化出來的。所以，「妄想執著」是「自性」本體的妙用。「自性」無相，本體沒有具體的形象可見。但是一切有相的東西，都是「自性」的顯現。

所以，了解「自性」和「妄想執著」的關係後，你就可以明白什麼是「煩惱即菩提，菩提即煩惱」。「菩提」意思是「覺悟」，了解事物的本質，是斷絕世間煩惱而成就涅槃的智慧。

以「海水」來做比喻，「煩惱」是波浪，「菩提」是平靜的海水。「海水（菩提）」本來是平靜的，因為「海風（貪、嗔、癡）」吹起，生起「波浪（煩惱）」。「海風（貪、嗔、癡）」一停止，「波浪（煩惱）」立即消失不見，又恢復成平靜的「海水（菩提）」。所以，「煩惱」來自於「菩提」，在「煩惱」的裡面，它有一個清淨的「自性菩提」。

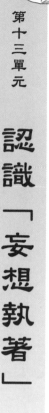

（二）「學問」和「知識」都是「妄想執著」

科學文明越發達，離佛法越遠，因為科學的研究發明，讓人們的知識越多，生活更好，但是也更貪婪，因為人心不足，好還要更好；佛法剛好相反，因為佛法講的是人類心靈深處的學問。

一般人為什麼看不懂佛經？答案很簡單，一般人絕對想不到必須「放棄所學」和「放棄思想」，讓自己的第七識「末那識」不起作用，不生起「妄想執著」的念頭，才能真正體悟到佛法，才能真正看懂佛經。

在永嘉大師所寫的《證道歌》裡，一開頭就寫道：「君不見。絕學無為閑道人。不除妄想不求真。」因為「除妄想」和「求真」，都是第七識「末那識」的念頭，都是「妄想執著」。

道家的老子也提倡「絕聖棄智」、「絕學無憂」，也點出修道的心法：在《道德經》第四十八章中說：「為學日益，為道日損。損之又損，以至於無為。」

意思是說：追求學問知識，每天要學有所得，習有所成，學習越多越好；而追求大道，剛好相反。每天要要減少自己的欲望，對自己的欲望減少再減少，一直減少下去，最後就可以達到無為的境界了。

所以，求學問是「加法」，修道是「減法」，減少自己的欲望，減少「妄想執著」，這兩者完全相反。

為什麼佛家和道家都強調要「絕學（絕棄學問）」呢？因為只要你「起心動念」，「妄想執著」就產生，「起心動念」就是第七識「末那識」的作用。

（三）修行到最後的階段，「佛法」也是「妄想執著」。

釋迦牟尼佛在《金剛般若波羅蜜經》裡有說明：「須菩提！汝勿謂如來作是念：『我當有所說

法。』莫作是念，何以故？若人言：如來有所說法，即為謗佛，不能解我所說故。須菩提！說法者，無法可說，是名說法。」

有沒有看清楚，釋迦牟尼佛告誡我們說：「他沒有說法。」而且說：「若有人說如來有說佛法，就是毀謗佛。」為什麼呢？因為說這句話的人，不能真正理解釋迦牟尼佛的意思，胡亂解釋，因而誤人子弟，斷人慧根。

釋迦牟尼佛進一步說明：「須菩提！演說佛法，其實是無佛法可說，只是為了說明如何修習佛法，才不得已取名為說佛法。」

我來舉三個例子，大家就更明白釋迦牟尼佛的苦心教誨：

舉例一：電動車和使用說明書

當你買一部新科技的電動車，你想學習如何駕駛，以及如何使用內部的新科技功能時，你會認真的研讀使用說明書。但是，一旦你學會了如何駕駛與使用之後，你還需要這本使用說明書嗎？你一定會說：「當然不用。」

舉例二：寶藏和藏寶圖

你拿著藏寶圖尋寶，當你找到寶藏之後，你還需要藏寶圖嗎？你一定會說：「當然不用。」

舉例三：對岸和船

你划船渡河到對岸，當你到達對岸之後，你還需要揹著船上岸嗎？你一定會說：「當然不用。」

好！那現在我問你，你現在研讀佛經，學習佛法，當有一天你悟道成佛了之後，你還需要這些佛經和佛法嗎？你的答案是什麼？你會選擇保留這些幫助你悟道成佛的佛經和佛法？還是捨棄這些東西去成佛呢？

正確答案是：你不但要捨棄這些佛經和佛法，而且要完完全全的忘記這些佛經和佛法的內容。為什麼呢？

因為你會駕駛電動車之後，你就不需要一邊開電動車，一邊看使用說明書；因為你拿到寶藏之後，你就不需要一邊拿寶藏，還要一邊看藏寶圖；因為你划船渡河到到達對岸之後，你就不需要揹著船上岸，你只要直接上岸就好。

同樣的道理，雖然你經由研讀佛經，學習佛法，然後能夠悟道成佛。但是，你必須捨棄這些佛經和佛法。因為在佛的世界裡，是絕對純淨的，沒有一絲起心的念頭，包括善念、惡念和不善不惡念，只有存在一個靈靈明明的「至善覺性」。為什麼說連善念的念頭都沒有？因為，「自性」原本就是「至善」，做善事是一種義務，一種應該要做的事，根本沒有「善念」這種想法。

雖然佛經和佛法是好的善法，但是在佛的世界裡，是不存在這些善法的，為什麼呢？因為在佛的世界裡，是絕對純淨的心靈世界，佛渡化眾生的心，是至善的。佛幫助眾生，是一種本來就應該的義務，只有付出，沒有「善有善報」的對價念頭，不是人世間善惡相對的善念。

因此，佛經和佛法這些善法，在我們看來是非常好的。但是，在佛的世界裡，佛經和佛法反而是是一種執著，是一種污染。

二、應無所住而生其心

要怎樣修行，才能夠沒有「妄想執著」？答案是「不執著」。

但是，我們要怎樣做，才能夠「不執著」呢？必須「應無所住而生其心」。

在《金剛經》裡，釋迦牟尼佛回應弟子須菩提尊者的提問：「云何應住？」，釋迦牟尼佛開示的第一句話說：「菩薩於法應無所住，行於布施。」最後的結論是：「是故須菩提，諸菩薩摩訶薩應如是生清淨心，不應住色生心，不應住聲香味觸法生心，應無所住而生其心。」

「應無所住而生其心」就是你的心，應該不執著在任何人、事、物。釋迦牟尼佛說，菩薩布施的時候，應該不執著三樣東西，就是不執著「能夠布施的我」、「受我布施的人」和「我所布施的物品」，佛經稱這三樣東西為「三輪體空」。

「三輪體空」是什麼？「輪」如車輪可以迴轉，比喻因果輪迴的演變；而「體空」是指在這三者中，你的心不可以有「執著布施」的念頭，要做「施空」，「受空」和「施物空」的觀照。

練習「三輪體空」，就是要訓練培養你的靈靈明明的「至善覺性」。這個「至善覺性」的觀念，是學習佛法和看懂佛經的心法之一。這個「應無所住」的概念，釋迦牟尼佛在離開人間前，又強調了一次。

在《指月錄》中記載：

「世尊臨入涅槃。文殊大士。請佛再轉法輪。世尊咄（ㄉㄨㄛˋ，呵叱）曰。文殊。吾四十九年住世。未曾說一字。汝請吾再轉法輪。是吾曾轉法輪耶。」

看到了嗎？釋迦牟尼佛將要涅槃，文殊菩薩請釋迦牟尼佛再演說佛法，反而被罵了一頓說：「我在人世間四十九年，一個字都沒有說過。文殊菩薩你請我再演說佛法，你的意思是，我曾經演說過佛法嗎？」。

釋迦牟尼佛真是大慈悲，涅槃前還不忘告誡我們，要修行佛法的方法，必須先聽聞佛法，再學習佛法，然後實修佛法，最後要忘記佛法。

假如你沒有「三輪體空」和「至善覺性」的觀念，你一定看不懂這一段經文。只有滿腦子的疑惑：「釋迦牟尼佛講那麼多佛經，為什麼歸空之前，反而不認為他有說過呢？」。

要看懂《心經》，也必須用「應無所住而生其心」的心，才看得懂。而要如何修行，才會有這種「不執著」的心呢？就是透過靜坐禪定，把我們的第七識「末那識」轉成「平等性智」。得此智慧，就能夠證悟「自他平等」，破除第七識「末那識」的「我執」和「法執」。

三、認清我們的「妄想執著」

我們來到這個世界上時，我們是沒有穿衣服，赤身裸體的出生；們要離開這個世界的時候，也是兩手空空，什麼都帶不走。

然而，我們活在這個世界上時，認為自己擁有的人、事、物，卻都像是天上的浮雲一般，看著它飄來，最後又離我們而去。這個世界上的人、事、物，對我們而言，實際上只有「使用權」和「享用權」，並沒有「所有權」，因為「有得必有失」，你會認為你有「所有權」，那是你的「妄想執著」。不管你自認為擁有什麼，當死亡來臨時，你還是要被迫放棄，然後一無所有的離開這個世界。

現在，讓我們一起來認清我們的「妄想執著」。

我們歸納一生當中，都在追求四樣東西：

（一）功名：學業成績好、事業賺錢發達、當官仕途順利等。
（二）感情：愛情長久、人緣好、親情親密等。
（三）財富：賺正財（有好職業）、發橫財（投資大賺、賭博大贏）等。
（四）健康：沒有病痛、身家安全、親友健康等。

但是，你有沒有發現，在現實生活當中，十之八九，都是不如意的情況比較多。就算你是人生勝利組，功名、感情、財富和健康都很順利。但是，你絕對無法永遠的擁有它們。因為人生勝利組，也有老化和死亡的一天。

實際上，人的一生都是因為「妄想執著」而過的很苦。釋迦牟尼佛告訴我們說，眾生因為有「妄想執著」，所以會遭遇八種苦，稱為「人生八大苦」，即：生苦、老苦、病苦、死苦、愛別離苦、怨憎會苦、求不得苦和五陰熾盛苦。

1. 生苦

我們對於剛出生的情形，都已經不記得了。事實上，在媽媽肚子裡待了十個月，就好像是被關在監獄一樣的苦。剛出生的時候，胎兒通過狹窄的生門，這種痛苦是言語所不能形容。脫離母體之後，被外界灼熱或寒冷的空氣所刺激，這對嬰兒細嫩的肌膚而言，好像被萬針刺身一樣的痛苦。

2. 老苦

「老」是每個人都無法逃避的事情，唐代文學家韓愈在《祭十二郎文》中說：「吾年未四十，而視茫茫，而髮（髮）蒼蒼，而齒牙動搖。」其實這是每個人老化的寫照。一般人從年輕開始，為生活、事業打拼了數十年之後，除了體能衰退外，因為過去勞苦奔波，所留下來的腰酸背痛、胃腸病、肝病等等，都是使人難以忍受的痛苦。

年輕的時候，男人是翩翩少年、面如冠玉、年輕力壯、生龍活虎、意氣風發；女人則是荳蔻年華、明眉皓齒、如花似玉、百媚千嬌、天姿國色。但是，不管男女，只要年過半百，個個都是年華垂暮、老眼昏花、白髮蒼蒼、老態龍鐘、雞皮鶴髮，最後就像風中殘燭，等待臨終。

3. 病苦

人從誕生的那一天開始，就不斷的要和這地球上的病菌搏鬥，注定要和「病」結緣。從少年時期的病，如天花、水痘、痲疹、百日咳等；中年時期的病，如肝炎、肺炎、腸胃炎、癌症等；老年時期的病，如白內障、高血壓、糖尿病、心臟病等，還有每年不分男女老少都容易遇到的流行性感冒。我們生病的時候，都會覺得做人好辛苦。

4. 死苦

一般人都怕死，但是古今中外，有誰能不死？秦始皇、漢武帝求長生之藥，最後還不是要向閻羅王報到？其實，我們仔細想想，從出生那天開始，我們就已經開始倒數計時，邁向死亡之日。所以，慶祝生日好像有點諷刺。

人為什麼怕死？因為怕失去自己所擁有的一切，怕失去財產、房子、伴侶、兒女、孫子、親友、事業、地位、權勢等等。而最害怕的是，怕失去自己的身體，這個寄宿了一輩子的肉體。

自己臨終前，呼吸逐漸困難，你一方面會感受到肉體的痛苦，地大（肉體）、水大（尿、汗、血液）、火大（體溫）、風大（呼吸）四大（元素）依序分離；另一方面會遭受到精神上的痛苦，你害怕你將失去所有，心裡有千言萬語，但是一句話也說不出來。

5. 愛別離苦

和自己所愛的人生離死別，是一種痛苦。為了學業，出國留學，要和父母離別；為了求職，必須遠離家鄉，要和丈夫、妻子、孩子離別；愛情生變，和所愛的人分手離別；喪偶、喪子、喪友等等，遇到這些與相親相愛的人生離死別的情況，你都會感覺到痛苦不堪。

在明代文學家馮夢龍所寫的《醒世恆言》第35卷裡說：「天下無有不散筵席，就合上一千年，少不得有個分開日子。」沒有錯，「天下沒有不散的筵席」，親如父子、母子，近如夫妻、兒女，都沒辦法終身相守，「愛別離之苦」是誰都無法避免的。

6. 怨憎會苦

「怨」是不滿、仇恨、痛恨；「憎」是厭惡。「怨憎會苦」意思是：眾生不由自主，不得不與憎惡者會合的苦惱。

我們從小到大，在家庭、鄰居、學校和職場，都會遇到那些面目可憎、利害衝突，兩不相容的人，互相怨恨的人。可是偏偏又會被迫安排聚在一起，如影隨形，這也是一種令人煩惱萬分的苦。

7. 求不得苦

事與願違者，就是「求不得苦」。你想得到某一件東西、你想謀求某一個職位、男人想追求一位女人、女人暗戀一位男人等，這些都是求不得的苦。

人類的欲望無窮，自古至今，貪財、貪色、貪名、貪食、貪睡等，所謂「人心不足蛇吞象」、「山谷易滿，人欲難平」。《遺教經》說：「多欲之人，多求利故，苦惱亦多。少欲之人，無求無欲，則無此患。」世人為貪著「五欲（財、色、名、食、睡）六塵（色、聲、香、味、觸、法）」，永無滿足之心，終日在貪求造罪。

8. 五陰熾盛苦

又稱為「五陰盛苦」或「五蘊盛苦」，「陰」是積集的意思，「蘊」是眾多和聚的意思。「五陰」就是「五蘊」，簡述如下：

①色蘊：「色」是物質，指肉體。

②受蘊：「受」是心對外境的感受作用。

③想蘊：「想」是心對外境的想像作用。

④行蘊：「行」是行為，想像之後，如何行動去處理。

⑤識蘊：「識」是認識，以「色」身和「受、想、行」的心理作用合一，就產生了「識蘊」。

「五陰熾盛苦」是指「五陰」的身、心作用，如火熾燃，集聚成我們的身體感知，前七苦皆由此而生：①色陰熾盛，四大不調，而有疾病之苦。

②受陰熾盛，感受分別，使諸苦轉本加極。

③想陰熾盛，想像追求，而有「愛別離、怨憎會、求不得」諸苦。

④行陰熾盛，行為造因，而有果報之苦。

⑤識陰熾盛，起惑造業，三世流轉，而有生死輪迴之苦。

所以，能夠認清楚我們「妄想執著」的本來面目，你就會如夢初醒般的知道佛法的寶貴，進而勤修佛法。

一、第二次機會見到自己的「自性光」

我在前面說過，我們人的一生當中，只有二次機會，可以見到自己的「自性光」：一次是經由「禪定靜坐」，另外一次是在你「臨終」的時候。

原因是：「禪定靜坐」和「臨終」的時候，都會讓你的第七識「末那識」停止思考作用，你的「自性光」就會顯現出來。

釋迦牟尼佛告訴我們，要見到你的「自性」，只有在不生起「妄想執著」心念的狀況下，才有機會見到。而「不生起妄想執著心念」，就是讓你的第七識「末那識」停止思考作用。

你在「臨終」的時候，當你的第七識「末那識」消失，你的「自性光」就會出現。而這個時候，你的「中陰身（靈魂）」尚未出現，「業力」也還沒有現形。假如當下你能夠把你的「覺知心」定在你的「自性光」裡，投入你的「自性光」的懷抱，那你就能夠脫離六道輪迴，去到佛的世界裡。

可是，一般人見到自己耀眼的「自性光」時，都會害怕逃跑，然後自己的「自性光」會立馬消失無蹤，緊接著「中陰身（靈魂）」脫離肉體而生，自己累世的「業力」跟著現形，把你的「中陰身（靈魂）」帶到六道輪迴裡去投胎。

所以，平時學習「禪定靜坐」，先認識自己的「自性光」，是非常重要的事情。

在所有的佛教經典當中，《西藏度亡經》和《西藏生死書》這二本書，依照佛教的義理，介紹了人死亡之後，處於「中陰階段」的演變情形，也提到人在「臨終」的時候，可以見到自己的「自性光」。《西藏度亡經》的作者，是八世紀的印度高僧蓮花生大師；《西藏生死書》的作者，是藏傳佛教寧瑪派的上師索甲仁波切，二位大師都是屬於佛教的密教高僧。

《西藏度亡經》和《西藏生死書》中有提到，在「大圓滿法」裡，一切事物基本的，本具的性質稱為「地光明（Ground Luminosity）」或「母光明（Mother Luminosity）」。它遍滿我們全部的經驗，因此也是在我們心中生起的念頭和情緒的「本性」，也就是我們所說的「自性」。

在死亡的時後，身心的一切成分都會分離解散。當身體死亡時，感官和意識都會分解，接著是「凡夫心」死亡，貪、瞋、癡等一切煩惱也都跟著死去。

最後，不留下任何障蔽「自性」的東西，連遮蓋「自性」的一切「妄想執著」都分解了。

接著，所顯露出來的，是絕對性的「本來真面目」，就是「自性」、「地光明」或「明光」，它有如純淨無雲的天空。

二、死亡過程的三個階段

下面的述說，是根據《西藏度亡經》、《西藏生死書》和佛經的記載以及南懷瑾老師、元音老人和多位大師和法師們的說法，簡單的描述我們臨終、死亡到投胎的情況，也就是「死亡的過程」。

「死亡的過程」是每個人必經的過程，我們了解之後，對「死亡」就不會那麼恐懼，這也是我寫這本《看懂心經》的目的之一，希望對有緣看這本書的讀者有幫助。

佛教認為人的「死亡」有如「烏龜脫殼」一樣，是一種相當緩慢的過程，「真正的死亡」要經過相當長的時間，不是呼吸、心跳沒有了就是死亡。

現代醫學上所認定的「死亡」定義，一般是「瞳孔放大，腦波消失，心跳停止，呼吸斷絕。」但是，佛教認為這些只是眼根、意根、身根等，感覺器官敗壞的現象而已，還不是真正的死亡。

由佛教一些經典的記載，我們可以把「死亡的過程」歸納成三個階段：「中陰前期」、「中陰期」和「中陰後期」。

三、死亡過程的「中陰前期」

「中陰前期」發生於「將命終時」到「亡者神識脫離肉體」為止，此時間大約在醫生宣布死亡後八小時左右，但每個人稍有不同。

在這個時期，將死亡的人，所發生的主要現象依次為：

(1)前五識（眼識、耳識、鼻識、舌識、身識）的感覺逐漸消失。

(2)肉身逐漸敗壞。

(3)五蘊身體分解及呼吸斷絕（就是醫生宣布死亡的時候）。

以上的狀況稱為「外分解」。

(4)接著是第六識「意識」和第七識「末那識」消失，稱為「內分解」。

(5)第七識「末那識」消失後，貪、瞋、癡等一切煩惱的「妄想執著」，也都跟著消失，然後會突然出現「自性光明」。

(6)接著神識（第八識「阿賴耶識」）脫離肉身，結束「中陰前期」。

在唐代玄奘法師所作的《八識規矩頌》裡的「第八識頌」，有一句「去後來先作主公」。意思是：人將死亡的時候，前五識先停止作用，第六識「意識」進入獨影境，第七識「末那識」陷於昏迷。等到前七識都不起作用，在真正死亡的那一刻，第八識「阿賴耶識」最後離開，所以說「去後來先」。

胎兒在成胎的時候，必須有父精（精子）、母血（卵子），和前世「中陰身」所帶的第八識「阿賴耶識」，三者合一的「因緣和合」才能成胎。在八個識中來講，前七識還沒有發起作用以前，第八識「阿賴耶識」最先來，第八識「阿賴耶識」才是我們真正的「主人公」，才是「真我」，所以說「作主公」。

「中陰前期」可細分為「臨終現象」、「外分解」和「內分解」三個階段，詳細介紹如下：

（一）臨終現象

一般人瀕臨死亡時，會有「死相」現前，他們的感覺是，「前五識」的感受逐漸消失。例如：

(1)看東西時，只能見到物體的輪廓，細部已經模糊辨識不清。

(2)耳朵能夠聽到聲音，但是分辨不出，也無法聽清楚是什麼聲音，聲音變得越來越遠。

(3)舌頭也失去辨別味道的能力。

(4)身體對冷、熱的感覺也逐漸不清楚。

這些都是「死相」現前的徵兆。

（二）外分解

再下來，就是死亡開始時的「外分解」，依序為地大、水大、火大、風大四個分解階段（「大」是元素的意思）：

(1)首先，是「地大」的分解。他們的身體開始失掉力量，會覺得一點力氣都沒有。他們沒有辦法撐住頭部，覺得好像沉到地底下。肉體會出現全身無力、沈重、眼皮張不開、坐不起來、腰挺不直、無法握住任何東西等現象。有些佛經說，這就好像有一座高山壓著我們，而我們被壓扁了的感覺。他們的臉色變得蒼白，兩頰下陷，牙齒出現斑點，眼睛難以睜開。

當「色蘊（凡是有形體的，都稱為「色」，是由地、水、火、風等四大所積聚而成。）」在分解的時候，同一時間，他們的精神會變得錯亂崩潰，會見到閃閃發光的幻象，內心有激動、軟弱、無力的現象，隨即就陷入昏迷狀態。

(2)接著是，發生「水大」的分解，他們心中會有「閃光」的感覺，會見到霧氣，帶著稀薄的煙霧漩渦。此時肉體會開始無法控制身上的液體：例如流口水、流鼻水、流眼淚、大小便失禁、眼乾、舌頭無法轉動、非常口渴、抽筋發抖、鼻腔塌陷、嘴唇下垂、臉色蒼白無血色等現象，此時內心出現「受蘊（身體和心理的感受）分解」的狀況。當「受蘊分解」時，身體的感覺會減弱，苦受和樂受交替出現，會有忽冷忽熱的感覺，神識不清，產生緊張的現象，他們的心會變得模糊、挫敗、暴躁和緊張。他們會覺得好像要掉入大海滅頂，或被大河沖走一般。

(3)再來是，發生「火大」的分解，他們心中會見到閃閃發光的「紅火花」跳躍在空中，好像螢火蟲一般。他們的嘴巴和鼻子完全乾澀，身上的溫度開始降低，他們的手腳開始冰冷，最後是心臟、呼吸氣息的溫度也下降，而且頭頂會冒熱氣，他們再也不能喝或消化任何東西。此時，也一併發生「想蘊（攀緣外境、回憶往事、幻想將來等都是「想」）分解」的情況，內心時而清明時而混亂；他們的心一下子清明，一下子混亂；記不得家人或朋友的名字，甚至認不出他們是誰。這時候，聲音和視線都已經模糊了，越來越難認知身外的一切。

(4)最後是，發生「風大」的分解，此時他們的呼吸出現沈重、困難、短促無力的現象，吸氣變的短而費力，呼氣變的比較長。最後，我們的眼睛上翻，全身不能動彈，呼吸也停止了。這時內心出現「行蘊（是對於心中的概念產生思慮決定，然後付諸行動。）分解」，內心非常混亂，對外界的一切渾然不知，身體感覺不到外面的物質世界。

此時醫生會宣布他們已經「死亡」，但是他們尚有體溫，「識大」尚未分解，心中出現有如殘燭般，微紅火光的景象，生命就像風中殘燭，隨時將滅，「自性光明」隨後第一次顯現。

注意！這是「自性光明」的第一次顯現。

人死亡的時候，「四大分解」的過程大概要經過二、三十個鐘頭到兩天，因為各人「業力」不同，時間長短也不同。

（三）**內分解**

接著就進入「內分解」階段：

臨終者經過「外分解」的過程之後，此時除了第八識「阿賴耶識」還存在之外，其他七個心識都已經消失無蹤。臨終者會見到「一片黑暗」，心中沒有任何念頭。

這時候，臨終者的第八識「阿賴耶識」，隨著「靈魂（佛教稱為「中陰身」）」脫 壞掉的肉體軀殼，進入「倒轉受孕」的過程，開始進行「內分解」。

在「內分解」的過程中，粗、細意念和情緒都在逐一分解。在這個時候，臨終者一生中的行為過程：從他們父母親的精子和卵子結合時，前世的第八識「阿賴耶識」在「業力」的推動下，進入受精卵的過程開始，一直到生命終結為止，稱為「倒轉受孕」。

「倒轉受孕」的過程就像看一部「重播電影」一樣，自己重新再回顧一遍。這種情況，在西方醫學稱為「全景式的生命回顧」；在中國古代的傳說，就是在陰間看「孽鏡台」。

當完成「倒轉受孕」的過程，我們稍為恢復意識的時候，「自性光明」就會出現，就像清淨的天空，沒有雲、霧、煙。這個意識是最內層的細微心。我們稱它為「自性、佛性」，這是一切意識的真正來源。

注意！這是「自性光明」的第二次顯現。

當我們「死亡」的時候，就好像電腦重開機後，回到「出廠預定模式」一樣，我們又回到我們「本初的狀態」，就是只有「自性」的狀態。

剛死亡的時候，因為肉體和七個心識都消失，貪、嗔、痴三毒都死了，這表示一切煩惱都不再發生作用，障蔽「自性」的一切「妄想執著」都被驅除，因此在輪迴之前，生命出現了一個「間隙」，我們純淨、自然的「自性」就顯露出來了（實際上，我們只會見到「自性光」，還看不到「自性」）。

當我們修習「靜坐禪定」，到了「無思無慮」的境界時，第七識「末那識」暫時停止作用，貪、瞋、癡三毒也暫時消失時，也會發生類似的「自性光」顯露狀況。

生前常修習「靜坐禪定」的人，就熟悉這道「自性光」，只要立即「一心不亂」，入了定，投入這道強光，進入「自性光」中，就可以暫時不會再進入六道輪回之中。

進入「自性光」之後，就可以到你所信仰的諸佛淨土繼續修行，例如：彌勒佛的「兜率天淨土」、阿彌陀佛的「西方極樂淨土」，藥師佛的「東方琉璃淨土」等。

我們可以「帶業往生淨土」，在那裡接受佛的教導。當你能夠「明心見性」，就明白「業性」和「罪性」本來都是空的，都是我們的「心識」所創造的。一旦「明心見性」，連我們自己的心都不存在，還有什麼罪業呢？

一旦修行有成，證成果位，就可以回到人世間一邊度化眾生，一邊還業債，也就是「帶業而去，為消業而還。」

但是，我們一旦證成果位，回到人間接受果報時，內心如如不動，不怨天尤人，不生瞋恨心，心裡明白「罪性本空唯心造」的真理，了解「因果報應」的道理。所以，歡喜接受果報，不會再墮落六道輪迴；而一般人受果報，害怕受處罰，怨天尤人，這是因為不明白「自作自受」的原理。所以，證果位的人和一般人受果報的心境，是完全不同的。

再強調一次！「自性光」的出現，共有二次的機會。「自性光」第一次沒有被認出來，立即消失，眼前一片黑暗。這個時候，「自性光」隨即又生起，假如又沒有被認出來，又立即一閃即逝，又變成黑暗，進入了「中陰期」。

四、死亡過程的「中陰期」

「中陰期」存在的時間最長可達四十九天之久，在「神識」離肉身後，會陷入昏迷，昏迷時間的長短隨個人的狀況而有不同，有人很短，有人會昏迷好幾天。「神識」甦醒之前，會見到一道「自性」強光，其時間也很短暫，只有數分鐘而已。假如亡者害怕逃避這道強光，「自性光」就消失，「神識」又陷入昏迷，再次醒過來之後，就轉化成「中陰身」。

「中陰身」是佛學的名詞，簡稱「中陰」，又叫做「中有」，所謂「中有」，就是將要去投胎的「神識」。「中陰」是今世這個生命與來世生命之中，過度時期的生命體。

今世的生命，叫做「本有」，下一世的生命，叫做「生有」，在「本有」與「生有」之間的生命，就叫做「中有」。「中」就是在「本有」與「生有」的中間；「陰」就是「五蘊」的「蘊」，是一堆身心物體的聚合體；「有」就是「生命」的意思。

簡單的說，「中陰」是指從人死亡這一剎那起，他的「神識」離開了肉體以後，直到他投胎到下一世的母胎裡面之前，都叫做「中陰」。

佛教認為眾生的「身」是由「意身」與「色身」所形成，「色身」是「意身」的「妄想執著」所生成，「意身」是「自性」經由「無明妄想」所生的八個識及名色（身體）所組成，亦稱「識身」，道家稱為「元神」。「意身」雖名為「身」，但卻是無色也無大小，只是一種「識」的存在而已，所以又稱為「中陰身」。

「中陰身」有幾個特質如下：

（一）一般人稱「中陰身」為「靈魂」，但是「中陰身」不是「鬼」，「鬼」是「餓鬼道」世界的眾生，鬼道眾生已經是投胎的生命。「中陰身」也有眼、耳、鼻、舌、身、意，但那不是真的器官，是幻化出來的，和我們做夢的情況相似。

（二）人剛斷氣的時候，第八識「阿賴耶識」還沒有完全離開身體。所以，人剛斷了氣後，八到十二小時之中不要碰觸遺體，不可送入冰櫃、打防腐劑或送殯儀館。因為這時你碰到他的身體，他還有感覺，他會痛。也不要哭，因為他還有聽覺，聽了也會悲傷的，捨不得離開世間。

（三）人死後轉變成「中陰身」，「中陰身」醒過來，和我們睡覺醒來很相似。「中陰身」要醒過來的時候，會看到一道非常強烈的亮光，比太陽光都強烈，那是智慧的光明，是自己的「自性」所發射出來的光芒。

當身體死亡的時候，感覺器官會先分解，接著是「眼、耳、鼻、舌、身、意」六個心識的功能陸續消失。當第七識「末那識」停止思考作用後，貪、瞋、癡等一切煩惱，也都跟著消失。換句話說，釋迦牟尼佛所說的障蔽「如來智慧德相（自性）」的「妄想執著」都分解了。所以，「如來智慧德相（自性）」的光芒就會顯露出來，它有如純淨無雲的天空一般。

這道強光就是「自性光」，如果生前常修習靜坐禪定的人，平常在定靜中，就很熟悉這道強光，不生恐怖，因為這道強光，和定中常見的「自性光」相同。知道了這一點，要立即一心不亂」，入了定，投入這道強光，進入「自性光」中。能夠如此，就可以跳脫生死，暫時不會再進入六道輪回之中了。

但是，這要平常有修定的工夫才行，沒有修持，沒有工夫，到這個時候內心會很亂，沒有不亂的。普通人受不了這道強烈的光，這道光一下子就沒有了，又變成黑暗。

「自性光」的出現，共有二次的機會，《西藏度亡經》裡面寫道：

「第二步中陰現前入觀實相

（甲）中陰初期（七七日之前三日半或四日，藏文名此期曰「幾海」中陰）以上所述，乃指死者，一經命終，即得體證於初次放光之本妙明淨之法性，而得度脫之境界。倘此初放淨光，未得體證之者，則于死法完全決定終了以後大約食頃餘久之時，淨光雖又複有第二次之放射，然死者通常不能如初見者之明，因其業力此際漸開始發生障礙。」

「自性光」第一次沒有被認出來，立即消失，眼前一片黑暗，稱為「第一階段的無明」。這個時候，「自性光」隨即又生起，假如又沒有被認出來，立即一閃即逝，稱為「第二階段的無明」。

（四）「中陰身」生起之前，假如不認識自己的「自性光」，就會害怕逃避，而陷入無意識的昏迷狀態中。錯過了二次「自性光」出現的機會之後，神識（靈魂）就離開了肉體，陷入三、四日的昏迷期而進入「中陰階段」。

一旦錯過了「自性光」第二次出現的機會，眼前又變成黑暗了。「自性光」消失之後，「意身」很快執取前生「大腦皮層」的記錄，而形成一種「精神體」稱為「中陰身」或「意生身」，一般人稱為「靈魂」。「中陰身」也有五官，他的形體好像五、六歲的孩童一樣。

（五）在「中陰身」未生之前，你一生中的所作所為，好的、壞的、善的、惡的，都會回憶起來。就像錄影帶倒帶重播一樣，把你從出生到命終這一生，快轉的重新演一遍給自己看。而且播放的速度很快，快到像我們做夢一樣，只有幾十秒鐘。可是這幾十秒鐘夢到的事情，卻是人世間幾十年的過程。

這種情況，在西方醫學稱為「全景式的生命回顧」；在中國古代的傳說，就是在陰間看「孽鏡台」。

在西方的醫學研究，經常發現有垂死的病人，在醫生宣布死亡之後，沒多久又活過來，這種現象稱為「瀕死經驗」。在「瀕死經驗」中，病人都有一個共同的現像，就是「全景式的生命回顧（panoramic life review）」。有這種經驗的人，不僅會鉅細靡遺的回顧一輩子的事件細節，還會看到他們的行為所產生的後果。

在中國道教的信仰中，傳說在地府有一面特殊的鏡子，可照出死者生前的造業，這個傳說來自於《玉曆寶鈔》這本書，此書是宋朝「淡痴道人」所編著，是著名的民間宗教善書，傳到清朝後，在民間廣為流傳，對中國民間的地獄、因果報應觀念的影響頗大。

《玉歷寶鈔》描述在十殿閻王中的第一殿秦廣王裡，有一座「孽鏡台」。凡是在世間惡行較多，善行較少的人，就會被帶到殿右的高臺，名為「孽鏡台」。被押赴來的做惡多端的鬼魂，會在「孽鏡台」前，看到自己在世時，心地的奸險。鬼魂照過「孽鏡台」之後，就被押解到第二殿楚江王處，開始分別發落至諸地獄、動用刑具，遭受痛苦的刑罰。

（六）由於此初期的「中陰身」相當清淨，所以有五種神通：神足通、天眼通、天耳通、他心通和宿命通。因此，可以知道親人在想什麼，也可穿壁越山毫無阻礙，也有向親人「託夢」的能力。

（七）「中陰身」的壽命，短從一秒鐘，長到四十九天。「中陰身」每七天經過一個生死昏迷，最多到七七四十九天，經歷七次生死昏迷，一定要投胎轉生，去六道輪迴。但是有些「中陰身」，因為捨不得生前的所有物，如家人、財產、權勢、地位等，因為貪念執著的原因，這樣就會轉世成為「鬼道」

的眾生。

（八）在「中陰身」的這個階段裡面，他投胎轉世是七天為一期。「中陰身」就是每七天有投胎一次的機會，第一個七天未投胎，就延到第二個七天，一直到第七個七天，去六道投胎轉世，所以「七天」是個「投胎期」。

（九）一般人死後都要歷經「中陰階段」，但是有兩種人沒有中陰身，一是「極善」，一是「極惡」。修往生淨土的人，臨終有時會蒙佛菩薩來接引，神識立刻往生佛國淨土；或是極善的人，生前心地善良，死後神識立刻上升天人道；或是極惡的人，生前是罪大惡極，死後神識立刻墜入地獄道，這些人就沒有「中陰身」。

（十）「中陰身」是沒有空間障礙的，除了母胎及學佛的道場外，他可以穿過任何東西。

（十一）在中陰的境界中，「中陰身」可以看到其他「中陰身」的存在，就像人世間的人們相見一樣。

（十二）「中陰身」以氣味為食物，但是只能「聞食」以他的名字祭祀的供品。因此，在祭祀亡者時要稱呼其名字。「中陰身」能量的來源，是燃燒的香、燭等供品的氣味。

（十三）在中陰的世界裡，沒有太陽和月亮，經常都處在似明似暗的環境中，很像天亮以前的晨曦景象，又像日落以後的黃昏景象。

（十四）「中陰身」會被「業力」導引去投胎，假如是投胎到人道，當因緣成熟時，會感應到有緣的男女兩人在交合。「中陰身」在靠近時，就看不見男女了，只看見男女二人的生殖器部分。此時貪戀男性愛欲的，會自覺與那個男性做愛，就投胎為女性；如果對女性有愛欲的，就投胎為男性。所以現代心理學講，女孩子比較愛父親，男孩子比較愛母親。

如果是投胎到畜生道，「中陰身」會見到畜生類做愛，但是並不知道是畜生類，只覺得是人類，隨著「業力」感召，就投胎入了畜生道。

（十五）「中陰身」的生命境界，跟夢境中的境界是一樣的。在夢境當中有很多奇奇怪怪的生命情境，會碰到我們親人，會看到很多可怕的境界，也看到很多美麗的田園、宮殿。

「中陰身」生命情境的意識與夢境的意識，其實是一樣的。我們會隨著夢境，而作出種種貪瞋痴行為而好夢連連；同樣的，我們在「中陰身」的情境，也會隨著「中陰身」的境界，而作出種種貪瞋痴的行為，繼續的輪迴下去，原理是一樣的。

（十六）華人為什麼會「做頭七」呢？因為在他還沒有投胎轉世前，親人替他做點福德，他就憑著福德可以投胎到善道。憑著陽世親人、眷屬，替他誦經、拜懺，或者為善修福，而「中陰身」即得到福報助力，比如說要墮到惡道當中做鬼、做畜生而得到超昇到人、天善道去。

（十七）在中國禪宗裡，禪師常常會用「夢境」來檢查自己禪定的功夫。方法是：自己在夢中時候，有沒有辦法知道自已在做夢？假如有這種功力，自己死亡後，遇到第一道「自性光」時，就可以輕易的入定在「自性光」裡解脫。

「中陰身」在前三個七天（二十一天之內）階段，對前生的記憶還很清礎，他的身體形狀也與生前一樣。

從第四個七天開始，由於生前的習氣，逐漸回到亡者的神識上，「中陰身」的業障逐漸現形，五神通也消失了，身體形狀身形也逐漸轉變成「來生」的形狀，並且漸漸有找新的「身體」的願望。

最後因為業力所牽引，「中陰身」會「進入」六道之一，投胎轉世就成定局。亡者就進入「中陰後期」。

五、死亡過程的「中陰後期」

在「中陰後期」，由於亡者的第八識「阿賴耶識」中有累世的「六道習氣」存在，故由「六道識種子」現出六種「投胎道」的光，稱為「六道淨光」，顏色分別為：

(1)「白光」是投胎到「天人道」；
(2)「藍光」是投胎到「阿修羅道」；
(3)「紅光」是投胎到「人道」；
(4)「黃光」是投胎到「畜牲道」；
(5)「綠光」是投胎到「餓鬼道」；
(6)「黑光」是投胎到「地獄道」。

「中陰身」進入「六道淨光」之後，「投胎道」的各種景象，就會不斷出現，例如：

(1)投胎到「天人道」者，會見到華麗的天宮及美麗的天女等；
(2)投胎到「阿修羅道」者，會出現各種武器與戰爭的場面；
(3)投胎到「人道」者，會見到房舍及男女交合之事；

(4)投胎到「畜牲道」者，會現洞穴等之象；

(5)投胎到「餓鬼道」者，會見到進入密林、草原的相狀；

(6)投胎到「地獄道」者，會有漆黑及血腥之象。

由於因緣業力的緣故，當「中陰身」找到其投生處所，以及「投胎道」的「父母」時，他會特別歡喜接近，因此就會「入胎」。

以上是對「死亡」和「投胎」過程的介紹，依據佛經的記載，我們都會經歷這些過程。對大多數的人而言，會覺得「死亡」和他無關，離他還很遠。但是人生是很無常的，「死亡」是每個人都要走的路，人生百年一恍眼就過去。

尤其當你過了人生半百五十歲之後，你會陸續接到一些長輩及友人死亡的消息。這個時候，你的身體狀況，也隨著歲月的消逝而老化，逐漸走下坡，出現老花眼、掉髮、掉牙、頭髮變白、身材變臃腫、筋骨酸痛、舉步維艱、體力不濟、性功能降低、夜尿次數變多、晚上睡不著覺、記憶力減退以及身體的各種病痛等狀況。

這時候，你就會想到未來有一天，自己也會面臨「死亡」，對「死亡」感到恐懼和痛苦。而大多數的人，都無法自在的面對死亡，這是我們最大的悲哀。

學習佛法的目的，就是讓我們了解死亡並不可怕，而且可以透過學習，自在的面對死亡。

當我們死亡的時候，我們又回到我們本初的狀態，就是只有「自性」的狀態。因為剛死亡的時候，七個心識都消失，貪、嗔、痴三毒都死了，障蔽「自性」的「妄想執著」都被驅除，因此在輪迴之前，生命出現了一個間隙，我們會見到自己的「自光性」，這是脫離六道輪迴的機會，千載難逢。

所以，我們在平時就要修習靜坐禪定，要在生前熟悉這道「自性光」。

在《般若波羅蜜多心經》裡，觀自在菩薩能夠行深「般若波羅蜜多」，是因為祂已經長期修行「禪定波羅蜜多」之後，才能夠進入「般若波羅蜜多」的階段。所以，修習靜坐禪定，是非常重要的。觀自在菩薩的修行法門，我在後面的單元會詳細介紹。

第十五單元 《心經》的翻譯解說

一、《般若波羅蜜多心經》全文

觀自在菩薩。行深般若波羅蜜多時。照見五蘊皆空。度一切苦厄。
舍利子。色不異空。空不異色。色即是空。空即是色。受想行識。亦復如是。
舍利子。是諸法空相。不生不滅。不垢不淨。不增不減。是故空中無色。無受想行識。無眼耳鼻舌身意。無色身香味觸法。無眼界。乃至無意識界。無無明。亦無無明盡。乃至無老死。亦無老死盡。無苦集滅道。無智。亦無得。
以無所得得故。菩提薩埵。依般若波羅蜜多故。心無罣礙。無罣礙故。無有恐佈。遠離顛倒夢想。究竟涅盤。三世諸佛。依般若波羅蜜多故。得阿耨多羅三藐三菩提。
故知般若波羅蜜多。是大神咒。是大明咒。是無上咒。是無等等咒。能除一切苦。真實不虛。
故說般若波羅蜜多咒。即說咒曰。揭諦揭諦。波羅揭諦。波羅僧揭諦。菩提薩婆訶。

二、《般若波羅蜜多心經》的經文大意

在逐句翻譯解說經文之前，我們先來了解《般若波羅蜜多心經》的經文大意：

觀世音菩薩修行般若智慧到極深的境界時，觀察洞見到人的身體，是肉體（色蘊），感受（受蘊），思想（想蘊），意志（行蘊），意識（識蘊）等五種要素（五蘊）所組合而成。是因緣合和的生滅關係，本質是空的，而不是實體的存在，所以觀世音菩薩能夠拯救人世間一切的苦難和災厄。

舍利弗啊！身體和一切的物質，都不是真實的存在，都是因緣相互依存的生滅關係。因此物質和空並無差別，就好像水（物質）和水波（空）的關係，二者既是各別的，也是一體的。所以說物質（色蘊）不能離開（異）空，空不能離開（異）物質（色蘊），物質（色蘊）就是（即）這個（是）空，空就是（即）這個（是）物質（色蘊），感受（受蘊），思想（想蘊），意志（行蘊），意識（識蘊），這四個蘊也是同樣的道理。

舍利弗啊！色蘊、受蘊、想蘊、行蘊、識蘊等，這個（是）五蘊法（諸法）集聚的要素，都是無常不實在，其實自性都是空（空相）。因為五蘊法都是「因緣而生、緣盡而滅」的現象，所以實際上是沒有生起或滅失（不生不滅）、沒有污垢或清淨（不垢不淨）、也沒有增多或減少（不增不減），都只是一種幻境。

（是故）所以這些五蘊法，在「照見五蘊皆空」的「空性」之中（空中）來看，根本沒有色蘊的肉體（無色），也沒有受蘊的感受、思想的想蘊、意志的行蘊和意識的識蘊（無受想行識）。

沒有眼睛、耳朵、鼻子、舌頭、身體、意識等（稱為「六根」）的認識器官（無眼耳鼻舌身意）。

沒有視覺的顏色形體，沒有聽覺的聲音，沒有嗅覺的香臭，沒有味覺的各種味道，沒有觸覺的身體神經，也沒有因為心的作用所生出意念的想法等，沒有這些感受到的認識對象（稱為「六塵」）（無色身香味觸法）。

沒有眼識、耳識、鼻識、舌識、身識、意識等（稱為「六識」），這六種精神層面的認識作用。這「六識」只是身體接觸外界環境之後，由心中湧現的思慮意念，是一種心中的深層作用。（無眼界。乃至無意識界。）

這「六根」加上「六塵」，稱之為「十二處」或「十二入」，意思是感覺的器官和對象。當這「六根」的認識器官，遇上「六塵」的認識對象，就會產生「六識」，也就是六種心理活動的認識作用。我們的身體與外在的環境事物相遇，經過認識的作用，也就是「六根」、「六塵」和「六識」的相互作用，這三類合起來，就稱為「十八界」，「界」是界限、範圍、種類的意思。

沒有「十二因緣」（無明、行、識、名色、六入、觸、受、愛、取、有、生、老死），也沒有滅盡「十二因緣」的方法。

沒有「苦、集、滅、道」這個「四聖諦」。

沒有對一切事物能夠判斷是非、正邪的「智慧」，也沒有什麼功德、果位可以得到。

因為無所得的緣故，所有的菩薩只要依照「般若波羅蜜多」的甚深智慧，就能夠超越諸苦，心中了無罣礙。因為心中無罣礙的緣故，就能夠沒有恐怖，進而遠離顛倒夢想，達到涅槃成佛的最高境界。

過去世、現在世和未來世的諸佛，也是依照「般若波羅蜜多」，才能證得「無上正等正覺」而成佛。

所以由以上的說明可以得知，「般若波羅蜜多」是偉大神力的咒語，是偉大滅除無明的咒語，是至高無上的咒語，是至高無以倫比的咒語。能夠滅除一切苦，這是真實不虛假的事情。

所以我（觀世音菩薩）要宣說「般若波羅蜜多」咒語，立即說這個咒語：

揭諦揭諦。波羅揭諦。波羅僧揭諦。菩提薩婆訶。

（咒語有不可思議的力量，不適合翻譯它的意義，只要誠心持誦，就能引發智慧，得到感應，消除所有的災難和苦厄。）

三、《般若波羅蜜多心經》逐句翻譯解說

接下來，我就逐句翻譯解說《般若波羅蜜多心經》的經文：

（一）觀自在菩薩，

白話：「觀自在菩薩」就是「觀世音菩薩」，「觀自在菩薩」是「觀世音菩薩」的另外一個稱號。

解說：

先來談談「菩薩」的意思，「菩薩」是梵語「菩提薩埵（Bodhisattva）」的簡稱。Bodhi（菩提）意思是「覺悟（覺醒了悟佛法的道理）」，sattva意思是「有情（指諸天、阿修羅、人類、畜生、餓鬼、地獄等有情識的六道眾生）」，翻譯成漢語的意思為「走向覺悟的有情眾生」。

「觀世音菩薩」漢語音譯「阿婆盧吉低舍婆羅」、「阿縛盧枳低濕伐邏」，名號的意思是「觀察世間音聲覺悟有情」，又翻譯為「觀自在菩薩」、「光世音菩薩」，在民間信仰中常被尊稱「觀音佛祖」、「觀音大士」、「白衣大士」。為大乘佛教西方極樂世界教主阿彌陀佛座下的上首菩薩，與「大勢至菩薩」為「阿彌陀佛」的左、右脅侍菩薩，並稱「西方三聖」，同時祂也是四大菩薩（觀音、文

殊、普賢、地藏）之一。

「觀世音菩薩」的稱號，在早期的佛經中，大部分直接自梵語「Avalokite vara」音譯為「阿婆盧吉低舍婆羅」、「阿縛盧枳低濕伐邏」，西晉的竺法護法師翻譯為「光世音菩薩」，南北朝姚秦時的鳩摩羅什法師翻譯為「觀世音菩薩」。

梵語「Avalokita」的意思，「Avalokita」為「觀」，「i vara」為「自在」，所以唐代玄奘法師翻譯為「觀自在菩薩」，這就是為什麼，今天我們在《般若波羅蜜多心經》裡的第一句經文是「觀自在菩薩」。

另外，有一個說法認為，因為唐太宗李世民的本名當中，有個「世」字，為了避諱，不能夠和皇帝同名，所以當時的佛經翻譯師，都將「觀世音菩薩」翻譯為「觀音菩薩」，或「觀自在菩薩」。

「觀世音菩薩」的名號，從字面上來解釋，就是「觀察世間聲音」的菩薩，這出自於《妙法蓮華經》的《觀世音菩薩普門品》：「若有無量百千萬億眾生，受諸苦惱，聞是觀世音菩薩，一心稱名，觀世音菩薩即時觀其音聲，皆得解脫。」

「觀世音菩薩」名號的另一個解釋，則出自於《楞嚴經》。經中提到過去曾經有佛，名「觀世音」，「觀世音菩薩」是祂的弟子，所以也稱為「觀世音」。

原文如下：「爾時觀世音菩薩，即從座起，頂禮佛足，而白佛言：世尊。憶念我昔無數恒河沙劫，於時有佛出現於世，名觀世音。我於彼佛發菩提心。彼佛教我從聞思修，入三摩地。……

世尊彼佛如來，歎我善得圓通法門。於大會中，授記我為觀世音號。由我觀聽十方圓明。故觀音名遍十方界。……」

「觀世音菩薩」的名號，還有一個出處，根據《悲華經》卷二記載，觀世音本名「不眴（ㄒㄩㄢˋ）」，是無量劫前轉輪王無諍念的長子，因為祂在寶藏佛前發願：「願我行菩薩道時，若有眾生遭受種種苦惱恐怖，退失追求正法的信念和力量，墮落到沒有光明的大黑暗處，身心不安憂愁孤獨貧窮困苦，沒有人可去請求保護，沒有依靠也沒有屋舍。如果他能夠憶念我，稱念我的名號，那求救的音聲被我天耳所聞，被我天眼所見，如是一切苦難眾生，若我不能為其免除如此種種痛苦煩惱，則終不成就阿耨多羅三藐三菩提佛果。」

寶藏佛就為祂授記：「善男子！汝觀人天及三惡道一切眾生，發大悲心。欲斷眾生諸煩惱故，欲令眾生住安樂故，善男子！我當字汝為觀世音。」

（二）行深般若波羅蜜多時，

白話：修行般若智慧到極深的境界時。

解說：

「行深」的「行」是「修行」，「深」是「功力非常深厚」。

「般若波羅蜜多」要分成兩個部分來解釋，就是「般若」和「波羅蜜多」。

「般若」在前面的單元已經大篇幅的解說過，「般若智慧」就是「觀照萬法皆空」的智慧。

「波羅蜜多」，簡稱「波羅蜜」，意思是「以佛法的智慧到達免輪迴、解脫的對岸」，直接翻譯就是「到彼岸」。

「波羅」意思是「彼岸」，代表遠離迷惑、痛苦、塵慾、煩惱，到處充滿心靈平安的世界。「此岸」代表我們現在生活的現實世界，是充滿迷惑、痛苦、煩惱的世界。
「蜜多」意思是「到達」，「時」意思是「時候」、「過程或情況經過的時間」。

（三）照見五蘊皆空，

白話：觀察洞見到人的身體，是肉體（色蘊），感受（受蘊），思想（想蘊），意志（行蘊），心識（識蘊）等五種要素（五蘊）所組合而成，是因緣合和的生滅關係，本質是空的，而不是實體的存在。

解說：

「照見」，「照」是觀察，「見」是體驗，用甚深的「般若智慧」，「觀照體驗」五蘊等一切諸法的自性皆空。以「般若智慧」的角度來看世間現象，「空」與「有」是相對的，是無常的。

什麼是「五蘊」呢？「五蘊」是由過去世所造的善業及惡業，所感應到的果報。「五蘊」中「蘊」是「積聚、物體聚集重疊」的意思，簡單的說，「五蘊」就是：「色蘊、受蘊、想蘊、行蘊、識蘊」，是我們人身、心的總合，是構成我們存在的必要元素。「色蘊」是指生理的、物質的現象，而「受蘊、想蘊、行蘊、識蘊」四蘊是指心理的、精神的活動。

「五蘊」的意思是：

①「色蘊」是「物質性的東西、身體」。

②「受蘊」是「感受、領受」。

③「想蘊」是「判斷、思想、想像、心中浮現的形象」。

④「行蘊」是「判斷後如何處理、意志、意念、欲求的衝動、心念不停」。

⑤「識蘊」是「業識」，「識」是「認識、識別、辨別」。但是「識蘊」不是單指「認識分別」的意思，而是身心配合起來，而造作的種種善、惡行為所產生的「業力」，集合成為輪迴過程中的主體，叫作「業識」。也就是說，從前世到今生再到來世，只有每一世的「業識」在生死中流轉不已。

「五蘊」詳述如下：

①「色蘊」是「身體」，「受、想、行、識」是「心的作用」五者集合起來就是身、心，表示「物質面」與「精神面」合起來構成我們的生命存在。「皆空」是指一切都是「空」，因為我們生命的存在，都是「因緣和合」而成，不是永遠存在的。

②「受蘊」：「受蘊」就是「唯識學」講八識裡的「前五識」，詳述如下：

以「眼根」感受「色塵」而成「見識」；

以「耳根」感受「聲塵」而成「聞識」；

以「鼻根」感受「香塵」而成「嗅識」；

以「舌根」感受「味塵」而成「嚐識」；

以「身根」感受「觸塵」而成「覺識」；

以上以「五根」感受「五塵」形成「五識」，所以名為「受蘊」，這五種是「感覺的心識」，具有認識具體對象的功能。

③「想蘊」：「想蘊」就是「唯識學」講八識裡的第六識「意識」，以「意根」分別一切「法塵」

（「法塵」是指凡意識所能思及的）而成「意識」。

④「行蘊」：「行蘊」就是「唯識學」講八識裡的第七識「末那識」，為意識的根本。亦即「想東想西、胡思亂想、遷流不住」，就是「只想到自己的心」，也就是「自我執著之心」。

修道就是要消除第七識「末那識」，使「惡種」不植入心中，不思於心中，不行於心中。由於第七識「末那識」的作用是執取「第八識」的「種子」為「我」，使第六識「意識」生起「自我意識（例如我最偉大、我是富翁、我最能幹）」，故又稱為「我識」。這基本上是一種「我執（自我執著）」的作用，由此而形成煩惱的根本。

此種「我執」的作用是，我的具體生命在過去和現在（前世和今生）所思想所經驗的東西，以「業識檔案種子」的形式，攝藏於第八識「阿賴耶識」的超級無限容量硬碟中。

第七識「末那識」在下意識的層面，執取這些「業識檔案種子」，以之為「我」。因為這些「業識檔案種子」是累積來自前世和今生所思想所經驗的東西，無主宰作用，故本來無我。第七識「末那識」卻於此執取為我，自然是虛妄，由此而生起「我癡」的根本煩惱。

「我癡」是對自我的迷妄，以自我為實有，不明無我之理，是「無明（迷妄、執著）」在起作用，是煩惱的根本。此「無明」起作用的結果，就產生三種煩惱：

第一「我見」：對自我起執著，而產生錯誤的見解，不知自我只是肉體與精神所組合而已。第七識「末那識」執取此具體生命的過去和現在所遭遇的東西為「我」，而起「我見」，其中並無「我」在，只是妄見。

第二「我慢」：以「自我」為無比的重要，而產生傲慢心，自以為了不起。

第三「我愛」：沉溺於所執的「我」，對自己喜愛。

⑤「識蘊」：「識蘊」就是「唯識學」講八識裡的第八識「阿賴耶識」，又稱為「含藏識」，為最根本的意識。它是一種潛在的意識，藏匿在心的最底層，類似西方心理學所說的「潛意識」。前七識的生起，是以第八識「阿賴耶識」為基礎。「阿賴耶識」就像是一顆「超級無限容量大硬碟」，不管是善的行為、惡的行為，或者是不善不惡的行為（任何經驗和學習過的事物），都會一一記錄下來，儲存成一個「業識檔案種子」。

第八識「阿賴耶識」能夠被第七識「末那識」所執持，而產生虛幻的「自我」，所以它是「自我」之本。它又執持藏於自身中的種子，引起生、死、善、惡等「業力」（由身、口、意三者而來的或善或惡的行為，可召感後來的果報。），進而形成「輪迴轉生」，也就是說它是輪迴的主體。

人死後色身毀壞，但是第八識「阿賴耶識」所藏的種子並不會消散，卻積聚成一個「精神團」，繼續在世界中輪迴，一般人稱為「靈魂」。

「受、想、行、識」這四種心靈的作用，是由人類的執著，也就是迷惑之心所引起的。這些迷惑、執著的本質，我們稱之為「煩惱」。所謂「煩惱」就是愚笨和欲妄，又可區分為「貪（貪婪）、瞋（憤怒）、癡（愚癡）」三種。

為什麼說「五蘊皆空」呢？因為這「五蘊」都是「因緣和合」而有，都是無常、都是不實在的。

首先來看「色蘊」，我們的身體是「地（骨骼）、水（血液）、火（溫度）、風（呼吸）」（稱為「四大」）四種元素「因緣和合」組合而成，實際上並沒有人的色身實體。

再來看「受蘊」，人的感受是由「五根（眼睛、耳朵、鼻子、舌頭、身體）」，接觸到「五境

（色、聲、香、味、觸）」才產生的。有「五根」為因，和「五境」為緣，才產生感受的果，所以「受蘊」也是「因緣和合」而成的產物。

「想蘊」是發生在「受蘊（感受）」之後，當「五根」接觸到「五境」，有了各種感受，我們的內心才會引發思想，所以「受蘊」也是「因緣和合」而成的產物。

「行蘊」是發生在「想蘊（思想）」之後，所引起的內心喜、怒、哀、樂等，各種情緒變化和感情的作用，所以「行蘊」也是「因緣和合」而成的產物。

「識蘊」的「了解分別」功能，則發生在於「五根」接觸「五境」之後所產生，稱為「前五識（眼識、耳識、鼻識、舌識、身識）」。再加上第六識「意識」，了別於內心的法塵，總稱「六識」。「六識」的存在，緣於「色蘊、受蘊、想蘊、行蘊」等前四蘊，所以「識蘊」也是「因緣和合」而成的產物。

既然「五蘊」都是「因緣和合」而成的產物，就表示「五蘊」本來是不存在的，沒有實體，沒有自己獨立的「自性」，它的存在只是表象、現象、假象。因緣分開後，「五蘊」也就跟著消失不存在了，所以說「五蘊皆空」。

要特別注意的是，這裡的「空」，是指「無常（不能恆常存在）」的意思，而不是「空無」，什麼都沒有。

我們出生之前，「五蘊」不存在，死亡之後「五蘊」也會消滅不存在。「五蘊」的存在，是沒有實體，隨時在變化，所以說「五蘊皆空」。

（四）度一切苦厄。

白話：所以觀世音菩薩能夠拯救人世間一切的苦難和災厄。

解說：

(1)「度」：意思是「度脫、解脫、拯救」。

(2)「一切苦厄」：指一切的苦難和災厄。「苦」是「痛苦、辛苦」，是身心受到逼惱而感到不安的狀態；「厄」是「執著五蘊所招感的一切災難」。例如：水災、火災、風災、地震、毒蟲猛獸等天災，以及刀兵（戰爭）、盜賊、惡政等人禍。

「度一切苦厄」是觀世音菩薩用甚深的「般若智慧」來觀照「五蘊」，實證自己的身心都是空的，當下就能夠度脫一切的苦厄。

（五）舍利子，

白話：舍利弗！

解說：

「舍利子」就是「舍利弗」，是佛的十大弟子，以智慧第一著稱，《心經》是以「舍利弗」為聽眾代表而說的。

「舍利弗」的名字來自於他的母親，他的母親名為「舍利」（梵語），這是印度的一種鳥名，意譯為「鶖鷺子、百舌鳥」，這種鳥的眼睛非常銳利。相傳舍利弗的母親眼睛明銳的像「舍利鳥」一樣，所以取名為「舍利」；另一個說法則是，她擅長議論，如同「百舌鳥」一樣，因此得名。

「弗（ㄈㄨˊ）」也是梵語，翻譯成中文就是「兒子」、「男子」的意思。所以，「弗」簡譯為「兒子」的「子」。「舍利弗」是他的母親「舍利」的兒子，所以稱為「舍利子」。

「舍利弗」誕生於婆羅門種姓的家庭，父親是婆羅門教中著名論師。「舍利弗」從小就才智過人，善於辯論，非常出名。

有一天，「舍利弗」看見「馬勝比丘」（釋迦牟尼佛最早度化的五位弟子之一）走在王舍城路上，很有威儀，就向他請教。馬勝比丘即說四句偈：「諸法從因生，諸法從因滅。如是滅與生，沙門說如是。」舍利弗於是證入初果，就決定和好友目犍連一同加入「釋迦牟尼僧團」。他與目犍連的弟子，共有兩百名，也隨之加入僧團，成為僧團中的骨幹，被稱為「釋迦牟尼的常隨眾」。

「舍利弗」在釋迦牟尼佛的門下學習時，因為持戒多聞、敏捷智慧、善講佛法，釋迦牟尼佛常讓「舍利弗」替他說法。「舍利弗」當釋迦牟尼佛的侍者有二十年之久，釋迦牟尼佛稱讚他是「眾生的生母」。僧團碰到一些棘手的問題，都由「舍利弗」來解決，例如提婆達多另立僧團時，就是由「舍利弗」與目犍連前往，將青年比丘帶回。

「舍利弗」比釋迦牟尼佛年長，並先於佛涅槃。在藏傳佛教，「舍利弗」與「目犍連」往往會被塑在釋迦牟尼佛身邊，並且與釋迦牟尼佛一同接受供養、膜拜。

（六）色不異空，空不異色，

白話：身體和一切的物質，都不是真實的存在，都是因緣相互依存的生滅關係。因此物質和空並無差別，就好像水和水波的關係，二者既是各別的，也是一體的。所以說物質（色蘊）不能離開（異）

空，空不能離開（異）物質（色蘊）。

解說：

「色」就是「身體、肉體、會變壞之物」，此處的意思是「身體」。

「異」者「離也」，「不異」即「不離開」之意。

「空」在梵語為「無有、欠缺、零」之意，表示什麼都不存在的，無實體，一切都是零的狀態。它有一個「沒有的、否定的」對象，表示某些東西（自體、自性）的非存在狀態，而非存然虛無之意，這個否定的意思是很重要的。

這裡的「色」，就是五蘊中的「色蘊」，屬於生理的、物質的現象。其餘「受蘊、想蘊、行蘊、識蘊」四種，是屬於心理的、精神的活動，它們與空的關係，和「色蘊」完全一樣。也就是以此類推寫成：

「受不異空，空不異受；

想不異空，空不異想；

行不異空，空不異行；

識不異空，空不異識」。

什麼是「色不異空，空不異色」呢？「色」在這裡是指我們的「身體」，是由「四大」互為因緣和合而成。一般人聽到「四大」就以為是指「酒、色、財、氣」，其實這是錯誤的解釋。

「四大」是指「地、水、火、風」，是物質界的四種特性，詳述如下：

①「地大」：表現的是堅硬性，如身上的骨骼、肌肉、血管、神經、皮膚、毛髮、指甲等等；

②「水大」：表現的是濕潤性，如血液、淋巴液、唾液、汗、尿等等；

③「火大」：表現的是溫熱性，就是我們的體溫；

④「風大」：表現的是流動性，如呼吸和血液循環。

我們的身體，就是由這四種特性的物質和合而成的，必須每天攝取食物，經過消化、分解、吸收以維持生命，而體內的廢物則以糞、尿、汗水的形態排出體外，這些新陳代謝的活動，都是二十四小時，一刻不停的進行著。

根據醫學的研究報告：每六至七年，我們身上大約六十兆個細胞就會全部更換一次，也就是說六、七年之間，我們身上的所有細胞至少經過一次生死。

所以眾生執著為實有的這個身體，從因緣的觀點來看，它只是「四大」的因緣和合，不停的在變化，根本沒有獨自性、不變性與實在性，只是「假有」，暫時的有，空幻而不真實，一旦因緣結束了，身體也就隨之死亡、朽壞、消失。這就是「色不異空，空不異色」的道理所在。

在這裡要注意「空」是表示「無實體」的意思，它有一個「否定的」對象，表示「色蘊（身體）」的「自性」是不存在的狀態，而不是什麼都沒有的意思，這個「否定的意思」是很重要的。

（七）色即是空，空即是色，

白話：物質（色蘊）就是（即）這個（是）空，空就是（即）這個（是）物質（色蘊）。

解說：

這裡的「是」字，在上古先秦時期，是「繫詞」用法，意思是「此」，不是現代的「我是年輕人」

這樣的「動詞」用法。「是」字的「動詞」用法，是在東漢以後才逐漸流行的。

所以，「色即是空，空即是色」要翻譯成「色即此空（色就是這個空），空即此色（空就是這個色）」，而不是「動詞」用法的「色是空，空是色」。「色即是空」和「空即是色」的「是空、是色」是指「此空、此色」，「是空」說的是「這個空的概念」，「是色」是說「這個色的概念」。

唐朝時期的玄奘法師，他翻譯佛經的用語習慣，都把「是」字翻譯作「此」字來用。我們應該要依照玄奘法師，當時翻譯佛經的主要用法來解釋，不應該依照今天的語法來翻譯。

這裡的「色」，就是五蘊中的「色蘊」，它們與空的關係，和「色蘊」完全一樣。也就是以此類推寫成：

「受即是空，空即是受；
想即是空，空即是想，
行即是空，空即是行，
識即是空，空即是識。」

不過為免繁贅，只用「受、想、行、識，亦復如是」一句概括了。

如果觀世音菩薩只說：「色不異空，空不異色。」可能有些人聽了，以為「色」與「空」雖不相離，可是「色」是有，「空」是沒有，「色」與「空」還是有分別。

所以觀世音菩薩接著告訴舍利弗說：「色即是空，空即是色。」意思是說：我們的「色蘊（身體）」，是以「四大」為因緣而起的「生滅變化現象」。宇宙的一切物質現象，都會經過「成、住、壞、空」這四個步驟，我們人有「生、老、病、死」這四個過程。「色蘊（身體）」的本身是無常的，是無我的，沒有獨立存在的自性，就是「空的（非實在的）」。

反過來說，這個「無常、無我」的「空相」，不是什麼都沒有的「空」，我們的身體是「因緣而生」，確實存在。「色」與「空」，是相對性的，是一體兩面的說法，彼此是沒有分別的。

（八）受想行識，亦復如是，

白話：感受（受蘊），思想（想蘊），意志（行蘊），心識（識蘊），這四個蘊也是同樣的道理。

解說：

這裡的「是」字，是「此」的意思，「受想行識，亦復如是」就是「受想行識，亦復如此」。意思是「受蘊、想蘊、行蘊、識蘊，這四蘊也都是如此」。

在這裡再強調一個重點，要注意這裡的「空」是表示「無實體」的意思，它有一個「否定的」對象，表示「五蘊（色蘊、受蘊、想蘊、行蘊、識蘊）」的「自性」是不存在的狀態，而不是「什麼都沒有」的意思，這個「否定的意思」是很重要的。

解釋完「色蘊」，接著講另外四種屬於心理上的精神活動，即「受蘊、想蘊、行蘊、識蘊」這四種蘊。這四蘊也和色蘊一樣，都是因緣而起的「生滅變化現象」，都沒有獨立存在的自性，所以都是「空的（非實在的）」。

「受蘊、想蘊、行蘊、識蘊」四蘊屬於心理層面，是觸境所起的幻妄之心，相當於心理學上所說的「感情（受）、觀念（想）、意志（行）和認識（識）」。

「受蘊、想蘊、行蘊、識蘊」的詳述如下：

①受蘊：「受」是「領納」的意思，是我們身體眼睛、耳朵、鼻子、舌頭、身體等五根的器官功能，與外在的環境（顏色、聲音、香味、味道、觸感）接觸所產生的種種感覺，可分為三種現象：「苦、樂、捨」。「苦受」是不舒服的感覺；「樂受」是舒服的感覺；「捨受」則是不苦不樂，純粹是感覺而已。

②想蘊：「想」是與外境接觸後，所產生的「認識作用」。即認識外境時，攝取境相，在心中產生概念的心理活動。

③行蘊：「行」是與外境接觸之後，對於心中的概念，產生思慮決斷，然後付諸行動的行為。例如：你在路上看到一輛你很喜歡的高級車，這個視覺現象，就是「受」。然後你也想要買一輛，這是「想」。但是你現在的存款不夠，這時候，你決定要更努力工作存錢；或者，去買樂透；或者，去偷、去搶。這種決定處理事情的行動，叫作「行」。

④識蘊：「識」是「了別」的意思，是心對於外境「明了識別」的作用，指對外境（色）以及因外境而起的感覺（受）、認識（想）、行動（行）等活動，能產生「了解、辨別、認識、認知作用」的心，能綜合一切心理的活動。

所以，凡夫眾生的心理的活動「受、想、行、識」四蘊，也和「色蘊（身體）」一樣，是緣起而性空的。

下面詳述「受想行識，亦復如是」的解釋如下：

①「受即是空，空即是受」

所有的心理感受，包括苦、樂、不苦、不樂都是對外境的感覺，而且沒有一定的苦或一定的樂。例如：有一個你討厭的人罵你，你會覺得是一種「苦受」；但是如果對方是你追求的情人，你卻反而覺得是一種「樂受」，認為「打是情，罵是愛」。

所以，苦樂的感受只是一種「空無自性、虛幻不實」的感覺。能夠領悟「受即是空」的人，對所有的感受不起煩惱。但是身體受傷時，一樣會知道痛，只是不會因為痛而產生心理的煩躁和煩惱，並不是說，悟道的人就沒有痛的感覺。

②「想即是空，空即是想」

所有的思想也都是「空無自性、虛幻不實」的現象，所以，能夠領悟「想即是空」的人，平時不會胡思亂想，為種種的「思想」而煩惱。他會修行「禪定」的功夫，讓自己在「行、住、坐、臥」的時候，都處於「心定」的狀態。

③「行即是空，空即是行」

「行蘊」是一種心理的「意志作用」，你想要行動去做某件事情，例如：起貪念、起瞋念，起善念，或者想要行動去做什麼，這種心裡有一種力量發動，想要去一件事情，都是屬於「行蘊」。這些心裡所產生的行動力量，也都是「空無自性、虛幻不實」的現象，毫無實體可得。

④「識即是空，空即是識」

「識蘊」的「識」是「了別」的意思，是心對所緣之境的「了解識別」。在唯識學上，「識蘊」可分為「心、意、識」三種範圍：「集起之心」是第八識，「思量之意」是第七識，「了別之識」是前六識。

「了別」是因緣際會下的產物，若無外境，則心不會產生分別的作用。所以，前五識、第六識、第七識和第八識，都是隨時在變化，也都是「空無自性、虛幻不實」的現象，當下是空。

總結來說，經文的「色不異空……，亦復如是。」也可以合併寫成「五蘊不異空，空不異五蘊；五蘊即是空，空即是五蘊」，亦即「五蘊不離空，空不離五蘊；五蘊就是這個空，空就是這個五蘊」。

也就是說，我們的生命就是「空」，「空」就是我們的生命。「五蘊皆空」是因為沒有我，我不在裡面，可是並非「無我」就什麼都沒有了，而是指心裡沒有執著心的「我執」。

（九）舍利子！是諸法空相，不生、不滅、不垢、不淨、不增、不減。

白話：舍利弗！色蘊、受蘊、想蘊、行蘊、識蘊等，這個（是）五蘊法（諸法）集聚的要素，都是無常不實在，其實本性都是空（空相）。因為五蘊法都是「因緣而生、緣盡而滅」的現象，所以實際上是沒有生起或滅失（不生不滅）、沒有污垢或清淨（不垢不淨）、也沒有增多或減少（不增不減），只是一種幻境。

解說：

這裡的「是」字，是「此」的意思，「是諸法空相」就是「此諸法空相」。意思是：這個（是）五蘊法（諸法）集聚的要素，都是無常不實在，其實本性都是空（空相）。

一般人的觀念，都認為宇宙的一切現象，都是有生有滅、有垢有淨、有增有減的。但是釋迦牟尼佛教導我們，五蘊都是幻象不實的。既然五蘊都是幻象不實的，當然就沒有「生、滅」、「垢、淨」和「增、減」的觀念，因為這種「相對」的觀念，都是我們的「分別心」在作用。

（十）是故空中無色，無受、想、行、識，

白話：（是故）所以這些五蘊法，在「照見五蘊皆空」的「空」性之中（空中）來看，根本沒有色蘊的肉體（無色），也沒有受蘊的感受、思想的想蘊、意志的行蘊和意識的識蘊（無受想行識）。

解說：

這裡的「是」字，是「此」的意思，「是故空中無色」就是「此故空中無色」。「是故空中無色」句中的「空」，是指「照見五蘊皆空」的「空」性。因此在空性之中，是沒有色、受、想、行、識等五蘊的。

（十一）無眼、耳、鼻、舌、身、意，無色、聲、香、味、觸、法，無眼界，乃至無意識界。

白話：沒有眼睛、耳朵、鼻子、舌頭、身體、意識等，接受感覺的器官作用，這六種稱為「六根」的認識器官（無眼耳鼻舌身意）。

沒有「顏色形體視覺、聲音聽覺、香臭嗅覺、各種味道味覺、身體神經的觸覺和心的作用生出意念的想法」等，這些感受到的對象，這種稱為「六塵」的認識對象（無色身香味觸法）。

沒有「眼識、耳識、鼻識、舌識、身識、意識」等，這六種精神層面的認識作用。也就是身體接觸外界環境之後，由心中湧現的思考意念，是一種心中的深層作用。（無眼界。乃至無意識界。）

這「六根」加上「六塵」，稱之為「十二處」或「十二入」，意思是感覺的器感、媒介和對象等。當這「六根」的認識器官，遇上「六塵」的認識對象，就會產生「六識」，也就是六種心理活動的認識作用。我們的身體與外在的環境事物相遇，經過認識的作用，也就是「六根」、「六塵」和「六識」的相互作用，這三類合起來，就稱為「十八界」，「界」是界限、範圍、種類的意思。

解說：

①六根：即眼睛、耳朵、鼻子、舌頭、身體、意識等，六種接受感覺的器官。

②六塵：即色、聲、香、味、觸、法等，六種感受到的外界對象。亦即：顏色形體（視覺）、聲音（聽覺）、香臭（嗅覺）、各種味道（味覺）、身體神經的（觸覺）和心的作用生出（意念的想法）。「法塵」是指語言、文字、思想等種種的符號，即能使我們用來記憶、分析、思想的符號都可以叫「法塵」。

③十二處：「六根」加上「六塵」，合稱為「十二處」。為什麼叫「處」？「處」是指所依託的地方，意思是說：經由依託而能產生另外六種東西的地方，這六種東西，就是「六識」。能使眼睛看到物體、耳朵聽到聲音等等而產生認識的作用，屬於受、想、行、識等心理、精神的活動。

④十八界：「界」即範圍、界限的意思，表示每一部分各有其一定的概念範圍和功能定義。「六根」產生「六內界」（眼界、耳界、鼻界、舌界、身界、意界）；「六塵」產生「六外界」（色界、聲界、香界、味界、觸界、法界）；而接觸外界事物又會產生想法，所以又有「六識界」（眼識界、耳識界、鼻識界、舌識界、身識界、意識界）。

《心經》綜合解釋身心，稱為「五蘊」，「五蘊」中的「色」是屬於「物質部分」，「受」、「想」、「行」、「識」屬於「精神部分」。

把「五蘊」分開解釋：

①「色」是物質部分，分作內、外兩大類，內部的叫「六根」，外部的叫「六塵」；

②「受」、「想」、「行」、「識」是精神部分，稱為「六識」。「六根」、「六塵」加上「六識」，總共是「十八界」。心經內的「無眼界、乃至無意識界」，就是提從眼界一直到意識界的十八界。

事實上，十八界的任何一界，都不是真實的存在。例如以「色塵」來說，當我們閉起眼睛的時候，「色塵」雖然存在，但是因為眼睛（色根）看不到任何東西，所以「色塵」是不存在的。只要「色塵」消失，「眼根」及「眼識」也沒有對象，「眼根」和「眼識」就沒有作用，就是「空無自性、虛幻不實」的現象，就等於是「空」。

上面所講的「蘊」、「處」、「界」是佛教宇宙觀的三大科。觀自在菩薩用甚深的「般若智慧」來觀照的結果，「五蘊」是「空」，「十二處」、「十八界」當然也是空。因為「空」，故一切「有」能依「空」而立，這叫「真空妙有」；大乘菩薩就是憑這個不著「空」、有兩邊的中道智慧，離一切相，度一切眾生。

（十二）無無明，亦無無明盡，乃至無老死，亦無老死盡。

白話：沒有「十二因緣」（無明、行、識、名色、六入、觸、受、愛、取、有、生、老死」，也沒有滅盡「十二因緣」的法門。

解說：

「十二因緣」是分成十二個階段，說明人的「三世因果」輪迴關係。現階段的「果」，必定從上階段的「因」而來，稱為「果緣於因」。

如此一個一個階段，「前因」製造「後果」，「此果」又變成下一個「後果」的「前因」，如此產生的關係叫作「因果關係」。

促成「因果」產生關係的就是「緣」，有「因」才有「果」，每一個「果」都是緣自於「因」，以「因」為「果」所緣，所以稱為「因緣」。

「十二因緣」是指人從「無明」（就是愚蠢沒智慧）起因，而開始進行十二個階段的因緣連結（無明→行→識→名色→六入→觸→受→愛→取→有→生→老死），一直到「老死」為止。

此十二個階段，說明「過去、現在、未來」三世三個時段：

①前面三個屬於「過去世」；

②中間七個屬於「現在世」；

③後面二個屬於「未來世」。

「十二因緣」的內容詳述如下：

（一）過去世：無明→行→識→

1. 無明：是迷惑、無知的狀態，為煩惱之根本。因為缺少般若智慧，不知道自己有「自性」的存在，被「貪、嗔、痴」三毒給誘導而產生了「行」（業力）。

2. 行：因為「無明」而產生「行為」，行動之後就產生了「識」（業識）。心中的迷惑，表現在行為上面，而與該行為相關聯的種種力量相互聚集、結合，則稱為「業力」。

3. 識：「識」是認識、分別的作用，指第八識「阿賴耶識」。行動後有了分別的意識，所以產生了「名色」。過去世的第八識「阿賴耶識」（業識）投入娘胎子宮內的受精卵，才能受孕成胎兒。

佛法的「宇宙源起論」稱為「無始劫」，認為宇宙的演化，就像一個圓圈一樣，沒有開始，也沒有結束。宇宙萬物是按照「成、住、壞、空」四個時期在重複演化，稱為「四大劫」，「劫」代表非常長遠的時間。一個世界的生成、存在、壞滅、空無，之後又轉變為另一世界的成立、持續、壞滅、空無。「無明」和「自性」，就像雙胞胎一樣，和宇宙同時存在。「無明」自宇宙無始以來，就是眾生煩惱的根本，眾生因為根本的「無明」而自生煩惱，流轉生死輪迴，所以稱之為「無始無明」。

眾生的煩惱，來自於「根本無明」，不知道自己有「自性」的存在，所以引生「煩惱」。「煩惱」是以「貪、瞋、癡」三毒做為基礎。因為「貪念」而追求，求之不得，便會生起「瞋心」，不明因果及因緣的規律，便是「愚癡」。

凡夫眾生由於「貪、瞋、癡」的心理活動，產生「身、口、意」的三種「行」為，有了「行為」就產生「業力」，「業力」是「行為」完成之後，所留下來的心理及精神力量。

從生到死的過程中，每一個行為都會有「業力」餘留下來，這種「業力」會變成「業識種子」儲存在第八識「阿賴耶識」裡。死亡後，這個第八識「阿賴耶識」會隨著靈魂（中陰生）去投胎到下一世。這個「業識種子」會在這一生或下一生現行變成「果報」，對於未來世來說，是「果報」的「因」。

所以「無明、行、識」，對未來世而言是「因」。由於有了這樣的「因」，生命就一世又一世的輪迴流轉不息。

（二）現在世：↓名色↓六入↓觸↓受↓愛↓取↓有↓

4. 名色：為「名」與「色」的並稱，概括一切精神與物質之總稱。「名」指心的方面，「色」指物的方面。又「名色」也是「五蘊」之總稱；五蘊中的「受、想、行、識」等四蘊，稱為「名」；

「色蘊」為有質礙之物體，故稱為「色」。簡單的說，「名色」即心與身，表示心和肉體之意，也就是人類得到生命，心和身體在母體內發育成長的狀態，在母胎內身心漸漸發育，而尚不能作六根具足之活動。

5. 六入：「六入」又稱「六處」，「入」者，涉入、趨入之義；「處」者，所依之義。指眼、耳、鼻、舌、身、意等「六根」，或色、聲、香、味、觸、法等「六境」。「六根」為「內之六入」，「六境」為「外之六入」，總稱「十二入」，亦稱作「十二處」。此六根六境互相涉入而生「六識」，故稱「入」；六根六境為生六識之所依，故稱「處」。發育成長之後，逐漸具備了眼、耳、鼻、舌、身、意六種認識機能，六根已具足將要出胎之時。

6. 觸：感官與對象的接觸，已出胎和外界開始接觸，至二、三歲之間，還未明瞭苦之感覺。

7. 受：由接觸而引起快樂或痛苦的感受。身體漸漸成長，約自四、五歲至十四、五歲之間，腦中開始會產生思念的意念之狀態。由外界所受之苦樂，漸漸有所感受。

8. 愛：盲目的佔有欲。從十四、五歲以後，生起種種強勝之愛欲，對金錢、財產、地位名譽以及男女的關係產生喜愛之情。

9. 取：因為喜愛想要擁有，生起執著心而設法去爭取，最後成功而得到「有」。

10. 有：以執著之心行動，逐漸擁有許多喜愛之物，也造了種種的「業因」，而決定未來之「果」，進而產生來世「生」的輪迴。

現在世的七個階段，是把現在這一生的過程，清楚詳細的說明。

「名色」是由過去世的第八識「阿賴耶識」入胎，直到六根齊全為止的住胎階段。我們在母親剛剛受孕的那一刻，也就是「中陰身」帶著第八識「阿賴耶識」進入「受精卵內」，就算是這一世生命的開始。「名」是前世帶來的「業識」，「色」是由父精和母卵成孕後的「受精卵」。

「六入」是指眼睛、耳朵、鼻子、舌頭、身體、意識，等六個識根（感官器官），在胎中逐漸完成，出生後「六根」的功能與「六識」合而為一，再與色、聲、香、味、觸、法的「六塵」發生攀緣作用，便有煩惱的情緒影響。

「觸」是在出生之後，以「六入」的身體，立即與母體外的環境接觸。

「受」有五種：苦、樂、憂、喜、捨，詳述如下：

①苦受，即五識相應的身體，有不高興的感受。

②樂受，即五識相應的身體，有高興及初禪意識相應的高興感受。

③憂受，即意識相應之心理，不高興的感受。

④喜受，即初禪、二禪及欲界，意識相應的高興感受。

⑤捨受，即於身體和心理，不是高興，也不是不高興的感受。

「愛」是在「受」了以後，產生貪與瞋的反應：對於合意的起「貪愛」，對逆意的起「瞋怨」。

「取」是經過「愛」的過程之後，就會產生爭取與抗拒的反應。

「有」是經過一生的身心活動，必然留下「業力」，又有了下一世受報的原因。

在過去世的「行」之中，已包括了「名色、六入、觸、受、愛、取」的六個階段，然後造了種種的「有」（業因），最後儲存在過去世的「識」（第八識「阿賴耶識」）之中，再投胎到現在世繼續出生及老死的果報。

（三）未來世：↓生↓老死↓

11. 生：未來世的出生，再次重複經過前面的階段。

12 老死：未來世出生之後，隨著五蘊之身成長，持續種種的因果報應，再逐漸衰老最終死亡，隨著業力，繼續下一世的輪迴。

「生」是未來世的出生，直到生命的結束，便是老死階段。

「老死」是生命的必然現象，有生必有死，從生到死的過程，便是「老」。

「十二因緣」的道理，是在教導我們：「無明」與「行」是過去世之因，由此因而生「識、名色、六入、觸、受」的現在世之五果，再由「愛、取、有」現在世之三因，而又生未來世「生、老死」之二果。

如上所述，我們的人生正是由過去到現在，由現在至未來這三世的惑業因緣，流轉變化而成的苦果，這就叫做「生死流轉」。那麼，要如何做才能去除苦果，使我們的「生死流轉」定駐於安樂的境地呢？答案就是必須一一追溯十二因緣之根本，滅卻各相，使十二因緣之各相消失，達到「還滅」（修道證涅槃）的境地，才能真正的成為幸福。

「十二因緣」的一個重點是：只要「無明」存在，就會起煩惱，就有生老病死苦。假如滅除「無明」，煩惱亦消滅，便可以離生死苦海。

（十三）無苦、集、滅、道。

白話：沒有「苦、集、滅、道」這個四聖諦。

解說：

「無」是「沒有」，指不受世俗牽絆之心，「苦、集、滅、道」合稱為「四聖諦」或「四諦」。「聖」是神聖，「諦」是真理，即四條神聖的真理，這是原始佛教的基本教理。詳述如下：

1.「苦諦」：人生總共有八種苦痛：

釋迦牟尼佛說人生有「八苦」，即「生、老、病、死、求不得、怨憎會、愛別離、五蘊盛」，詳述如下：

①生苦（分娩）：

其實，在媽媽懷胎十月的期間，胎兒就像是被關在監獄裡一樣，苦不堪言。到了出生脫離母體之後，嬰兒再次受到外界灼熱或寒冷空氣的刺激，這對嬰兒細嫩的肌膚而言，這種痛苦就好像被萬針穿刺一樣。所以，嬰兒一出生，才會嚎啕大哭。

②老苦（體弱、器官衰敗）：

隨著歲月的逝去，我們辛勞了數十年之後，生理機能逐漸退化，我們都會歷經皮膚變皺、眼睛老花、白髮蒼蒼、牙齒動搖、聽力變差、記憶力衰退等過程。面對老態龍鐘的生理變化，我們卻是束手無策，無可奈何，令人傷心慨嘆。

③病苦（患病）：

我們自從出生後，就隨時遭受疾病的困擾。雖然醫學不斷進步，仍然無法治療如癌症、腎臟病、糖尿病、高血壓等疾病。

④死苦（臨死）：

我們都會有死亡的一天，不管你是皇帝、平民或是乞丐，都不能逃過死亡這件事。宇宙萬物，成住壞空，周而復始，無不如此。一般人都會害怕死亡，因為不曉得死亡之後，到底會面對甚麼狀況。將死之人，不但要遭受肉體的極度痛苦，精神上的痛苦更是難以言喻。尤其不捨親愛的家人和朋友，和至親恩愛訣別，自己寂然孤逝，不免冥途渺渺，幽怨重重。

⑤愛別離苦（與所愛的人別離之苦）：

我們或許為了追求學業、事業，要離鄉背井；或者迫於形勢，必須與相親相愛的人別離，面對生離死別的情境，也是很痛苦的。然而，天下沒有不散的筵席，人生聚散無常，親如父子，近如夫婦，也難終身相守。愛別離之苦，是誰也無可避免的。

⑥怨憎會苦（跟討厭的人相聚在一起的痛苦）：

這是一種抱怨、嗔恨、憤怒之苦，是指冤家路窄，卻又常要碰面，是一件痛苦的事情。我們在日常生活中，在家庭、學校和工作場所，我們總會遇到一些人，彼此不喜歡，甚至有利害衝突、兩不相容的人，卻又偏偏迫於形勢，必須要常常相聚在一起。這世上很奇怪，越是互相怨憎的人，越會被安排荏一起，如影隨形，真是令人苦惱不已。

⑦求不得苦（追求之物無法得到之苦）：

我們想獲得某一件東西，經濟能力卻達不到；想謀求某一個位置，僧多粥少卻謀不到；愛上一個人得不到……這些都是求不得的痛苦。我們會有欲望，有所求，但是求而不得，就會苦惱。

⑧五蘊盛苦（由五蘊產生身體的苦痛）：

「五蘊（又稱為五陰）」就是「色、受、想、行、識」。簡單來說，「五蘊盛」是指對於自己身心的愛戀和執著，人的欲望如同烈火一般的燃燒，煎熬著我們的身心，讓我們苦不堪言。

2.「集諦」：苦惱是出自於人有貪婪、嗔恚、愚痴這三毒的心態，產生種種妄執、煩惱積集而成。

3.「滅諦」：要去除痛苦，就要消滅「貪、嗔、痴」三毒，如果這些痛苦都止息了，那就是得到解脫，斷盡煩惱業，達到涅槃的境地（入滅）。

4.「道諦」：要消滅「貪、嗔、痴」三毒，就要學習「佛法」，簡單的方法就是實踐「八正道」。所謂「八正道」就是八種通向涅槃解脫之正確方法，即「正見」、「正思」、「正語」、「正業」、「正命」、「正精進」、「正念」、「正定」。詳述如下：

①「正見」：正確的看法、思想觀念。看透了解宇宙人生的真理，萬法都是因緣合和而成，有善惡業果報，有累世的輪迴。

②「正思」：指正確的思維，包括出離思惟、無恚思惟和無害思惟。

・出離思惟：是指遠離貪業。

・無恚思惟：指滅除嗔怒，生起慈心。

・無害思惟：是指滅除殘忍，生起悲心。

③「正語」：指純正淨善的語言。也就是不妄語（說謊）、不慢語（傲慢）、不惡語（惡言、髒話）、不謗語（毀謗）、不綺語（諂媚）、不暴語（威嚇、發怒之言），遠離一切戲論（玩笑戲鬧、不合實際之言論）、諍論（詭辯）、無益徒勞之論（耍嘴皮強詞奪理）。

④「正業」：指正當的合乎佛法的活動、行為，也就是不殺生、不偷盜、不邪淫，不作一切惡行。

⑤「正命」：指正當的職業，謀生手段，不違反法律、不違背因果，符合正當與清淨的原則，遠離

一切不正當的職業（例如專門做栽贓抹黑和挑撥離間的網軍及名嘴），來謀求衣食住行，生活上的必需品。

⑥「正精進」：正確的努力，止惡修善、去惡從善，自覺而行動。發願已生之惡心令斷，未生之惡心令不起，未生之善心令生，已生之善心令增。不但要精進，還要知見正確，假使精進而知見卻不正，就會落入無益的苦行、偏執於世俗迷信。

和「精進」相反的心所是「昏沉」和「睡眠」，「昏沉」是心的軟弱或沉重，「睡眠」是心所沉滯的狀態。

「心所」是指心的所緣、所有，與心相應俱起的法。當心識在運作時，會與心識同時發生的各種名法皆可稱為「心所」。它的功用是作為心的助伴，支持心的運作。

⑦「正念」：指學習佛法正見，離開妄想邪見，進而思惟修行正法，除去不實在的妄想分別，精進正行，努力不懈，憶持正法，明記佛法，念念不忘進修佛教真理。

⑧「正定」：正確的佛法禪定，有別於外教法的禪定修證。心達到寂滅境界，即是「正定」，「寂」就是不動、不受俗世干擾，「滅」就是漏盡煩惱。不僅心寂靜不動，還要了了分明、清清楚楚，就是「正定」。

「禪定」是「禪那」（梵文Dhyāna）與「三昧」（梵文 samādhi）的漢譯「定」組合而成，「禪那」與「三昧」是極為相近的，幾乎可視為同義詞。但是「三昧」的範圍較大，一切心不散亂的狀態都可以統稱為「三昧」。

（十四）無智，亦無得。

白話：沒有對一切事物能夠判斷是非、正邪的「般若智慧」，也沒有什麼「功德、果位」可以得到。

解說：

「無」是「沒有」，指不受世俗牽絆之心；「智」是指覺悟真理的「般若智慧」；「得」是得到覺悟。

「無智，亦無得」意思是：當你覺悟到「般若智慧」時，你就有一顆不受世俗牽絆之心，此時便無所謂般若「智」慧，也無所謂「得」到覺悟。

釋迦牟尼佛說「諸法是空」，既然是空，那麼能觀照的般若「智」慧，和所證得的「理」，當然也是空，也就是「無可執著」。因此，「無智」才是「般若智慧」，才是真智慧，才是究竟的智慧。

「無得」是說沒有什麼可以得到，一般人說修行可以得到功德、得到「般若智慧」，證得道果。但是對開悟的人來說，如果心中有一個想法，認為功德可得、「般若智慧」可得、果位可證，那也是一種妄想執著。

中國的老子也有類似的看法，在《道德經》第三十八章說：「上德不德，是以有德；下德不失德，是以無德。」

意思是說：真正品德高尚的人（上德），心中沒有「德」的概念，而是順乎本性，絲毫不造作，自然形成的，他從來沒有離開過「德」。一般人所謂的「德」（下德），只是一種暫時的制約，以達到不失「德」的狀態，並非是自然流露，所以無法持久，所以稱不上是真正的「德」。

（十五）以無所得故。菩提薩埵，依般若波羅蜜多故，心無罣礙，無罣礙故，無有恐怖，遠離顛倒、夢想，究竟涅槃。

白話：因為無所得的緣故，任何菩薩只要依照般若波羅蜜多的甚深智慧，就能夠超越諸苦，心中了無罣礙。因為心中無罣礙的緣故，就能夠沒有恐怖，進而遠離顛倒夢想，達到涅槃成佛的最高境界。

解說：

「菩提薩埵」：是梵語，意為「覺有情」，簡稱「菩薩」。自身能夠悟佛的教誨，也希望他人能徹悟，這種具有大慈大悲心的人就叫做「覺有情」。

「罣礙」是牽絆障礙，「恐」為「恐懼」，意為一時的驚駭。「怖」是「怖畏」，意為常存畏懼。即是有事所牽累而心生恐懼怖畏，心不得安的意思。

「顛倒」意思是「自性」本無形，眾生認妄為真，把第七識「末那識」認為是真我。

「夢想」是錯認夢境為真實。

「究竟」是修行的功夫已到極點。

「涅槃」是梵語，譯為「圓寂」。「圓」者萬德齊備，「寂」者斷盡惑障，「圓寂」就是圓滿寂靜之意。簡單的說就是「遠離現世的苦惱，達到從一切煩惱的束縛中脫卻開來，滅除迷妄世界種種業因的境地」。

在菩薩所證得的境界中，沒有能悟道的「般若智慧」，也沒有所證得的「涅槃境界」。因為菩薩徹見一切都是「緣起性空」，一切都是不可得，心不執著於一切。

菩薩依照「般若波羅蜜多」修行的緣故，覺悟「空理」，所以心裡沒有掛礙及煩惱障礙；因為沒有掛礙及煩惱障礙的緣故，就不恐懼生死，能夠遠離一切錯誤的思想和妄想，達到寂滅無為的「涅槃」最高境界而成佛。

「心無罣礙」是不受一切現象的幻影幻像的影響而起煩惱，「無有恐怖」是不再貪生怕死，也不再患得患失。在這個世界上，有人怕貧窮，有人怕病痛，有人怕權勢，有人怕陰謀，有人怕災難等等，這些總括起來說就是怕危險、怕倒楣、怕死亡。死亡是最可怕的，生命受到威脅，是最大的恐怖。

「顛倒」有四種，稱為「四顛倒」：

①常顛倒：把「無常」認為有「常」；

②樂顛倒：以「苦」當作「樂」；

③淨顛倒：以「不淨」為「淨」；

④我顛倒：把「無我」認為「有我」。

以我們五蘊的身心來講，即以無常為常，以不淨為淨，以苦為樂，以假我為我。從佛法的觀點來看人的身心，是無常、不淨、苦和無我的，但是凡夫眾生卻顛倒過來想，認為人會永遠繁衍生存下去；對於色身覺得很乾淨；認為自己的生活中有很多的快樂；認為內內外外都屬於自我。因而對自己、對他人，帶來很多的困擾及麻煩。

「涅槃」分成三種：

①為外道凡夫的「假涅槃」，或稱為「相似涅槃」，譬如有一些宗教的信眾，自認為已經得解脫，實際上似是而非，尚未得解脫；

②為小乘的「小涅槃」，羅漢以為從此以後已經得究竟，其實尚未成佛，他們將來還是要迴小乘轉

向大乘，任何一位羅漢最後仍然要發無上菩提心成就佛道；

③為大乘諸佛的「大涅槃」，到了佛的境界，完成無上正遍知覺，或稱為「究竟涅槃」。

（十六）三世諸佛，依般若波羅蜜多故，得阿耨多羅三藐三菩提。

白話：過去世、現在世和未來世的諸佛，也是依照般若波羅蜜多，才能證得無上正等正覺而成佛。

解說：

「三世諸佛」：「三世」是指過去、現在、未來，指一切時代。「諸佛」是說過去、現在、未來三世中的無量數的佛。

「得阿耨多羅三藐三菩提」：

「阿耨多羅」譯為「無上」。

「三藐」譯為「正等、真正的完全」。

「三菩提」譯為「正覺、覺悟」。

「阿耨多羅三藐三菩提」是梵語，譯為「無上正等正覺」，這是佛的覺智，佛已離迷斷惑而覺智圓滿，於平等的真理無所不知，故得於世間無上之名。

（十七）故知般若波羅蜜多，是大神咒，是大明咒，是無上咒，是無等等咒。能除一切苦，真實不虛。

白話：所以由以上的說明可以得知，「般若波羅蜜多」這個偉大神力的咒語，這個偉大滅除無明的咒語，這個至高無上的咒語，這個至高無以倫比的咒語。能夠滅除一切苦，這是真實不虛假的事情。

解說：

這裡的「是」字，是「此」的意思，等於口語中的「這個」。

「咒」：是梵語「曼陀羅」漢譯而來，又稱為「陀羅尼」，有總持、能持、能遮之意。「總持」，謂總一切功德，持無量義理。「能持」，是指它能含攝保存無量的內容。而「能遮」，則謂具有無量神變不思議的功能。

「咒」的原意為「咒文、真言、神咒、祕密語」，是一種具有不可思議的效驗的祕密語。「真言」就是真實的話，不虛妄的話，佛菩薩所說的祕密語，被認為含有諸佛菩薩不可思議的加持力。

「陀羅尼（曼陀羅）」本來是印度「婆羅門教」所慣用的語言，釋迦牟尼佛最初不用它，直到「大乘般若經典」發達後，才有了祕密「般若部」的成立。

「大神咒」：「般若波羅蜜多」具足一切世上最強大的力量，故稱為「大」。「神」者，妙智力也。能破除一切迷惑，讓受持者得大解脫。

「大明咒」：「明」者，慧鑑力也。能消除一切煩惱，讓受持者破無明，顯露真心實體。

「無上咒」：意謂最高、最尊、最勝的咒中之咒。

「無等等咒」：意謂無任何一咒能與之相比。

「能除一切苦，真實不虛」：能除一切苦難，是真實不虛假的。這裡所讚歎的就是「空性」，「空性」就是「般若智慧」。若能實證「空性」，就能除去世間一切的苦難。

（十八）故說般若波羅蜜多咒，即說咒曰：羯諦，羯諦，波羅羯諦，波羅僧羯諦，菩提娑婆訶。

白話：所以我（觀世音菩薩）要宣說般若波羅蜜多咒語，立即說這個咒語：「揭諦揭諦。波羅揭諦。波羅僧揭諦。菩提薩婆訶（去吧！去吧！到彼岸去吧！大家一起到彼岸去吧！去成就佛道。）」

解說：

咒語有不可思議的力量，不適合翻譯它的意義，只要誠心持誦，就能引發智慧，得到感應，消除所有的災難和苦厄。

如果一定要知道咒語的涵義，可以翻譯成：

「揭諦」是「去、到」的意思。

「波羅揭諦」的「波羅」意謂「彼岸」，「波羅揭諦」就是「到彼岸去」的意思。

「波羅僧揭諦」的「僧」意謂「一起」，「波羅僧揭諦」就是一起到彼岸去的意思。

「菩提薩婆訶」的「菩提」是「覺悟、正覺、佛道」。「薩婆訶」是「大圓滿、大成就」之意。

第十六單元 《心經》到底在說什麼？

一、看不懂《般若波羅蜜多心經》的關鍵原因？

看完《心經》的翻譯解說後，是不是有一種莫名的感覺，《心經》到底在說什麼？看白話翻譯解釋都懂字面的意思，但是不明白內涵是什麼？會有這種感覺，是因為一般人沒有佛學基礎，沒有佛法的核心概念，才會有這種「入寶山空手而回」的失落感。

釋迦牟尼佛住世講經說法四十九年，因才施教，依照不同程度的眾生，演說不同的修道法門。但是，釋迦牟尼佛最後卻完全否定自己所說過的一切佛法，這是為什麼會看不懂《般若波羅蜜多心經》的關鍵原因。

看不懂《般若波羅蜜多心經》，就好像是小學一年級的小學生，看不懂大學數學的微積分一樣。因為，一年級的小學生還沒有數學的基礎，當然不懂微積分是什麼？

《般若波羅蜜多心經》是屬於最高等級的佛經，學習的對象是聲聞、緣覺和菩薩，他們都是高中生和大學生的程度。我們一般人學佛法，大多是小學生的程度，甚至都還沒有進入小學的階段，看不懂《般若波羅蜜多心經》是很正常的。

這就是我會撰寫這本《看懂心經》的原因，《看懂心經》不只是翻譯解釋《心經》，最重要的是建立佛法的基礎。如此一來，對於沒有佛法基礎的讀者，一來建立佛法基礎，二來可以看懂心經。

二、總結《心經》的內容

我們簡單的總結《心經》的內容：

(1)觀世音菩薩修行「般若智慧」到極深的境界，所以能夠拯救人世間一切的苦難和災厄。

(2)在「自性（空性、佛性）」的角度來看，根本沒有「五蘊」、「六根」、「六塵」、「六識」、「十二因緣」、「四聖諦」和「智慧」的存在，更沒有什麼功德、果位可以得到。「這些都不是真實的存在，都是因緣相互依存的生滅關係，因此和空（無常不實在）並無差別。

(3)所有的「菩薩」和「三世諸佛」，都是依照「般若波羅蜜多」的甚深智慧，證得「無上正等正覺」，達到涅槃成佛的最高境界。

(4)所以「般若波羅蜜多」是至高無上的咒語，能夠滅除一切苦，這是真實不虛假的事情。觀世音菩薩宣說「般若波羅蜜多」這個咒語：揭諦揭諦。波羅揭諦。波羅僧揭諦。菩提薩婆訶。

三、《心經》的兩個核心重點

在上述總結《心經》的內容中，我們萃取出兩個核心重點：

(1)「般若智慧」：修行「般若智慧」，才能發現自己的「自性（空性、佛性）」。

(2)「萬法皆空」：「五蘊」、「六根」、「六塵」、「六識」、「十二因緣」、「四聖諦」、「智慧」、「功德」和「果位」等等，這些都是「妄想執著」。

而這兩個核心重點，其實就是釋迦牟尼佛悟道時，所說的重點。

我們再複習一次前面提過的《指月錄》第一卷：

「入正三昧。至八日明星出時。廓然大悟。成等正覺。乃歎曰。奇哉一切眾生。具有如來智慧德相。但以妄想執著不能證得。」

釋迦牟尼佛悟道時，所說的三個重點就是：

(1)入正「禪定」，才能發起「如來智慧德相」，得以成佛。

(2)眾生都有「如來智慧德相」。

(3)但是被「妄想執著」所蒙蔽，而不能證得。

所以，我們要研究學習這三個佛法的重點，才能明白《心經》到底在說什麼？也才能夠了解佛法。

這三個佛法的重點，告訴我們：

(1)只有學習「禪定」，才能發起「如來智慧德相」。

(2)我們都有「如來智慧德相」。

(3)要研究了解「妄想執著」是什麼？

《般若波羅蜜多心經》的兩個核心重點：「般若智慧」和「萬法皆空」，其實就是釋迦牟尼佛悟道時，所說的「如來智慧德相」和「妄想執著」，只是用詞不同而已。

但是，或許有人會認為釋迦牟尼佛的話有個矛盾的地方。既然釋迦牟尼佛說「眾生皆有佛性」，那眾生都是佛，佛有「般若智慧」，為什麼還會被「妄想執著」所蒙蔽，而不能證得呢？

這是因為，「眾生皆有佛性的潛在本質」，但是要透過修行「禪定」的功夫，才能看透「妄想執著」是「空」，才能證得自己的佛性。

這就好像是，眾生都有一塊鑽石的原礦石（佛性），必須要經過加工切割（「禪定」），才能顯現出這塊鑽石的價值（佛性）。

「如來智慧德相」和「妄想執著」這兩個佛法重點，在前面的單元已經探討過。接下來，我們來談談如何學習「禪定」，才能發起「如來智慧德相」。

下面的二個單元「修習六波羅蜜」和「觀自在菩薩的修行法門」，就是說明學習「禪定」的方法。不知道如何「禪定」，即使看懂《心經》，也是沒有用。

我在「前言」裡有提過，《大智度論》立下三種「般若」的定義，即：「文字般若」、「觀照般若」和「實相般若」。你看懂《心經》，只是停留在「文字般若」的階段。看懂《心經》之後，還要用「禪定」的方法去實修。最後，你才能夠證得「實相般若」，這才是我們學習《心經》的真正目的。

第十七單元 修習六波羅蜜

一、修行「菩薩道」的法門

《般若波羅蜜多心經》其實就是「觀自在（觀世音）菩薩」修行的心得分享，而「般若波羅蜜多」是修行「菩薩道」六種波羅蜜的第六個修行項目。

我們看懂《心經》之後，最重要的事情，就是要學習「觀自在（觀世音）菩薩」的修行法門。否則即使看懂《心經》一樣是沒有用處。這就好像你有一張藏寶圖，經由研究之後，你知道寶物藏在寶山裡，但是你沒有動身入寶山，所以仍然得不到寶物。

「觀自在（觀世音）菩薩」的修行法門，就是修行「菩薩道」的「六波羅蜜」。這六種波羅蜜稱為「六度波羅蜜」，分別是：布施、持戒、忍辱、精進、禪定、般若。「六度」是「六種行之可以從生死苦惱此岸得度到涅槃安樂彼岸的法門」，為成佛必修的科目。修行這「六度」，可以對治人性的慳貪、毀犯、瞋恚、懈怠、散亂及愚痴。

「六度波羅蜜」又被稱為「福慧雙修」法門，唐代慧立法師在其著作《大慈恩寺三藏法師傳》第五回中寫道：「菩薩為行，福慧雙修，智人得果，不忘其本。」「福慧雙修」的意思是，同時修持「福德」與「智慧」二種法門。

所謂「福德法門」就是「六波羅」中的「布施、持戒、忍辱、精進、禪定」等利益他人的善業；「智慧法門」是指入「般若智慧」的門戶，為自我利益的真理、觀念。

二、「六度波羅蜜」的詳細內容

（一）布施波羅蜜

是把自己所擁有或所知道的施予他人，布施有福報，能夠去貧得福，更可以克服人性的慳貪習性。

布施有三種：「財施、法施、無畏施」。「財施」是財物的施予；「法施」是傳播佛法；「無畏施」是幫人消除恐懼。

修行「布施波羅蜜」時，必須有「三輪體空」的觀念。「三輪體空」是指布施的時候，要能了解布施者、接受者和所布施的財物，三者本來都是空，這樣才能能打破執著的心。因為會執著這三者，都是第七識「末那識」的作用。

在《景德傳燈錄》卷三裡，記載一個關於修行「布施波羅蜜」的典故：

達摩祖師在梁武帝在位的時候來到廣州，梁武帝喜愛佛法，聽說從西域來了一位高僧，就派人迎請到金陵弘法。

梁武帝問達摩祖師：「朕即位以來，建造寺廟，抄寫經典，度眾並供養僧尼等，不可勝計。大師認為，我的功德如何？」

達摩祖師回答說：「並無功德。」

梁武帝不高興的問道：「為什麼無功德？」

達摩祖師回答說：「這些善行，都是有心求回報，不過是人天的小果報而已，就像影子一樣，看起來像有，但是實際上並不存在。」

梁武帝接著又問：「那麼怎樣才是真功德？」

達摩祖師回答說：「真功德是美妙圓融的清淨智慧，忘掉自己，達到空寂無我的境界。真正的功德，是不能用世俗求福報的手段去獲得的。」

梁武帝聽不懂，卻又想表現他學佛的功力，就問道：「什麼是至高真理中最首要的真義？」

達摩祖師回答說：「廣大、清靜、空寂、無我的境界，到此境界，連真理的聖義都不存在了！」

梁武帝完全聽不懂，就惱羞成怒的問達摩祖師：「坐在對面，和我論道的是那一位？」

達摩祖師回答說：「我不認識這人！」

梁武帝還是無法領悟，達摩祖師知道梁武帝不契機，於是就過江到嵩山少林寺面壁禪修，人稱壁觀婆羅門。後來梁武帝想再度迎請達摩祖師，卻無功而返。

梁武帝自認為做了那麼多的佛事、善事，應該會獲得很大的功德，這是有相布施。《金剛經》上說：「菩薩於法應無所住行於佈施，所謂不住色佈施，不住聲、香、味、觸、法佈施。」

不住相布施，才能夠和修行相應。不住相布施時，心如虛空，與般若智慧相應，能降伏煩惱，安住菩提心。所得的不只是天人小果報，還有法身圓滿的修持。這樣的布施才真是功德無可限量，福德不可思量。

（二）持戒波羅蜜

「持戒」的意思是守戒律，約束自己，不要行為有差錯，造罪作惡。遵守佛法不作諸惡，修一切善法以利益眾生。大、小乘的修行者，有諸多的戒律要遵守，而在家居士要遵守「五戒」，分別是：不殺生，不偷盜，不邪淫，不妄語，不飲酒。

「戒律」是修行的根本，因為守「戒律」能生「定」，「定」能發「慧（般若）」，有了「慧（般若）」才能證悟佛道。

在《大般涅槃經》中提到：「爾時如來告阿難言，汝勿見我入般涅槃便謂正法於此永絕。何以故？我昔為諸比丘，制戒波羅提木叉，及餘所說種種妙法，此即便是汝等大師，如我在世，無有異也。」「波羅提木叉」意譯為隨順解脫，就是「戒律」的意思。釋迦牟尼佛告訴弟子阿難說：「佛涅槃後，以戒為師。」

要修行「持戒波羅蜜」，總歸一句話，《大般涅槃經》說：「諸惡莫作，諸善奉行。」

佛經記載一個關於修行「持戒波羅蜜」的典故：

在釋迦牟尼佛的時代，波羅脂國有二個比丘。

有一天，他們聽說釋迦牟尼佛在舍衛國演說佛法，二人便相約一同前去聽佛法。

收拾了簡單的行李，二人便向舍衛國出發。

在烈日下，二人揮汗如雨的趕路，覺得口渴，但是一路上都找不到水喝。正當二人走得筋疲力竭，突然發現前面不遠處有一口井，二人欣喜若狂的跑向前去汲水。

可是，當他們把水汲出井後，卻發現水中有蟲，此時其中一位比丘，顧不得水中有蟲，就迫不及待的一飲而下。

而另一位比丘，只是默然的站在井邊，喝了水的比丘見狀就問：「你不也是很口渴嗎？為什麼不喝水呢？」

這位比丘答道：「佛陀有制定戒殺的戒律，這井水中有蟲，我喝了就犯下殺生罪，所以不可以飲用。」

喝了水的比丘就勸他說：「你不喝水，會渴死，連佛陀都見不到，更別說聽聞佛法了！」不喝水的比丘，還是不為所動的說：「我寧願渴死，也不願意破戒而苟活。」最後，這位堅持不喝水的比丘，就因此而喪命。但是由於持戒的功德力量，這位比丘往生後，立即往生到天人道，轉生為天人，當天晚上就以神通力抵達佛所，頂禮釋迦牟尼佛，釋迦牟尼佛為他說法，便得到了法眼淨。

而喝了水的比丘，獨自一人繼續趕路，直到隔日才來到佛所。一見到釋迦牟尼佛，立刻五體投地的至誠禮拜，並且把路上所發生的事情，稟告釋迦牟尼佛。

釋迦牟尼佛責罵他說：「你這個愚癡的人！你雖然現在見到了佛，但是卻沒有真正的見到佛，那位持戒而死的比丘，已經先你一步來見我了。」

這位比丘聽完佛的教導，羞愧的頂禮而退。

（三）忍辱波羅蜜

「忍辱」不是「打不還手，罵不還口。」「忍辱」是化解、處理和自在的處事態度，能夠除去貪、瞋、癡三毒中的「瞋恨心」。

「忍辱」能夠積陰德，消除業障，增加福報。若不能忍受，控制脾氣和情緒，不但會影響身心健康，還會「一把無名火，燒盡功德林。」

其實，要修行「忍辱」是很不容易的。許多人修行「忍辱」，是以「忍耐」的態度來應對。殊不知，「忍耐」是有限度的，當你受不了時，反而會爆發而大發雷霆。

所以，要修行「忍辱」的方法，並不是從「忍耐」著手，而是要先分析了解：「你為什麼會生氣動怒？」。

一般人遇到難以忍受的事情，其實說穿了就是「自尊心」遭受打擊而動怒。也就是說，你會生氣動怒，其實是因為你的「自尊心」遭受打擊，為了維護你的「自尊心」，而引起的強烈反彈。

「自尊心」是什麼？就是「無明」。這個「無明」是從「我」、「我執」這個「根本無明」而產生的。你不了解佛法，不知道你所認知的這個「我」是「假我」。因為這個「我」，只是在今世因緣合和而成的一個肉體；而住在這個肉體內，操縱這個肉體行為的司機，也是由前世的第八識「阿賴耶識」，在今世所衍生出來的第七識「末那識」來擔任。所以，你對這個「我」的執著，是一種「無明」。

因此，若要看破「自尊心」這個「無明」，那你就要先仔細的觀察你的「自尊心」是什麼？當你明白原來「自尊心」是一種假相時，生活中讓你不高興的事情，就已經少了一大半了。

但是你看破「自尊心」之後，遇到難以忍受的事情，你仍然會生氣，因為你還有累世習氣的存在。因此，你要接受各種無奈之事的打擊，藉此來練習，逐漸適應和肯定「自尊心」是一種假相。

完整修行「忍辱波羅蜜」者，有三類：

⑴當「自尊心」受辱時，不起無明而生氣動怒。
⑵當身體承受冷熱、饑渴、痛傷等狀況時，不因此生起無明而不高興。
⑶當你面對無理之事時，也不起瞋恨憤怒的心。
在現實生活中，遇到讓你生氣的事，譬如說有人辱罵你，你要立刻說服自己：
⑴我的「自尊心」是一種假相，生氣是無明。
⑵佛說「惡口」是一種惡業，所以辱罵我的人，會受到惡報，反而要憐憫他。
日本佛教有一個關於修行「忍辱波羅蜜」的記載：
日本松蔭寺的白隱禪師，是日本臨濟禪宗的中興祖師，被譽為五百年不出的一代禪宗大師。有一天，在松蔭寺的附近，有一戶人家的少女未婚懷孕，在雙親一再逼問之下，少女怕父母責難她的男朋友就說：「是白隱和尚的孩子。」少女的家人，怒氣沖沖到禪寺興師問罪。白隱禪師聽完後，若無其事的說：「喔！是這樣的嗎？」少女的家人看白隱禪師沒有否認，就把白隱禪師痛打一頓。

孩子生下來後，少女的父母將嬰兒抱到松蔭寺交給白隱禪師，白隱禪師接過了孩子說：「喔！是這樣的嗎？」

這件事很快的傳遍江戶地區，白隱禪師雖然名譽掃地，卻不以為然，只是非常細心地照顧孩子。他向鄰居乞討嬰兒所需要的奶水，雖然不免遭到白眼，或是冷嘲熱諷，但是他總是處之泰然。

一年之後，少女因為思念孩子，又看到白隱禪師受到栽贓的責難，在良心上也過意不去。終於不忍心再欺瞞下去，便向父母吐露實情，說孩子真正的父親是另一名青年，自己因為害怕被責罵，才嫁禍給白隱禪師。

少女的父母來到松蔭寺向白隱禪師道歉，說明事情的經過，並且請他原諒。聽完事情的原委之後，白隱禪師輕聲的說道：「喔！是這樣的嗎？」他沒有任何表示，就把孩子還給他們，好像從來沒有發生過什麼事情。

事情澄清後，信眾對白隱禪師佩服得五體投地。白隱禪師修行「忍辱波羅蜜」的功夫，感動了許多人皈依佛法。在信眾的心中，白隱禪師就像富士山一樣，令人景仰敬重。

（四）精進波羅蜜

何謂「精進」？「精」是純而不雜，「進」是進而不退。「精進」就是身體勤勞、不懈怠。

「精進波羅蜜」是對治懈怠，生長善法，勇猛精進的修諸善法。它的功德，第一個是「增善」，就是增長你的善心，增長你的善行；第二個是「不退」，學佛道永遠不會退轉。

修行「精進波羅蜜」者，必須要發大願，不管自己的身體是否健康，有任何阻力，今生今世都一定要修行佛法。如果不發願，精進的心就提不起來。大多數的人想要「精進」，但是當身體稍微有些不舒服，或者疲倦的時候，心裡馬上就會想：「還是等我把身體養好了之後再修行吧！」許多人隨時有藉口和理由，來說服自己不要精進。

「精進」是長期的努力，細水長流，不要太著急，也不要鬆懈，不可以用「三天捕魚，兩天曬網」的方式來修行。

佛經記載一個關於修行「精進波羅蜜」的典故：

這是釋迦牟尼佛的十大弟子裡，號稱「天眼第一」的阿那律尊者的故事。阿那律出家之後一心精進，想要求得道果，只是他有個嗜睡的毛病，每當釋迦牟尼佛開始講經，他便開始打瞌睡。

有一天，釋迦牟尼佛說法談到精進，在座弟子們都精神飽滿，聽得十分歡喜。唯獨阿那律瞌睡連連，釋迦牟尼佛見了就斥責他：「咄咄汝好睡，螺螄蚌蛤類，一睡一千年，不聞佛名字。」意思是說：「像你這樣放縱睡眠，只怕要落入海底螺螄、蚌蛤一類的畜生道中了，一睡下去，不知多久才能聽到佛的名字、聽聞到佛的教法啊！」。

阿那律聽了釋迦牟尼佛的呵責，十分難過，當下涕淚悲泣，生起了大慚愧心，並發願從此以後要精進用功，不再睡眠。從那天開始就日夜精進，不再闔上眼睛，七天七夜之後竟導致失明。但他仍舊精進不懈，不因此而後悔憂傷。

釋迦牟尼佛憫念他的決心與毅力，便教他「樂見照明金剛三昧」之法。阿那律一心專注修練，最後修得天眼神通，不用眼睛，可以觀見十方，沒有障礙，最後證得阿羅漢果。

（五）禪定波羅蜜：

「禪」是梵語，音譯是「禪那」，漢譯為「定、靜慮、思維修」，又稱為「禪定」，意思是「冥想」。這是通過一種方式，通常是靜坐，使心念安定下來的實踐，能對治散亂之心。

「禪定」是透過「禪」的練習，使心念專一，不散亂的修行。「禪定」可以使心念定下來，心無雜念，不為俗物迷惑顛倒，是見「自性」的方法。

一般人對「靜坐禪定」，大多有誤解。下面這個笑話，可以說明一般人對「靜坐禪定」的認知。

有一位賣豆腐的人，送豆腐到寺院，看到禪坐中的師父們威儀莊嚴，心生敬慕，心想：「我也來打坐。」因此請求住持師父讓他參加禪坐。

住持師父答應了，他進入禪堂之後，就有樣學樣的打起坐來。過了不久，他突然大叫一聲說：「我悟到了！我悟到了！」。

住持師父和眾人都嚇一大跳，連忙問他悟到了什麼？

這位賣豆腐的人回答說：「我終於想起來，三年前我的隔壁鄰居，欠我的三塊豆腐錢，還沒有還給我。」

一般人對「靜坐禪定」的認知，以為是閉目休息，甚至認為這樣閉目坐著不動，不會無聊？不會腰酸背痛嗎？

殊不知「靜坐禪定」就是在練習拴住自己的第七識「末那識」，讓這個「心猿意馬」的心識，不要起心動念，不要胡思亂想。如此，才能停止「妄想執著」，才能夠見到自己的「自性」。

佛經記載一個關於修行「禪定波羅蜜」的典故：

宋朝有位金碧峰禪師，禪定功夫非常了得，能夠隱身於天地之間。金碧峰禪師平時修行心無罣礙，唯一的嗜好就是閒來喜歡把玩皇帝所賜的玉缽，每次把玩之後，就藏在禪床下。

後來，金碧峰禪師的壽命將盡，閻羅王派黑白無常，前去勾鎖金碧峰禪師的魂魄歸案。但是當黑白無常來到金碧峰禪師的住處，卻只見到金碧峰禪師的肉身，沒有見到他的魂魄，所以無法交差。

黑白無常在百般無奈之下，只好召喚土地公前來查問原因。才知道金碧峰禪師正在入定中，所以無法勾鎖到他的魂魄。

黑白無常詢問土地公說：「平時金碧峰禪師什麼時候才會出定？」

「並無一定的時間。」土地公回答說：「但是，有一個方法可以叫他馬上出定回來。」

黑白無常高興的問土地公說：「是什麼方法？」

土地公回答說：「金碧峰禪師最喜歡御賜的玉缽，只要你對著玉缽輕輕彈三下，他就會出定回來。」

「玉缽放在哪兒？」

「就放在禪床下，用黃布包裹著的就是。」

黑白無常果真在禪床下找到玉缽，並在金碧峰禪師的耳邊，重重地彈了三下。金碧峰禪師聽到玉缽的響聲，因為心中執著喜愛這個玉缽，隨即出定，黑白無常一擁而上，立刻勾鎖住他的魂魄。

此時，金碧峰禪師才知道上當了，嘆一口氣說道：「都是我貪著這個玉缽害的，讓我的修行全功盡棄。」

他向黑白無常說：「請再讓我把玩一次玉缽，我就心甘情願隨你們去。」

黑白無常心想：「我們已勾住了你的魂魄，還怕你跑掉？」就說：「好！」

金碧峰禪師接過玉缽後，隨即往地上一砸，玉缽頓時粉碎，然後說：「從今以後，我再也無罣礙了！」

就在當下，金碧峰禪師又再度入定去了，並在虛空中，告訴黑白無常說：「四大五蘊本皆空，淨瓶摔破影無蹤；若能鎖得虛空去，回頭再拿金碧峰。」

（六）般若波羅蜜：

「般若」智慧，不同於一般所說的「聰明智慧」，是如實知見一切事物本性的真智妙慧。修行「般若波羅蜜」能夠破除、遠離「無明」和「愚痴」，遠離諸煩惱。

「般若波羅蜜」是其他五種波羅蜜及一切善法之母。離開「般若」，「布施、持戒、忍辱、精進、禪定」都不能圓滿成就；離開「般若」，解脫涅槃終不能證得。

「般若」是六度波羅蜜的中心與主體，所謂「般若」就是「絕對的遠離一切妄想、執著、分別」，就是消除所有的執著。前五度的修行，每一個波羅蜜都是以「無相」做為必要條件。

所謂「相」是指一切你所覺知的對象，也就是你心中的形象與念頭。「無相」的意思是：心中無所求，不執著於相，沒有分別心。《金剛經》所說的「不住相布施」就是指「布施波羅蜜」，就是「無相布施」。

修行其他五種波羅蜜的心，必須是《金剛經》所說的「應無所住而生其心」的心，就是「不執著」的心，就是「無相」的心。

要修行「般若」，需要有萬法皆是「因緣合和」的概念，需要有「凡所有相皆是虛妄」的觀念。然後，再修行「禪定波羅蜜」去實證你的「自性」，去驗證諸法的空性。

在佛經裡記載一個關於修行「般若波羅蜜」的典故：

須菩提尊者是釋迦牟尼佛的十大弟子之一，人稱解空第一。

有一次，須菩提尊者在岩中靜坐禪定，入定在空三昧的境界中，那深厚的禪定功力，感動了忉利天的天主帝釋天。帝釋天讚歎，從天上灑下天花。

帝釋天散落的花朵，驚動了在入定中的須菩提尊者，他出定後，向天人問道：「你是什麼人？」
帝釋天回答道：「我是帝釋天。」
須菩提尊者問道：「你為什麼要到這裡來對我散天花讚歎？」
帝釋天回答道：「我敬重尊者在禪定空三昧中，善說般若波羅蜜多。」
須菩提尊者說道：「我對般若沒有說過一個字，你何必要讚歎呢？」
帝釋天回答道：「尊者無說，我無聞，無說無聞，是真般若。」

觀自在菩薩的修行法門

一、觀自在菩薩的修行法門

前面我們提到總結《心經》的內容，有兩個重點：

(1)《心經》：「觀自在菩薩。行深般若波羅蜜多時。照見五蘊皆空。度一切苦厄。」

(2)《指月錄》第一卷：「入正三昧。至八日明星出時。廓然大悟。成等正覺。」

這兩個重點說明了，觀自在菩薩和釋迦牟尼佛都是在修行「禪定」時，才生出「般若智慧」，透過「般若智慧」才能夠發現自己的「自性」，才能夠「照見五蘊皆空。度一切苦厄。」

所以，在這個單元裡，我們要探討一個很重要的重點，就是如何學習「禪定」的功夫。

因為看懂《心經》是一回事，見到自己的「自性」又是另外一回事。看懂《心經》的目的，就是要學習見到自己的「自性」，否則看懂《心經》和看不懂《心經》有什麼不一樣？況且，能夠在自己死亡之前，先認得這道由「自性」所散發出來的「自性光」，「死亡」這件事就沒什麼好怕的；另外，妖魔鬼怪也不敢靠近你，因為你有你的「自性佛」在保護你，妖魔鬼怪害怕你的「自性」光芒。

回想一下，我們念《般若波羅蜜多心經》的時候，是不是：「觀自在菩薩。行深般若波羅蜜多時。照見五蘊皆空。度一切苦厄。……」然後就一路念到完。殊不知在第一段經文裡，就已經告訴我們修行《心經》佛法的方法。

「觀自在菩薩（觀世音菩薩）」深入修行「般若波羅蜜多」的時候，「照見五蘊皆空，度一切苦厄。」所以，我們學習的焦點，要放在「觀自在菩薩（觀世音菩薩）」的修行法門。「觀自在菩薩（觀世音菩薩）」的修行法門，是一種「禪定」的功夫。修行「禪定波羅蜜」，才能成就「般若波羅蜜」。

那「觀自在菩薩（觀世音菩薩）」的「禪定」修行法門是什麼呢？

普遍流傳的《觀世音菩薩普門品》摘錄自《法華經》，《觀世音菩薩普門品》云：「佛告無盡意菩薩：善男子，若有無量百千萬億眾生，受諸苦惱，聞是觀世音菩薩，一心稱名，觀世音菩薩，即時觀其音聲，皆得解脫。」但是，經中並沒有提到「觀自在菩薩（觀世音菩薩）」的修行方法。

查遍眾多佛經，只有《楞嚴經》和《華嚴經》才有記載「觀自在菩薩（觀世音菩薩）」修行的方法，但是《楞嚴經》描述的最詳細。

《大方廣佛華嚴經》卷十六（入不思議解脫境界普賢行願品）云：「善男子！我已成就菩薩大悲速疾行解脫門。善男子！我以此菩薩大悲行門，平等教化一切眾生，攝受調伏，相續不斷。」

在《華嚴經》裡，觀自在菩薩對善財童子講述了自己修行的法門是「菩薩大悲速疾行解脫門」，並說明用「此菩薩大悲行門，平等教化一切眾生，攝受調伏，相續不斷。」

但是，在《大佛頂首楞嚴經》裡，觀自在菩薩提到詳細的「修定發慧」方法，稱為「耳根圓通法門」。

「觀自在菩薩（觀世音菩薩）」修行的「耳根圓通法門」，出自於《大佛頂首楞嚴經》，以下我綜合聖嚴法師和南懷瑾老師對這段經文的講解來做說明。

《大佛頂首楞嚴經》卷六：

「爾時觀世音菩薩。即從座起。頂禮佛足。而白佛言：世尊。憶念我昔無數恒河沙劫。於時有佛出現於世。名觀世音我於彼佛發菩提心。彼佛教我從聞思修。入三摩地。初於聞中。入流亡所。所入既寂。動靜二相了然不生。如是漸增。聞所聞盡。盡聞不住。覺所覺空。空覺極圓。空所空滅。生滅既滅。寂滅現前。忽然超越世出世間。十方圓明。獲二殊勝。一者。上合十方諸佛本妙覺心。與佛如來同一慈力。二者。下合十方一切六道眾生。與諸眾生同一悲仰。」

這一段經文，是觀世音菩薩在楞嚴會上，向釋迦牟尼佛及與會大眾報告修行的心得。

白話翻譯如下：

（一）爾時觀世音菩薩。即從座起。頂禮佛足。而白佛言。

白話翻譯：觀世音菩薩即從座起，頂禮佛足，對佛說。

（二）世尊。憶念我昔無數恒河沙劫。於時有佛出現於世。名觀世音。我於彼佛發菩提心。彼佛教我從聞思修。入三摩地。

白話翻譯：我回想過去無量數劫以前，有位佛出世，名號為「觀世音」。我在祂的面前發大菩提心，上求佛道，下化眾生。「觀世音佛」教我從「聞、思、修」三個步驟來學習佛法，進入「三昧」的境界。

「聞」是用心向內聽自己心裡默念佛號的聲音，去觀照覺知，不隨耳識向外起分別心，對外不攀緣聲塵，一心只觀能「聞慧」的聞性。這個「聞慧」是指「耳根的聞性」，是你的耳根能聞的本性。因為眾生的耳根最利，我們從耳根入門，容易明白自己的本心，見自己的本性。此處的「聞慧」是指從耳根聞性，生出覺知的智慧，不再去求耳外的音聲，而是返轉回來專心聽自耳能聞的自性。

「思」是保持內心平靜的狀態，反聞內在的自性，不著空和有，持續專注在修法上。「思慧」不是一般的思維，而是離開一切思慮，用正確的智慧來觀察能聞的自性，去體會覺知能聞的是誰？

「修」是持續的保持這個修行方法，念念不離聞與思。唸唸都是返回到自己的自性，即所謂「返聞自性」。唸唸返觀，發現本來心地的初始狀態。

這是「耳根圓通修持法」的次序，可以破除五蘊的假相。

要注意的是，這裡所說的「聞、思、修」三慧，不同於一般所說的三慧。一般的「聞、思、修」，指的是：

①「聞」是先聽聞佛法，然後研究經典，並能理解。

②「思」依著這個佛法，起了正確的思維。

③「修」所聞的都想通了、接受了、理解了，再用坐禪的功夫來修行。

「三摩地」又翻譯為「三昧、三摩提」，意譯為「等持、正心行處止、定、禪定」，意指把心識專注於所緣境，集中精神，專注一境而不移動，而進入心不散亂的狀態。「三摩地」最早出自婆羅門教的《奧義書》中，亦為傳統瑜伽修行的方式之一。

（三）初於聞中。

白話翻譯：最初是由耳根聞性中，下手來修行。要特別注意這「聞中」二個字，不是肉耳之中，不是耳識之中，也不是意識之中；而是不生不滅的聞性，亦即第八識「阿賴耶識」之中。

以耳根聽自己念佛聲音的觀音法門，容易得止得定。你一邊默念，同時用心迴轉來聽自己的念佛聲音「南－無－觀－世－音－菩薩」，一個字一個字聽得清清楚楚。此時，如果中間有生起雜念妄想，你不要管它，不要想去除它。任由雜念妄想來來去去，你還是專心的念觀世音菩薩的聖號，它就無法阻礙你念佛的正念。

「初於聞中」就是我們剛剛在「聞」的時候。這個時候要用心去注意，聽到外在的一個聲音，我們的內心清楚知道；聲音過去了，沒有聲音，我們的內心也清楚的知道。怎麼知道沒有聲音呢？這證明耳根的「聞性」還存在，並沒有失去作用，所以能夠知道沒有聲音。所以，有聲和無聲的狀態，我們的「聞性」都存在。

我們明白了「聞性」的功能，現在就專注聽一個聲音，其餘一切都不要想，就是專注「能聽的這個念心」和「所聽的聲音」，這個「專注的狀態」就是「初於聞中」。

二、禪定的心法：「入流亡所」

（四）入流亡所。

白話翻譯：第二個步驟就要修「入流亡所」。

在解說之前，我們先要學習一個佛法的「名相（專有名詞）」，叫做「能所」。

「能所」就是「能」與「所」的並稱。某一個動作的主體稱為「能」，其動作的客體（對象）稱為

「所」。「能」就是能聽的這個念心，「所」就是所聽到的外面境界。

例如：

①能見物的「眼睛」，稱為「能見」；被眼睛所見之「物」，稱為「所見」。

②依靠他人者，稱「能依」；被依靠者，稱「所依」。

③修行者，稱「能行」；所行之內容，稱「所行」。

④歸依者，稱「能歸」；為其所歸依者，稱「所歸」。

⑤教化人者，稱「能化」；被教化者，稱「所化」。

⑥認識之主體，稱為「能緣」；其被認識之客體，稱為「所緣」。

總之，「能」與「所」具有「相即不離」的關係，故稱「能所一體」。

好！有「能」與「所」的概念之後，我們再來解釋什麼是「入流亡所」？

「入流」的「入」是表示人的各器官與外界接觸的現象，是一個耳朵聽進去，從另一個耳朵出來；意指入進去就流掉，不停留在心裡面。此處的「入」則是「耳入」，是外界的波動震到耳膜，使人覺得有聲音的感覺現象。「流」的意思是「不住」，就是說不要將進「入」耳朵的東西停留下來，要讓它一接觸到耳朵立即就「流」出去。

「亡所」的「亡」是「亡失、消除」的意思；「所」是所聽到的對象。「亡所」是說在修行中「亡失了聽到的對象」。

簡單的說，「入流亡所」就是：在聞性中，耳入不住，亡失對象。

如果我們用這個功夫，把心往裡面收，最後外界的聲音你都聽不見，這就是「亡所」。能夠「亡所」，「定力」的功夫就會慢慢深厚。

觀世音菩薩是在海邊修禪定的，因為聽到海潮聲音的來去，悟到聲音在聞性中剎那生滅，並非是永久、實有的；而人的妄想、煩惱，都是來自對這聲音的執著。所以，觀世音菩薩採用「入流亡所」的方法，使聲音不再成為煩惱的來源。

我們再用白話一點來解釋「入流亡所」的意思，就是說：你自己不斷的用功，用功到心無二用，心中只有一個念頭在念「觀世音菩薩」。念「觀世音菩薩」時，不去想有一個「觀世音菩薩」在裡頭，而是念到忘了自我，自己還是專注於「觀世音菩薩」的聖號，這就叫「入流」，就是心止於一境。

如果這個時候，你還有個心念想說「我在念觀音菩薩」，就表示你還是有對立的念頭，那還不叫做「亡所」。所謂「所」就是「對象」，持「觀世音菩薩」聖號而忘掉了自己，也忘掉了聖號，不把聖號當成自己修行的對象，也不把持名當作修行的方法，這時候的狀態就叫做「入流亡所」。

要學習修行「觀自在菩薩（觀世音菩薩）」的「耳根圓通法門」，方法是：在你的心中只有一個念頭在念「觀世音菩薩」，同時你也專心的在聽你自己默念的「觀世音菩薩」聖號。念一念一念……聽一聽一聽……，慢慢地越聽，聲音就越沒有。不是聽不見聲音，而是不用刻意去聽它。我們的心會越來越安靜，越深處的內在越安靜，甚至於到最後只有安靜，這就叫做「入流亡所」。

這樣的「入流亡所」，是不是就是「開悟」？還沒有，只能說你的心識是處於集中的狀態。

「入流亡所」之後要「反聞聞自性」，就是用覺知心反過來向內在聽聞（反聞），聽聞能聞的自性（聞自性），能聞的自性本空，所以所聽聞的自性無相。也就是說，你持念的時候有聲音，你聽到了聲音，慢慢的用心去聽，你會覺得自己沒有念「觀世音菩薩」，心外也沒有「觀世音菩薩」的名號。不用耳朵去聽，耳朵聽到的聲音已經不存在了，而是聽自己的「內心」。

「內心」是什麼？「內心」是無我的「自性」，這個時候，反聞「自性」，「自性」聞到了，你就悟得「三昧」了，這就是《楞嚴經》告訴我們的「觀音耳根圓通法門」。

（五）所入既寂。動靜二相。了然不生。

白話翻譯：

「所入既寂」：「入流亡所」之後，你的心處於「一心不亂」的狀態。「所」是「對象」，「寂」是不動的境界。把念心往裡面收，收到寂然不動的狀態，六根也歸一，沒有所聽的境界，心也寂然不動了，這時就會達到「定」的境界。

「動靜二相」：「動相」和「靜相」這二相是相對的，聽到聲音，這是「動相」；聽不見外面的聲音，就是「靜相」，表示我們的心已經靜下來了。

「了然不生」：心要離開動靜二相，繼續的用功，把這念心繼續的收，收到這念心不生起一個念頭，沒有一點妄想。

這裡要特別注意的是，「了然不生」的涵義。雖然沒有動靜二相，但並不是呆滯，像石頭一樣的沒有知覺。而是能聽的這個「念心」，隨時都是處在清清楚楚、明明白白、了了分明的狀態，不知道有「動相」，也不知道有「靜相」。

在這個階段，我們專心用功處於定中，這時候就不必再默念「觀世音菩薩」的聖號，只要靜靜的注視著「這一念不生」。此時動靜二相雖然了然不生，但是還沒有把「空」化掉，還有「不生」的一念存在。

（六）如是漸增。聞所聞盡。盡聞不住，

白話翻譯：

「如是漸增」：繼續在這念聞性上用功，繼續反聞、收攝，繼續往內心裡面聽，這時候定力的功夫又增加了。

「聞所聞盡，盡聞不住」：聞到最後的盡頭，連聞也不執著。前面離開了動相、靜相，這時候眼、耳、鼻、舌、身、意六根就寂然不動、不攀緣了。這時候，還要繼續用功，繼續漸增到六根歸一，六根變成一根。但是，不可以執著在六根歸一的境界。這時候就有些感應，進入靈知靈覺的「覺性」境界。

「能聞的心」和「所聞的境」達到了「絕對的境界」，這個「絕對的境界」沒有六根，只是一個「覺」的存在，就是「覺性現前」了。

「覺的境界」是一片真空，沒有時間、沒有空間、沒有山河大地，甚至身體也沒有了，也沒有過去、現在和未來。達到了這個境界之後，什麼人都找不到你，黑白無常找不到、冤親債主找不到、佛菩薩也找不到，所覺察知道的就只是一片空性、一片真空，就是所謂「得到解脫」、「證到我空」。「我空」就是「人空」，達到此境界不再用功的話，就稱為「小乘聖者」。此時，能知所知的這個念心還存在，因此稱為「偏空涅槃」。

雖然只有「覺」的存在，但是「覺」仍有「能覺」與「所覺」，還是不究竟。

（七）覺所覺空。空覺極圓。空所空滅。

白話翻譯：動相、靜相和六根都沒有了，這個時候只有我們這個念心和所感受到的空，整個世間畢竟空寂，什麼都沒有。這是我們自己感受到有這麼一個境界。所有這個時候，只有這念心、這個覺性和所知道外面一個空的境界，所以一切山河大地、日月星辰、善善惡惡、冤冤親親、都離得乾乾淨淨，只有這個念心，和外面所感受到的一種空的境界。

這時候的「覺」仍然有「能覺（能覺之心）」與「所覺（所覺空的境界）」，這個境界就是「聲聞羅漢」的境界，入了這個定，就會有感應，甚至有神通。

到了這個境界就破了「我執」，證到「人空境界」，但是還有「法執」的境界未破。破「法執」，就是破除對於這種「空的境界」的執著，破除了執著，就稱為「虛空粉碎」。不執著這個境界，繼續用功，虛空就破掉了。

虛空破了以後，「能覺這個念心」和「所覺這個空的境界」也解除了。十方世界就是一個「空」，就是一個「覺」，只有「這個念心」和「這個空」而已，達成了最高、最圓滿的「空性」。

但是，達到了只有「能覺的這個心」和「所覺這個空的境界」，還不是究竟。因為還有「知覺」，還有「我相」，所以還要繼續用功下去。

一直到「應無所住而生其心」，達到「知亦不知，覺亦不覺，覺所覺空」的境界。這個時候，「能覺」和「所覺」都沒有，就完全沒有執著。

（八）生滅既滅。寂滅現前。

白話翻譯：前面所說的「動、靜」，「能覺的這個念覺心、所覺這個空的境界」都是屬於「生滅法」，因為都是相對的現象。

不執著「能覺的這個念心」，也不執著「所覺這個空的境界」，繼續用功，最後「生滅」都滅了，「寂滅」就現前，「寂滅」就是「涅槃」。這時候的念心，真正是「寂然不動、感而遂通」，這時候才是真正的「三昧（大定）」現前，才能見到「自性」。

（九）忽然超越。世出世間。

白話翻譯：在「寂滅現前」的時候，突然間我超越了「世間」和「出世間」。什麼是「世間」？就是一個動、一個靜。什麼是「出世間」？就是一個覺性，一個空性；動相沒有了，靜相也沒有了，六根感覺也不存在了，只有覺性和外面所感受到的空性、空相，這就屬於「出世法」。如果不執著「這個念覺性」和「這個空性」，就稱為「超越出世間法」。

（十）十方圓明。獲二殊勝。

白話翻譯：這時候，我就和十方世界融合在一起，大地是我自性的光明，虛空是我自性的體相。同時得到二種殊勝的境界。

（十一）一者。上合十方諸佛本妙覺心。與佛如來同一慈力。二者。下合十方一切六道眾生。與諸眾生同一悲仰。

白話翻譯：

第一種殊勝功德，「上合十方諸佛，本妙覺心，與佛如來，同一慈力」：和十方諸佛本具的妙明真心變成一個，諸佛有的自性，我們自己也有。這就如同我們同樣在虛空中，你證到這個虛空，我也證到這個虛空，所以與十方諸佛本妙覺心完全相同，同一大慈大悲、普度眾生。

第二種殊勝功德，「下合十方一切六道眾生，與諸眾生，同一悲仰」：不但和諸佛同一個心，而且十方眾生的心也在我們當下這個念心中，這就是真正證到觀音法門，所有一切眾生的起心動念都知道，所以「觀世音菩薩」能聞聲救苦，眾生只要稱念「觀世音菩薩」的聖號，煩惱及苦難馬上就能夠得到感應，也能夠和諸佛菩薩所證到的法身、空性、覺性相互感應。

所以，「觀世音菩薩」是以音聲來悟道，「反聞聞自性」往裡面聽、往裡面聞，一直聞到破除動相、靜相、覺、空，最後所有一切生滅都寂滅，這個不生不滅的念心現前，就能夠知道所有一切眾生的心念。

看完「觀自在菩薩（觀世音菩薩）」修行「耳根圓通法門」的白話翻譯之後，我們來做個總結。修定發慧的方法，可以分為四個步驟：

(1)專心默念「觀世音菩薩」的聖號。

(2)覺知自己在聽，自己默念的「觀世音菩薩」聖號的聲音，也覺知「觀世音菩薩」聖號的聲音，在被自己所聽，此時只有聲音和自己的覺知互相呼應，沒有任何雜念在心中。

(3)只有「觀世音菩薩」聖號的聲音，而忘失了自己的存在，把自己融入這個聲音之中。

(4)「觀世音菩薩」聖號的聲音與自己融合，而且歷歷分明，別無雜念。

我們只要依照這四個步驟去用功，隨着觀照的功夫日漸深厚，常住於「一心不亂（三昧定）」的狀態，最後就會達到《心經》所說的「照見五蘊皆空」的境界。

「照見」並不是用我們的肉眼看見，那是大腦神經的視覺功能，而是集中心力，不通過任何媒介的「直接觀照」。

一般人念《般若波羅蜜多心經》的時候，大多是認為念《心經》，可以躲災避劫，有益自己，但是不知道《心經》在講什麼？或者是有心去看《心經》的翻譯本，但是看完之後，似懂非懂。「似懂」是白話翻譯都看得懂，「非懂」是仍然不知道《心經》在說什麼？

其實，重點就在《般若波羅蜜多心經》經文的第一段裡：「觀自在菩薩。行深般若波羅蜜多時。照見五蘊皆空。度一切苦厄。」

《心經》是「觀自在菩薩（觀世音菩薩）」的修行心得報告，所以看完《心經》，就要研究「觀自在菩薩（觀世音菩薩）」的修行方法，而這個修行方法，在《大佛頂首楞嚴經》卷六裡，可以找到。這個「耳根圓通法門」的修行心法，才是我們讀完《心經》之後，所需要的核心重點。

其實，在《大佛頂首楞嚴經》卷五裡，另外還有二十四位羅漢和菩薩，實地修持的心得報告。

《大佛頂首楞嚴經》卷五：「爾時世尊普告眾中諸大菩薩。及諸漏盡大阿羅漢。汝等菩薩及阿羅漢。生我法中得成無學。吾今問汝最初發心悟十八界誰為圓通。從何方便入三摩地。」

經文的意思是說：

釋迦牟尼佛告訴參加法會大眾中的諸大菩薩，以及大阿羅漢們說：「你們菩薩及阿羅漢們，在我教導的佛法當中，已經證得果位。我現在問你們，大家最初發心的動機，以及悟到十八界的功用，哪一樣是最圓滿通達的？怎樣才是進入了三摩地的方便法門？」

所謂「借假修真」，釋迦牟尼佛說「十八界」都是可以修成佛道的方法。「十八界」分為「六根界、六塵界和六識界」：

(1)六根界：

①能見之根，名為眼界。

②能聞之根，名為耳界。

③能嗅之根，名為鼻界。

④能嘗味之根，名為舌界。

⑤能覺觸之根，名為身界。

⑥能覺知之根，名為意界。

(2)六塵界：

①眼所見一切色境，名為色界。

②耳所聞一切音聲，名為聲界。

③鼻所嗅一切香氣，名為香界。

④舌所嘗一切諸味，名為味界。

⑤觸即觸著，身所覺冷煖細滑等觸，名為觸界。

⑥意所知一切諸法，名為法界。

(3)六識界：

①識依眼根而能見色，名眼識界。
②識依耳根能聞諸聲，名耳識界。
③識依鼻根能嗅諸香，名鼻識界。
④識依舌根能嘗諸味，名舌識界。
⑤識依身根能覺諸觸，名身識界。
⑥識依意根而能分別一切法相，名意識界。

「十八界（六根、六塵、六識）」都是因緣和合、生住異滅，因緣而生、因緣而滅，都是無常、苦、空、無我，非真實的法。

「十八界」的修行方法，都離不開「入流亡所」這個原則，這是初階的基本功。

當這二十五位羅漢和菩薩，自述實地修持實驗的方法之後，釋迦牟尼佛請文殊師利菩薩做評審解說。

《大佛頂首楞嚴經》卷六：「於是如來告文殊師利法王子。汝今觀此二十五無學諸大菩薩及阿羅漢。各說最初成道方便。皆言修習真實圓通。彼等修行實無優劣前後差別。我今欲令阿難開悟。二十五行誰當其根。兼我滅後此界眾生。入菩薩乘求無上道。何方便門得易成就。」

經文的意思是說：

這時候，釋迦牟尼佛告訴文殊師利菩薩說：「你現在看上面二十五位達到無學果位的阿羅漢們，以及諸大菩薩們的自述，各自說出他們個人最初成道修持的方法，達到真心實相的圓通法門。他們的修行方法，實在沒有什麼好壞優劣可評論，也沒有前後差別可分。但是我現在要使阿難開悟證得自性，在這二十五位的修行方法中，那個才與他的根器相宜？而且從我滅度以後，這個世界上的眾生，若要進修大乘菩薩道，勤求無上正道，應該依那種方便法門，才能使他們容易成就？」

文殊師利菩薩就遵照釋迦牟尼佛的指示，起立說偈，作為結論說：

《大佛頂首楞嚴經》卷六：

「現在諸菩薩，今各入圓明，未來修學人，當依如是法，我亦從中證，非唯觀世音，誠如佛世尊，詢我諸方便，以救諸末劫，求出世間人，成就涅槃心，觀世音為最。」

經文的意思是說：

現在的一切菩薩，也正在修這一法門，已經各自入於圓滿光明的境界，未來一般修學佛法的人，也應當依這個法門而修。我也是從這個法門中證得佛道，不只是觀世音菩薩一人而已。誠如佛所詢問我修行方便的法門，為了救度末劫時期，想要出離世間苦海的人，使他成就證得寂靜真心的，只有修觀世音菩薩所開示的觀察世間音聲的法門，才是最好的修法。

所以，「觀自在菩薩（觀世音菩薩）」的「耳根圓通法門」，是被文殊師利菩薩評比之後，認證是最適合末法眾生修行的心法。

但是，我個人認為有二種方法，也很適合我們末法眾生來修行。一種是「眼根專注的法門」，另一種是「鼻根調伏氣息的法門」。

先來談「眼根專注的法門」，就是用眼根（眼睛）來「入流亡所」的修行方法。

三、明朝蒼雪禪師的修行法門

明朝末年有位蒼雪禪師，是一位非常有名的高僧。他的詩好、文好、修行更好。他有一首詩偈，實際上是開示學習靜坐調心的方法：

南台靜坐一爐香，
終日凝然萬慮亡，
不是息心除妄想，
只緣無事可思量。

詩偈解釋：

「南台靜坐一爐香」：蒼雪禪師每次在南嶽衡山的南台禪院內禪坐的時候，會點一炷香插在香爐內。

「終日凝然萬慮亡」：凝然：集中的樣子，制心一處，專注而不散亂。蒼雪禪師整天專心看著這一炷香，凝神在燃燒著紅點的香頭上，制心一處在這個香頭的紅點。逐漸的，所有的念頭都不起，心無所住，萬般的思慮，都自然消失沒有了。

「終日凝然萬慮亡」是佛經裡的修行心法，《圓覺經》云：「善男子，但諸菩薩及末世眾生，居一切時，不起妄念；於諸妄心亦不息滅，住妄想境，不加了知，於無了知，不辨真實。」

「不是息心除妄想」：不是故意有心的去除妄想，是自然的不想，是自然的沒有。有一個心念要去息妄念，這個心念本身其實就是一個妄念。

「只緣無事可思量」：緣：因為、原因。只因為沒有什麼事情可以思想度量。

蒼雪禪師的修行法門，就是屬於「眼根專注的法門」，也就是用眼根（眼睛）來「入流亡所」的修行方法。

接下來，介紹「鼻根調伏氣息的法門」，這是用鼻根（鼻子）來「入流亡所」的修行方法。

四、釋迦牟尼佛傳授「安那般那守意法」給他的獨生子羅雲

查閱佛經的記載，釋迦牟尼佛曾經傳授「鼻根調伏氣息的法門」給他的弟子「周利槃特迦」，也傳授這個法門給他的獨生子「羅雲」。

我們先來聽聽佛弟子「周利槃特迦」的學習心得報告，首先介紹一下他的來歷。

「周利槃特迦」在過去迦葉佛的時侯，是經、律、論三藏都精通的沙門（和尚），有五百個弟子。但是「周利槃特迦」非常吝惜經義，不肯盡心教導，所以得到如此愚鈍的果報。他的哥哥出家在先，因為他太愚鈍，叫他還俗。「周利槃特迦」就拿了一條繩子，到後院樹下去自殺。釋迦牟尼佛用神通力救了他，指著掃帚，叫他專念「掃帚」二字。後來他領悟到釋迦牟尼佛是教他把心地上的塵垢掃除乾淨，由此而悟道。

《大佛頂首楞嚴經》卷五：

「周利槃特迦即從座起。頂禮佛足而白佛言。我闕誦持無多聞性。最初值佛聞法出家。憶持如來一句伽陀。於一百日得前遺後得後遺前。佛愍我愚教我安居調出入息。我時觀息微細窮盡。生住異滅諸行

剎那。其心豁然得大無礙。乃至漏盡成阿羅漢。住佛座下印成無學。佛問圓通如我所證。返息循空斯為第一。」

白話翻譯：

週利槃特迦起立，向釋迦牟尼佛報告修行心得說：「我缺乏誦持多聞記憶的能力。最初遇到佛的時候，聽聞到佛法就出家了。佛教我記憶一句偈語（伽陀）。在一百天以內，記前忘後，記後忘前，始終不能背誦。因此佛又憐憫我的愚鈍，教我安居自修，調攝呼吸出入的氣息。我那時觀察氣息，由微細而到窮盡。最後了解它的生起、存在、變易、消滅，是成、住、壞、空的現象，剎那之間，也不能常存，是無常的現象。因此心境豁然開朗，得到大無礙的境界。再加進修，到達漏盡煩惱的境界，完成阿羅漢的果位。現在佛的座下，印證我已經得無學的果位。佛現在問我們修什麼方法，才能圓滿通達佛的果地。以我所經驗得到的，是從調息到反息。息止心空，依空取證，就是第一妙法。

接下來，我們再來談，釋迦牟尼佛也傳授這個「鼻根調伏氣息的法門」給他的獨生子「羅雲」的過程。

「羅雲」又譯為「羅睺羅、羅怙羅、羅護羅」，是釋迦牟尼佛的獨生子，後來成為佛的十大弟子之一，以「密行第一」著稱。

「羅睺羅」是梵語，意思是「覆障」，「覆」是覆蓋，「障」是障礙。覆蓋什麼呢？覆蓋智慧，智慧就顯現不出來；障礙什麼呢？障礙修道，道業就不容易成就。

「羅睺羅」被稱為「密行第一」，所謂「密行」，是說他都是默默無聲的修行，沒有引起任何人的注意。他隨時隨地都在用功，時時刻刻都不懶惰放逸，都在修禪定，但是沒有人知道他用功。他是專門用功精修，專門持戒苦練，是一個嚴肅於密行持戒的人。

在《增一阿含經》卷第七《安般品第十七》裡，記載著釋迦牟尼佛教他的獨生子「羅雲（羅睺羅）」──「鼻根調伏氣息」的法門：

是時，尊者羅雲復作是念：「今云何修行安般，除去愁憂，無有諸想？」

是時，羅雲即從坐起，便往世尊所。到已，頭面禮足，在一面坐。須臾退坐，白世尊曰：「云何修行安般，除去愁憂，無有諸想，獲大果報，得甘露味？」

世尊告曰：「善哉！善哉！羅雲！汝乃能於如來前而師子吼，問如此義：『云何修行安般，除去愁憂，無有諸想，獲大果報，得甘露味？』汝今，羅雲！諦聽！諦聽！善思念之。吾當為汝具分別說。」

對曰：「如是，世尊！」爾時，尊者羅雲從世尊受教。

世尊告曰：「如是，羅雲！若有比丘樂於閑靜無人之處，便正身正意，結跏趺坐，無他異念，繫意鼻頭，出息長知息長，入息長亦知息長；出息短亦知息短，入息短亦知息短；出息冷亦知息冷，入息冷亦知息冷；出息暖亦知息暖，入息暖亦知息暖。盡觀身體入息、出息，皆悉知之。有時有息亦復知有，又時無息亦復知無。若息從心出亦復知從心出。若息從心入亦復知從心入。如是，羅雲，能修行安般者，則無愁憂惱亂之想，獲大果報，得甘露味。」

爾時，世尊具足與羅雲說微妙法已，羅雲即從坐起，禮佛足，遶三匝而去。往詣安陀園，在一樹下，正身正意，結跏趺坐，無他餘念，繫心鼻頭，出息長亦知息長，入息長亦知息長；出息短亦知息短，入息短亦知息短；出息冷亦知息冷，入息冷亦知息冷；出息暖亦知息暖，入息暖亦知息暖。盡觀身體入息、出息，皆悉知之。有時有息亦復知有，有時無息亦復知無。若息從心出亦復知從心出。若息從心入亦復知從心入。

爾時，羅雲作如是思惟，欲心便得解脫，無復眾惡。有覺、有觀，念持喜安，遊於初禪。有覺、有觀息，內自歡喜，專其一心，無覺、無觀，三昧念喜，遊於二禪。無復喜念，自守覺知身樂，諸賢聖常所求護喜念，遊於三禪。彼苦樂已滅，無復愁憂，無苦無樂，護念清淨，遊於四禪。

彼以此三昧，心清淨無塵穢，身體柔軟，知所從來，憶本所作，自識宿命無數劫事。亦知一生、二生、三生、四生、五生、十生、二十生、三十生、四十生、五十生、百生、千生、萬生、數十萬生，成劫、敗劫，無數成劫、無數敗劫，億載不可計，我曾生彼，名某姓某，食如此食，受如此苦樂，壽命長短，彼終生此，此終生彼。彼以此三昧，心清淨無瑕穢，亦無諸結。亦知眾生所起之心，彼復以天眼清淨無瑕穢，觀眾生類：生者、逝者，善色、惡色，善趣、惡趣，若好、若醜，所行、所造，如實知之。

或有眾生，身行惡、口行惡、意行惡，誹謗賢聖，行邪見，造邪見行，身壞命終，入地獄中。或復眾生，身行善、口行善、意行善，不誹謗賢聖，恒行正見、造正見行，身壞命終，生善處天上。是謂天眼清淨無瑕穢，觀眾生類：生者、逝者，善色、惡色，善趣、惡趣，若好、若醜，所行、所造，如實知之。復更施意，成盡漏心，彼觀此苦，如實知之。復觀苦習，亦知苦盡，亦知苦出要，如實知之。彼以作是觀，欲漏心得解脫，有漏、無明漏心得解脫，已得解脫，便得解脫智：生死已盡，梵行已立，所作已辦，更不復受有，如實知之。是時，尊者羅雲便成阿羅漢。

是時，尊者羅雲已成羅漢，便從坐起，更整衣服，往至世尊所，頭面禮足，在一面住，白世尊曰：「所求已得，諸漏除盡。」

這段經文有二個重點如下：

1. 羅雲問他的父親釋迦牟尼佛，如何修行安般（安那般那守意法）？

羅雲即從坐起，便往世尊所。到已，頭面禮足，在一面坐。須臾退坐，白世尊曰：「云何修行安般，除去愁憂，無有諸想，獲大果報，得甘露味？」

2. 釋迦牟尼佛教導羅雲如何修行安般的方法。

世尊告曰：「如是，羅雲！若有比丘樂於閑靜無人之處，便正身正意，結跏趺坐，無他異念，繫意鼻頭，出息長知息長，入息長亦知息長；出息短亦知息短，入息短亦知息短；出息冷亦知息冷，入息冷亦知息冷；出息暖亦知息暖，入息暖亦知息暖。盡觀身體入息、出息，皆悉知之。有時有息亦復知有，又時無息亦復知無。若息從心出亦復知從心出。若息從心入亦復知從心入。如是，羅雲，能修行安般者，則無愁憂惱亂之想，獲大果報，得甘露味。」

白話翻譯如下：

假如有比丘（和尚），喜歡在安靜無人的地方，端身正心，結跏趺坐。

什麼是「正身」？就是身體坐正，脊椎挺直，端正不歪斜。

什麼是「正意」？就是靜心思惟，心念純正，無邪念。

什麼是「結跏趺（ㄐㄧㄚ ㄈㄨ）坐」？「跏」是雙足交疊而坐，「趺」同「跗」，是腳背、足上的意思。「結跏趺坐」是盤腿端坐的姿勢，是一種佛教禪定坐法，有減少欲念、集中精神的功用。

《大毘婆沙論》解釋說：「問：結加趺坐義何謂耶？答：是相周圓，而安坐義。聲論者曰：以兩足趺（ㄈㄨ，腳背），加致兩髀（ㄅㄧˋ，大腿），如龍盤結，端坐思惟，是故名為結跏趺坐。」

「跏趺坐」有以下的種類：

①「雙跏趺坐」，俗稱「雙盤」。如果坐時先左足（腳掌）安右髀（ㄅㄧˊ，大腿）上，再右足安左髀上，呈右押左，稱為「吉祥坐」。因為釋迦牟尼佛成道時，是以「吉祥坐」修行，因此佛教以「吉祥坐」為最佳的修行方法。

②如果「雙跏趺坐」坐時，先右足安左髀上，再左足安右髀上，呈左押右，稱為「降魔坐」。

③如果只單以左腿置於右腿上，或右腿置於左腿上，則稱為「跏趺坐」，俗稱「單盤」。

④若初學因為身體因素無法「單盤」或「雙盤」，也可以隨意而坐。

釋迦牟尼佛接著說，禪坐修行的心法：

「無他異念，繫意鼻頭。」：

修行禪坐的方法，先「正身」，再「結跏趺坐」之後，「無他異念」，心裡不要有什麼念頭，這就是「正意」。然後「繫意鼻頭」，把意識集中聚焦在鼻頭上。這裡要注意的是，不是看著鼻頭，而是去注意鼻孔呼吸出入的氣息，目的是要使意念和呼吸配合為一，也就是「心息相依」的第一步。

「出息長知息長，入息長亦知息長。」：

你的意念（「正意」）要跟著呼吸，呼氣出去有多長，以及吸氣進來有多長，你自己都要清楚的知道。我們的「思想」要和「呼吸」融合為一，「呼吸」就像是一條繩子，可以拴住「妄念」。因為我們的大腦不能「一心二用」，一次只能想一件事情，所以我們只要注意著「呼吸」這件事情，其他的「妄念」，就無法再被思考想起，如此修行便可以專一。

「出息短亦知息短，入息短亦知息短；」

呼氣出去有多短，以及吸氣進來有多短，你自己也都要清楚的知道。

「出息冷亦知息冷，入息冷亦知息冷。」

呼氣出去覺得是冷的氣息，以及吸氣進來是冷的氣息，你自己要清楚的知道。

「出息暖亦知息暖，入息暖亦知息暖。」

呼氣出去覺得是暖的氣息，以及吸氣進來是暖的氣息，你自己也要清楚的知道。

「盡觀身體入息、出息，皆悉知之。」

「盡」是極端、達到極限的意思，「觀」是察看、審視。要集中全部的心力，去觀察自己身體的呼氣和吸氣，一呼一吸的所有過程，都要一心不亂的仔細觀察。

「有時有息亦復知有，又時無息亦復知無。」

當用功一段時間之後，會感覺到，有時候有呼吸氣息，有時候沒有呼吸氣息，這種狀況，你自己也要清楚的知道。

「若息從心出亦復知從心出。若息從心入亦復知從心入。」

這裡的「心」，不是指「心臟」，而是「心念」。假如，用功到了一個境界，感覺到氣息是從「心念」放射出去，也會感覺到氣息是從「心念」攝入進來，這種狀況，你自己也要清楚的知道。

「如是，羅雲，能修行安般者，則無愁憂惱亂之想，獲大果報，得甘露味。」

就是這個修行方法，羅雲！能修行安般功夫的人，就沒有憂愁、煩惱、心亂這些想法，能夠獲得很大的果報，得到甘露味。「甘露味」的原意是甜美的雨露，佛教中的「甘露」，用來比喻佛法的法味、涅槃等。

在上面這段經文裡，記載著釋迦牟尼佛傳授「鼻根調伏氣息」的法門給他的獨生子「羅雲（羅睺羅）」」，也詳細的描述「羅雲（羅睺羅）」依照這個方法，修成羅漢果位的經過。

五、何謂「安那般那守意法」？

釋迦牟尼佛傳授給「羅雲」的「鼻根調伏氣息」法門，佛經稱為「安那般那念」或「安那般那守意法」。

什麼是「安那般那念」？《雜阿含》（809經）云：「阿難！何等為微細住多修習，隨順開覺，已起、未起惡不善法能令休息，謂安那般那念住。」釋迦摩尼佛說：「安那般那念住，就是「念」專「住」於微細出入息。

「安那般那念」義譯為「入出息念、入出息觀、數息觀、安般守意」，是以觀察呼吸作為修習禪那（禪定）的方法，是集中注意力於「出入息」上的冥想（靜修）方法。

「安那般那」是梵語，「安那」意思是「入息（吸氣）」，而「般那」意思是「出息（呼氣）」，即氣息進入和離開身體。「念」即是念住之念。

「禪定」在中國佛教裡，佔了非常重要的地位。因為修行沒有「定」，根本就不可能成就般若智慧。而「安那般那念」的修法，直接而且具體，一向是最受歡迎的「禪定」方法。

流傳到中國最早的禪經，是在東漢時期，由安士高法師在洛陽所翻譯出來的《安般守意經》，也是中國禪學史上最早提到「坐禪」的經典。自東漢到東晉所流行的禪定修法，都是以《安般守意經》為基礎的念安般法門。

《安般守意經》云：

「聽說安般守意，何等為安？何等般？安名為入息，般名為出息，念息不離是名為安般。」

此經所論，首在透過控制數出入息以達到「守意」的目的。

此經的基本觀念：

①入息：吸氣到呼氣之間的身心狀態。

②出息：呼氣到吸氣之間的身心狀態。

此經的重要觀念：

①守意：以守住呼吸的意念，來排除各種妄想，使內心達到一心不亂。

②六事：「守意」的法門，分別為：數息、相隨、止、觀、還、淨，又稱為「六妙門」。

③數息：重覆的數呼吸，從一到十。

④相隨：隨著呼吸出入，注意力集中在呼吸的運行上。

⑤止：注意力停止在鼻頭不動，使自己不受外物的干擾。

⑥觀：觀察五陰而領悟「非常、苦、空、無我」。

⑦還：棄身七惡、還五陰，以斷除人生的貪與愛。

七惡：殺、盜、淫、妄言、兩舌（搬弄是非）、惡口（罵人）、綺語（花言巧語的言詞）。

淨：即無為（安世高法師把「涅槃」翻譯為「無為」），無欲無想，不受五陰之境。

⑩十六特勝：數息觀中最為殊勝的十六種觀法，對六妙門有詳細解說。

結論：

「安般法」是學習禪定的一種簡易方便法門，這個法門沒有複雜的理論，只要能專心的守住呼吸，漸漸將氣息調順，便可以進入止靜的境界。這個方法適合所有的人，男女老少都可以學。

六、什麼是「走火入魔」？

許多人一聽到「打坐」就會嚇到，都會擔心的問一件事：「會不會走火入魔？」我都會笑著對他們說：「放心！絕對不會！因為你還不夠資格走火入魔。」

其實，任何事情，只要你深入了解它的內容，就不用擔心。比如說：「電」會電死人，但是只要把「絕緣」的防護措施做好，「電」就是一樣好東西；「天然瓦斯」中毒是時常聽到的新聞，但是只要注意通風問題，我們就可以用它來煮飯、做菜、洗熱水澡，讓我們生活便利。

「走火入魔」也是一樣，只要知道在什麼狀況下，會造成「走火入魔」，注意它的原因，就不用害怕了。「走火入魔」是在說兩件事情：「走火」和「入魔」。

「走火」是屬於生理上的問題，是用道家的方法修練時，所產生的問題。道家的修練方法，是要先意守丹田（在肚臍眼下面一寸三分的地方），用意識把心念集中在丹田，那裡就會發燒、發熱，這就稱為「火」。然後用意識來引導這個「火」來打通任、督二脈，轉小周天和大周天。如果方法不對，就會產生氣血逆流，導致體內的微細神經受損，甚至會發生嘔血，或是半身不遂，嚴重時會因此死亡。佛家不修這個法門，所以不會發生「走火」的情況。

那什麼是「入魔」？「入魔」是屬於心理上的問題。靜坐修練時，假如心中有所求，希望佛菩薩來加持，久了就會產生幻境、幻聽、幻視等等，看到佛菩薩來教導他修行的方法和吉凶禍福等，他自己就信以為真。最後，精神就陷入在自己的幻境世界裡，走不出來現實的世界，就變成一般人所謂的「神經病」。佛家的修行，會遇到「入魔」的情況，所以我們要談一下。

要學習「靜坐禪定」之前，一定要看《大佛頂首楞嚴經》，簡稱《楞嚴經》，就不用害怕「入魔」的情況。《楞嚴經》是大乘佛教經典，是屬於「唯心」範圍的作品，也是佛法心理學之一。經文中有提到「靜坐禪定」時，會遇到「五陰十魔」。

「五陰十魔」是說，在五陰（色陰、受陰、想陰、行陰、識陰）的境界裡，每一陰都會發生十種陰魔，所以總共有五十種陰魔。

在《楞嚴經》卷九到卷十，提到由「五陰（色陰、受陰、想陰、行陰、識陰）」所發生的五類各有十種的禪定境界和觀念。所謂的「陰魔」，是由感受「五陰」而產生的心魔。此心魔包括障礙修道的煩惱，也包括各種引起身心病變的現象，佛家稱為「禪病」。

其中，「色、受、想」三陰，是由心識所產生的精神境界，大多是魍魎、妖精、鬼神和諸天天人等「魔」所造成，屬於「妄想」的範圍；「行、識」二陰，是由心識所產生的理論觀念，是各種外道以及緣覺、聲聞二乘等的「邪見、妄執」，是由「思慮考量」所造成，稱作「狂解、中途成狂」。

簡單的敘述「五十種陰魔」如下：

（一）色陰十種：

①身能出礙②拾出蟯蛔③空中聞法④心光見佛⑤空成寶色⑥暗見如晝⑦燒斫不覺⑧佛國無礙⑨遙見遠語⑩形體遷改

（二）受陰十種：

①悲心過分②勇功陵率③枯渴沉憶④慧力過定⑤憂心求害⑥喜悅不止⑦大我慢起⑧隨順輕安⑨撥無因果⑩愛極發欲

（三）想陰十種：

①銳思貪巧②遊蕩思歷③綿脗求合④物化求元⑤懸應求感⑥樂寂求靜⑦愛研宿命⑧貪取神通⑨愛滅求空⑩貪求長壽

（四）行陰十種：

①二無因論②四徧常論③四顛倒論④四有邊論⑤四不死論⑥死後有相論⑦死後無相論⑧死後俱非論⑨七斷滅論⑩五涅槃論

（五）識陰十種：

①因所因執生外道種②能非能執生大慢種③常非常執生倒圓種④知無知執生倒知種⑤生無生執生顛化種⑥歸無歸執生斷滅種⑦貪非貪執生妄延種⑧真非真執生天魔種⑨定性聲聞生纏空種⑩定性辟支不回心者迷正知見

其實《楞嚴經》的內容，用一句禪宗的話就整個包含了，禪宗說：「佛來殺佛，魔來斬魔。」這裡的「殺佛」和「斬魔」，並不是真的去「殺佛」和「斬魔」。

《金剛經》上說：「若以色見我，以音聲求我，是人行邪道，不能見如來，若見諸相非相，即見如來。」所以，在「靜坐禪定」中所看見的「佛」和「魔」，都是假象，都是一種幻覺。

禪宗說：「佛來殺佛，魔來斬魔。」「佛」代表好的境界；魔，代表壞的境界；「斬」就是不理它。看到好的，不貪著；看到壞的，也不煩惱。好的境界不理它，壞的境界也不理它，心不落兩邊，才能離相，達到無相的境界，心就能得自在，不會「走火入魔」。

七、練習禪定靜坐來認識你的「自性光」

看完「觀自在菩薩的修行法門」，有一件重要的事情，要告訴大家，就是關於在「靜坐禪定」中，會見到「自性光」。

我們平常都被自己的「妄想執著」所蒙蔽，所以不能見到自己的「自性」。經過「靜坐禪定」的長時間練習，我們的第七識「末那識」會逐漸的停止作用；也就是說，我們的「妄想執著」會消失不見（暫時性的停止作用）。這時候，我們會逐漸地見到「自性光」。

但是，要注意！此時你只是見到「自性光」，而不是見到「自性」，你只是見到「自性」發出的光芒而已。

這種見到「自性光」的機會，在你一生當中，只有在兩個狀況下，你才能見到。一個是你「靜坐禪定」到「定」的時候；另一個是你臨終死亡的時候。

你臨終的時候，會有機會見到「自性光」，也是因為，那時候你的第七識「末那識」逐漸的停止作用（永遠的停止作用）。

遺憾的是，沒有受過「靜坐禪定」訓練的人，不認識這道「自性光」，所以都會因為恐懼而逃避，「自性光」就消失了。當轉成「中陰身」之後，「業力」接著出現，「中陰身」就被「業力」牽引去六道輪迴投胎。

而受過「靜坐禪定」訓練的人，認識這道「自性光」，只要這個時候懂得用平時「靜坐禪定」的方法，把自己的意念投入這道「自性光」的懷抱，就可以到佛的淨土去了。

八、不要執著在自己的「自性光」

有心要練習「靜坐禪定」的人，要注意一件事情，就是：不要執著在自己的「自性光」裡，只要認識它就夠了。

按照佛教密宗的理論，靜坐的時間久了，就有「空、樂、明」等境界出現，那是禪定的初步境界。「空」是心空就是無念，「樂」是快樂，「明」是光明。

當「靜坐禪定」的功夫久了，定住之後，就會引發出我們的「自性」發出光芒，內在的「自性光」會逐漸顯露。「自性光」明亮透徹，就像一輪明月。這時候，我們會覺得和「自性光」融合在一起，光就是我，我就是光。

「自性光」顯露，「空、樂、明」的境界就會出現，頓時你會覺得內心空淨，心中無比的輕安，整個身體好像不存在了，感覺輕鬆的就像卸下一副重擔一樣。此時你會非常歡喜愉悅，無比的快樂，比那「洞房花燭夜」、「金榜題名時」和「簽中樂透彩」還要快樂百倍，這種快樂不是任何世間快樂能夠比擬。

但是，在這個時候，假如你執著在「空、樂、明」的境界上，那就是起心動念，生起妄想執著，反而會遮蓋住你的「自性」。

所以要注意！靜坐修行的時候，不要執著見光，不要執著見佛，這些都是妄想執著。只有捨棄「空、樂、明」的境界，繼續用功在定力上，你的「自性」才會浮現出來。

用功修道的人，在修習「靜坐禪定」的過程中，自然會遇到「空、樂、明」的境界。只是不可以追求這個境界，只要靜靜的看著它，任其自然發展而不執著，就會更上一層樓，往見「自性」的路上前進。

九、科學家發現腦內的「松果體」可以見到「自性光」

我們上面談到，在修習「靜坐禪定」的過程中，會見到「自性光」。我相信有人會懷疑，甚至不相信：閉著眼睛，不就一片黑暗，怎麼可能見到光？

我們可以從科學的角度，來解釋見到「自性光」的現象。隨著現代科學、醫學不斷進步的研究，科學家在人體上發現二件事情：一件是發現「松果體」，另一件是發現人體會發光。這二件事情就可以解釋，我們閉著眼睛，是可以見到光的。

前面提到，道家有一個門派的修行方法是，意守眉間的「玄關」。據說，透過內丹修煉，人會從「眉間（又稱印堂或天目穴）」看到明亮的亮光。

其實，以現代醫學的角度來看，從眉間的「玄關（天目穴）」向腦內延伸，在大腦中間偏後一點的地方，位於大腦與小腦之間，有個大小如「小松果」的器官，稱為「松果體（pineal gland）」。

「松果體（又叫做松果腺、腦上體或第三隻眼）」，它的形狀像是一顆小松果，略帶些紅的灰白色，大小約一顆松果那麼大（5-8 mm），座落在腦部中央的附近，介於兩個大腦半球之間，被包裹在兩個圓形的丘腦的接合處。它是一個位於腦中的小內分泌腺體，是人體最小的器官。

「松果體」負責製造「褪黑激素」，是由胺基酸所組成的。「褪黑激素」會在眼睛感覺到黑暗時分泌，感覺到光亮時就被抑制分泌，它是一種會對「醒、睡模式」與「晝夜節律功能」產生調節影響的激素。

科學家發現「松果體」與「視網膜」非常類似，「松果體」也具有感光功能。「松果體」不僅有感光受體，而且有完整的感光信號傳遞系統。「松果體」細胞與「眼睛」的感光細胞非常相似，它也有感光的功能。人的肉眼像是照相機的鏡頭，有對焦、採集光線的作用；「松果體」卻是像照相機的底片，有感光成像的作用。

現代西方醫學解剖發現，「松果體」的位置，正好和古代東方道教所描述的「天目穴（第三隻眼）」的位置相吻合。道教把「松果體」稱為「泥丸宮、黃庭、玄關」，是人的「元神（靈魂）」所在之處，是人的生命中樞。人人都有「松果體」，都可以透過靜心冥想、打坐等方式的修煉，激發「松果體」後，不用透過視覺神經的傳導，也可以直接看到肉眼看不見的「自性光」光芒，稱為「天眼通」的神通。

我們的「自性（佛性）」是個「能量場」，能夠見到「自性光」，只是「能量場」經由高度的意識集中後，所產生較高的振動頻率。「自性光」只是一種能量的釋放現象，就像我們看到的太陽光一樣，太陽光是太陽所釋放出來的高振動頻率能量。

另一件科學研究，發現「人體會發光」，這項研究是前蘇聯的技師發現的。在1939年，前蘇聯技師「塞米楊．克里安（Semyon Kirlian）」和他的妻子意外發現了一種技術，叫做「克里安照相術（Kirlian Photography）」。這是一種利用「高電壓」的一種攝影技術，拍攝到人的手指、手掌、頭部、以及全身的週圍，都有一層薄薄的氣體光色所圍繞著，而且在情緒和健康狀況不同時，會呈現不同顏色的光色；而且，用植物做研究，也有相同的發現。這種特殊的相機被稱做「克里安相機」（Kirlian Camera）。

根據現代生物光子學的研究，人體能夠自己發出電子和光子的能量，產生肉眼看不見的光芒。當人體處於電磁場中，這種電光子的發射就會被激發，並且能夠被拍攝下來。

「克里安照相術」能夠將人體發出的電磁場能量放射狀態拍攝下來。方法是透過照相紙跟物體接觸，並利用高電壓，使物體的放電影像，直接感光在照相紙上，這就是「克里安照相術」的原理。

到了二十世紀末，又有一種改良自「克里安相機」的特殊機器，叫做「氣場分析儀」（Aura Spectro-Photo-Meter），它可以更真實的拍攝到人體的「氣場」。它的原理，是根據手掌反射區的能量高低，以接觸性的感應盤讀取資料，再由電腦所模擬出的氣場照片。

「氣場」（Aura Field），或稱「生物電磁場」（Bio-Electro-Magnetic Field），它突破「克里安照相機（Kirlian Camera）」的觀念，主要以採集人身手掌的能量，經過電腦的數據分析比對，轉化為可見光色，把人體的氣場顯現在照相紙上。

從愛因斯坦的著名方程式E=MC2，我們可以得知一個觀念與事實，就是「整個宇宙的萬事萬物，都是由能量構成的」。人體本身就是一個電磁場，也都是能量的組合，而且人體的能量會受大腦意志的控制。

從「氣場分析儀」的研究裡，科學家發現一些特點：

(1)人類的精神和情感狀態，能夠對人體的能量場產生影響。人類的情緒，會改變身體能量氣場的高低。

(2)人體發光的顏色和形狀，會根據人的健康狀況、生理和心理活動等發生變化。

(3)人體某些部位，比它周圍的區域發出的光還要強，而這些明亮的閃光點與中醫針灸圖上標明的741個穴位一致。

(4)身體能量場的變化，會隨著人的情緒不同而改變。當一個人高興的時候，他的能量場會增強；當一個人產生生氣、妒忌、憎恨，這些負面情緒的時候，他的能量場會縮小、缺損。

(5)人體能量場，光的大小，大約是把兩手伸展開，畫一圓圈的範圍。

(6)人的意念，能讓身體的能量進行「遠距離傳輸」，也就是人的意念，可以把身體的能量發射出去，對遠處的人產生影響。

現代科學家發現「人體會發光」，而且人類大腦內的「松果體」有感光功能。所以，我們練習「靜坐禪定」時，閉著眼睛，會看到自己內在的「自性光」，就不是一件迷信，或者不可思議的事情。

另外，我們注意觀察佛教和基督教的一些宗教畫像，會發現在諸佛菩薩和耶穌的畫像裡，在他們頭部的後面，都會有像月亮一樣的圓形光芒。甚至有些畫像，在諸佛菩薩和耶穌的身旁，總是圍繞著一層薄薄的光芒，代表是聖人形象。

其實，在佛經上也經常提到，釋迦牟尼佛說法時，口中放光、頂上放光、胸口放光的現象。

以科學的角度來解釋，當「靜坐禪定」到一個程度的時候，「腦波能量」會集中射進大腦的中心處，也就是「松果體」的所在處時，「松果體」會因為「腦波能量」的刺激，而釋放出無比浩大的潛能，這股潛能會影響到各個空間，所以在佛經中經常提到「白毫相光」的記載，如下：

(1)在《彌勒上生經》中記載：「……彌勒眉間有白毫相光，流出眾光作百寶色……」、「……禮已，諦觀眉間白毫相光，即得超越九十億劫生死之罪。」、「……此人命欲終時，彌勒菩薩放眉間白毫大人相光，與諸天子雨曼陀羅花來迎此人。」

(2)在《地藏王菩薩本願經》中記載：「……爾時世尊從頂門上放百千萬億大毫相光，所謂白毫相光，……大海雲毫光，於頂門上放如是等毫相光已。」

(3)在《華嚴經》中記載：「……爾時世尊，第七會在普光明殿，從兩眉中間，放白毫光，其光普照十方，盡虛空法界，顯示如來，成等正覺。」

(4)在《妙法蓮華經》中記載最多次：

①序品第一：「……爾時，佛放眉間白毫相光，照東方萬八千世界靡不周遍，下至阿鼻地獄，上至阿迦尼吒天（色究竟天）。」

②序品第一：「……爾時，如來放眉間白毫相光，照東方萬八千佛土，靡不周遍，如今所見是諸佛土。」

③序品第一：「……佛放眉間光，現諸希有事，此光照東方萬八千佛土。」

④見寶塔品第十一：「……爾時，佛放白毫一光，即見東方五百萬億那由他恆河沙等國土諸佛。……，白毫相光所照之處，亦復如是。」

⑤妙音菩薩品第二十四：「……爾時，釋迦牟尼佛放大人相肉髻光明，及放眉間白相毫光，遍照東

方百八萬億那由他恆河沙等諸佛世界。……釋迦牟尼佛白毫光明，遍照其國。」

現在科學的研究證明，原來佛經上描述釋迦牟尼佛身上放光這件事情是真的。不但諸佛菩薩和耶穌的身上會放光，我們的身體會也會放光，人人都會放光。

我們修行「靜坐禪定」，只要你定的功夫越好，你身上的光芒就放射的更大更遠。且那些妖魔鬼怪都不敢靠近你，因為你身上的陽氣太旺盛了，他們屬陰，會受不了旺盛陽氣的照射。

第十九單元 看懂《心經》之後

一、釋迦牟尼佛預言二千五百年後的現在是「末法時期」

這本書的書名，叫做《看懂心經》。在這個單元中，是要與大家分享一些重要的心得。就是當你看懂《心經》之後，你應該要有一些心得，並且要付諸行動，來讓你的生活過得更快樂。

我的願望是，不但要讓你的生活過得比以前快樂，還要讓你不怕死亡，讓你了解佛法、喜歡佛法和繼續研究佛法，這是我寫這本書的初衷。雖然我不是什麼大師、法師和老師，但是在我的內心深處，似乎有一股無形的力量，在催促我要寫這本書。

經過了八個月的埋頭寫作生活，我終於把這本《看懂心經》完成了，心裡頓時覺得無比的歡喜和輕鬆，非常感恩我的四位老師——彌勒佛、藥師佛、觀世音菩薩和地藏王菩薩，在冥冥中的加持協助，幫助我這個笨弟子完成這本著作。

釋迦牟尼佛在《楞嚴經》裡，預言二千五百年後的現在，進入了「末法時期」。「末法時期」過後，佛法將徹底消失。釋迦牟尼佛預言說，在「末法時期」的時候，正確的佛法漸失，有十種魔會在人世間進行「邪師說法」，誤導眾生，最後成為「魔的眷屬」，命終之後，必為「魔民」，墮入無間地獄。

《楞嚴經》原文如下：

「末法時代，邪師說法，如恆河沙。阿難當知，是十種魔，於末世時，在我法中，出家修道，或附人體，或自現形，皆言已成正遍知覺。讚嘆淫慾，破佛律儀。先惡魔師，與魔弟子，淫淫相傳，如是邪精，魅其心腑，近則九生，多逾百世，令真修行，總為魔眷。命終之後，必為魔民，失正遍知，墮無間獄。」

雖然，釋迦牟尼佛早已預言，佛法將逐漸消失。但是，在「末法時期」仍然有許多善男子和善女人相信佛法、修行佛法。但願我撰寫的這本《看懂心經》，能夠對有緣閱讀的人，有一點幫助。讀者看懂《心經》之後，我要和大家分享我的心得，如下：

二、人為什麼出生來到這個世界上？

你有沒有想到一個問題：「人出生來到這個世界上，到底是為了什麼？」這個問題，清朝的順治皇帝思考過，他寫了一首詩：

「來時糊塗去時迷，空在人間走這回，
未曾生我誰是我，生我之時我是誰，
長大成人方是我，合眼矇矓又是誰，
不如不來亦不去，來時歡喜去時悲。」

我們活了一輩子，每天過著「忙、盲、茫」的生活，到底是為了什麼？

在現代的工商社會裡，無事不「忙」，難得清閒喘息的機會。而這個「忙」是個「盲」，盲從、盲目、對事情認識不清，不知道在「忙」什麼？「盲」目「忙」完了，會感到「茫」，覺得茫然、茫無頭緒。

人生其實很短，一轉眼從嬰兒、到小孩、到少年、到青年、到中年、到老年，最後，到墳墓。但是，一般人在學生時代，忙著念書考試；進入職場，忙著賺錢升官；結婚生子，忙著養家活口；年紀變老，忙著養身治病；日日夜夜都這樣忙，把生命浪費在忙碌中。最後，老的走不動、躺在病床上，等著死神的降臨。

人生為何這樣忙？很多人找不到正確的答案，只是每天盲目的茫茫然而忙碌。大家都說是為了生活而忙，但是大多數的人，對於人從何處來？為何要生活？將來生命結束了，又到那裡去？對人生的目的模糊不清。

「忙、盲、茫」的生活，是人生最悲慘的寫照。

三、「人生」是什麼？

對大部分人的來說，每天生活在這個複雜的社會裡，面對著看不透的人心，放不下的執著，經歷不完的現實，走不完的坎坷路，遭遇許多的無奈。回憶著昨天，忙碌著今天，計畫著明天，卻不知道會消失在哪一天？

我在這個世界上，努力奮鬥了一生，費盡心思賺了許多錢，有了婚姻、丈夫（妻子）、孩子、房子、車子、股票、基金、骨董、黃金和地位等等。卻在死神降臨的時候，才發現什麼都帶不走，真不甘心。這時候，才會深刻的覺醒體悟到古人說的話：「一日無常到，方知夢裡人，萬般帶不走，唯有業隨身。」

我們每天在網路上、電視上和報紙上，常看到這個世界上天災人禍不斷，幾乎每天都有人會離開這個人世間。大多數的人都會覺得可怕，覺得可憐，但是和自己沒有關係。試想，要是這些新聞事件的罹難者或者往生者，是你的丈夫（妻子）、孩子、父母、好朋友，甚至是你自己時，你會覺得如何？答案是：極度悲傷，而且會怨天尤人，我為什麼會發生這種不幸的事情？

我們執著了一生，卻帶不走我們的擁有，能帶走的，卻是被記錄在我們第八識「阿賴耶識」裡的「業識種子檔案」。然後，繼續下一世的行程，隨著自己的業力去六道輪迴，投胎轉世。

所以，我們為什麼要學習佛法，因為學習佛法，可以明白「人生」是什麼？佛法告訴我們，世間一切的人、事、物，都是「因緣合和」而成，都是「無常」會改變的，都是「因果報應」。

四、用佛法來看人生

我寫這本《看懂心經》的目的，不只是要說明《心經》是什麼？最重要的是，要告訴有緣看這本書的讀者：「釋迦牟尼佛到底在說什麼？」

大多數的人都說「佛經看不懂」，但是卻喜歡佛經，因為認為佛經可以躲災避邪，可以保護自己。很多人喜歡到寺廟裡求神拜佛，一般人到寺廟，拿起三炷香，只想求神佛保佑，保佑什麼呢？保佑身體健康、婚姻幸福、能生貴子、學業進步、家庭和樂、工作順利、升官發財、投資賺錢、一切都平安順利。

其實，大多數的人都誤會釋迦牟尼佛的初衷。釋迦牟尼佛告訴我們，人人都有「自性佛」，佛在心中莫遠求，教導我們要透過修行去除「妄想執著」，滅除三毒「貪、瞋、癡」；教育我們，世間一切的人、事、物，都是「因緣合和」而成，都是「無常」會改變的，都是「因果報應」只有「自性佛」才是永恆不變的真心。

所以，求神拜佛，祈求健康、幸福、順利、平安、發財等等，都是不可能的，因為這些項目都是「因果報應」的關係。釋迦牟尼佛告訴我們，只有你可以作主你的命運，所以在佛經裡有一首偈語：「欲知前世因，今生受者是；欲知未來果，今生作者是。」

因此，求神求佛只是自己的妄想。拜佛的意義，其實是拜「自性佛」，祈求自己的佛性早日顯現，能找到自己的真主人。

五、如何實踐《心經》的內涵？

今天，我們看懂了《心經》的內涵，了解釋迦牟尼佛的教導，那要如何運用到我們的日常生活中呢？

（一）我們要告訴自己，在我們的內心深處，住著一個真正的我，叫做「自性佛」。我們已經不知道六道輪迴多久了？但是，我們的「自性佛」一直和我們同在。

（二）我們的「自性佛」，在還沒有去除「妄想執著」之前，有另外一個名稱，叫做第八識「阿賴耶識」。在這個第八識「阿賴耶識」裡面，儲存著我們累世的所做所為，有善行為（善業）、惡行為（惡業）和不善不惡行為（無記業），統稱為「業力」。

（三）我們這一世的命運，都已經注定，我們都是按照累世「業力」的導引，遭遇到所謂的「好運」和「惡運」，所以不要再求神求佛，來保佑自己一切都平安順利，因為釋迦牟尼佛說：「佛力不敵業力。」

（四）能夠保佑自己一切都平安順利的佛，只有自己的「自性佛」。釋迦牟尼佛說：「世間的一切人事物，都是因緣合和而成，都是因果報應。」所以，只有自己才能夠保佑自己。命運是自己創造的，善有善報，惡有惡報。

（五）那要怎麼做，才能夠保佑自己呢？答案就在《增一阿含經》中：「諸惡莫作，眾善奉行，自淨其意，是諸佛教。」這句佛偈的意思是說：透過持守戒律，廣修善法，淨化心念，而使身口意三業清淨，這是佛法修行的總綱。

所以，這首佛偈，標示出諸佛的教導有三項：

①諸惡莫作②眾善奉行③自淨其意。

為什麼佛法修行的總綱是「諸惡莫作，眾善奉行，自淨其意」這三個項目呢？因為「要調伏自心，需要善法的幫助」。在《華嚴經》裡，有一段經文，是解脫長者對善財童子所說的話。解脫長者說：「是故善男子，應以善法扶助自心，」意思是說：應該以善法來扶助自己的心念。

（六）「諸惡莫作，眾善奉行。」就是修行「十善業」，「業」是所做所為的結果，做好事叫「善

業道、十善根本業道或十白業道」。

「十善」是十種善行，是佛教修行的根本，是佛教對世間善行的總稱。「十善」是由三種「身業」（不殺生、不偷盜、不邪淫）、四種「口業」（不妄語、不惡口、不兩舌、不綺語）及三種「意業」（不貪欲、不嗔恚、不邪見）所組成的「善業」。又稱為「十善道、十善業道、十善根本業道或十白業道」。

簡述如下：

三種「身業」：

①不殺生：不殺害人類以及畜生下至昆蟲等生命。

②不偷盜：不偷竊奪取他人財物。

③不邪淫：不與正式結合之夫妻外，發生性行為。

四種「口業」

④不妄語：不對他人說謊話、空話，說話誠實。

⑤不兩舌：不挑撥離間，不搬弄是非。

⑥不惡口：不說粗惡辱罵他人的話，不說詛咒他人的惡毒言語。

⑦不綺語：不花言巧語。

三種「意業」

⑧不慳貪：不吝嗇佈施（慳），不貪戀他人財富。

⑨不瞋恚：不忿怒怨恨他人。「瞋」是睜大眼睛瞪人，「恚（ㄏㄨㄟˋ）」是恨，怒。

⑩不愚癡：愚癡是無明、不信因果法則、不信佛法。

修行「十善」，是往生諸佛淨土的基本條件。

在《佛說十善業道經》中說：「行十善道，以戒莊嚴故，能生一切佛法義利，滿足大願。忍辱莊嚴故，得佛圓音，具眾相好。精進莊嚴故，能破魔怨，入佛法藏。定莊嚴故，能生念慧慚愧輕安。慧莊嚴故，能斷一切分別妄見。」

又說：「當知此十善業，乃至能令十力、無畏、十八不共、一切佛法，皆得圓滿，是故汝等應勤修學。」

《佛說阿彌陀經》說：「舍利弗。不可以少善根福德因緣，得生彼國。」

《佛說觀彌勒菩薩上生兜率天經》說：「佛告優波離：「佛滅度後，四部弟子、天、龍、鬼神，若有欲生兜率陀天者，當作是觀繫念思惟，念兜率陀天，持佛禁戒，一日至七日，思念十善行十善道，以此功德迴向願生彌勒前者，當作是觀。」

所以，「行十善道」是去諸佛淨土的共同修行功課。

（七）「善調伏自心，自淨其意。」「自淨其意」是佛法修行的核心，何謂「自淨其意」呢？就是「心念要達到清淨的境界」。

那要怎麼做呢？在彌勒佛口述的《瑜伽師地論》卷第八十一中說：「諸惡者莫作，諸善者奉行，善調伏自心，是諸佛聖教。」所以，彌勒佛解釋說明要「善調伏自心」，才能「自淨其意」。

什麼是「善調伏自心」？就是自己心理的煩惱妄念，能夠完全調伏下來。

那要如何「善調伏自心」呢？要透過「反省」和「內觀」的練習。

「反省」是「反省檢討」，透過除去貪心、瞋心、痴心、慢心等煩惱；「內觀」是「自我觀照」，透過靜坐禪定的修行，讓我們的第七識「末那識」停止作用。

（八）修行不是向外求，而是向自己的內心祈求。從「諸惡莫作」的自律中，使自己不做惡事造惡因；在「眾善奉行」的實踐中，使自己的心念變善良造善因；在「自淨其意」的反省內觀下，放下妄想執著，找回自己本來的清淨自性。

（九）「善調伏自心」的第一個方法是「反省」，「反省檢討」，平時我們可以用「八風」來反省檢討自己的心。「八風」是佛教名詞，指別人煽惑你心境的八件事情：利、衰、毀、譽、稱、譏、苦、樂。

（十）「善調伏自心」的第二個方法是「內觀」，「自我觀照」，平時我們可以用「靜心觀照」的方法，來練習馴服我們的第七識「末那識」，讓我們的「心猿意馬」安定下來。

休息、等待、睡前的時候，我們可以先用十分鐘的時間，靜靜的注視著一個東西；或者閉著眼睛，默默的注視著我們的呼吸。一段時日之後，再把時間拉長到二十分鐘以上。

（十一）修行佛法，要皈依一尊佛菩薩做你的師父。依照你的喜歡感覺，皈依阿彌陀佛，或者彌勒佛。我們往生後，要去阿彌陀佛的西方極樂世界淨土，或者彌勒佛的兜率天內院淨土，以免永遠陷在六道輪迴的苦海中。

（十二）最後，要把《心經》背誦下來，尤其是最後一句取自密教「般若波羅蜜菩薩」的咒語：「揭諦，揭諦，波羅揭諦，波羅僧揭諦，菩提薩婆訶。」要背的很熟，一遇到危險，要能馬上脫口唸出《心經》咒語。

正確的「般若波羅蜜菩薩」咒語（羅馬拼音）的讀音為：

gade gade bara-gade bara-sam-gade boti-swaha

嘎諦嘎諦 巴拉嘎諦 巴拉僧嘎諦 菩提 梭哈

注意：「g」念「ㄍ」音。

（十三）要記住！釋迦牟尼佛的一切教法和訓練，都只有一個目的：往內觀照心性，歇下妄想執著，認識我們的「自性」，除去對死亡的恐懼，讓我們體悟到生命的真相。

六、「八風」吹不動

說一個有關「八風」的故事，看完故事後想想自己，你就可以明白「善調伏自心」的難度。

宋朝的大學士蘇東坡，被貶到江北瓜州做官的時候，和金山寺的高僧佛印禪師是知己，經常談經論道。

有一天，蘇東坡靜坐禪定後靈感來了，做了一首五言詩，洋洋得意自認為很有禪定修持的境界，立刻叫書僮乘船從江北送到江南，呈給金山寺的佛印禪師欣賞。

蘇東坡詩云：「稽首天中天，毫光照大千，八風吹不動，端坐紫金蓮。」

佛印禪師看過後，莞爾一笑，隨即在蘇東坡的詩上寫了兩個斗大的字：

「放屁」，再交給書童帶回。

蘇東坡一見大怒，立即過江要責問佛印禪師。

誰知佛印禪師早已大門深鎖，出遊去了，只在門板上貼了一副對聯，上面寫著：

「八風吹不動，一屁打過江。」

蘇東坡看後深覺慚愧不已，自嘆修行不如佛印禪師。

蘇東坡這首詩的意思如下：「稽首天中天，毫光照大千，八風吹不動，端坐紫金蓮。」

①稽首天中天：「稽首」是頂禮膜拜的意思，「天中天」是指佛，佛是天中之天。

②毫光照大千：「毫光」指佛從眉間所放的光芒，「照大千」是照遍三千大千世界。「毫光照大千」是說釋迦牟尼佛的慈悲光芒，遍照於三千大千世界。一個太陽系裡面，有很多星球，組成一個「小世界」；一千個小世界，組成一個「小千世界」；一千個小千世界，組成一個「中千世界」；一千個中千世界，組成一個「大千世界」。由小、中、大等三種「千世界」所組成的世界，稱為「三千大千世界」。一個「三千大千世界」只是一尊佛所渡化眾生的世界。

③八風吹不動：蘇東坡自認為已經修行到「八風」吹不動的境界。

「八風」是佛教名詞，指別人煽惑你心境的八件事情：利、衰、毀、譽、稱、譏、苦、樂。

在《大智度論》裡說：「利、衰、毀、譽、稱、譏、苦、樂；四順四違，能鼓動物情。」這八件事情是擾亂你心境的總和。

「八風」就好像是八種「境界風」，能夠吹動人的心靈大海。當我們遇到順境的時候，就歡喜快樂；當我們遇到逆境的時候，就苦惱憂愁，都是因為這八種「境界風」在我們的心靈大海興風作亂。

「八風」詳述如下：

1. 稱：各種對你的稱讚、讚美，你會感到滿心的歡喜。

2. 譏：對你冷嘲熱諷，惡意中傷，議論你的長短，會令你感到羞辱，生起三丈無明火。

3. 毀：對你毀謗中傷，使你信用受損。你會忍受不了，生起報復的心。
4. 譽：讚揚你的貢獻，你會引以為傲，而沾沾自喜。
5. 利：給你金錢物質，各項利益好處，令你感到滿足。
6. 衰：當你的事業衰敗，所有的打擊，難免不使我們感到萬分的頹喪。
7. 苦：面對各種煩惱的逼迫，折磨身心，你會深感人生是苦海。
8. 樂：物質上的享受，感情上的滿足，你會認為那是人生快樂的享受。

④端坐紫金蓮：

蘇東坡自認為自己禪定的境界，已經能夠不被外境所動搖，如如不動，好像端坐在紫金蓮花台上一樣。

我們平時可以用「八風」來反省檢討自己的心境：

當我們遇到「利益、名譽、稱讚、喜樂」這四種順境時，我們會得意歡喜嗎？當我們遇到「衰敗、毀謗、譏諷、痛苦」這四種逆境時，我們會喪志暴怒嗎？

七、學習善順菩薩的修行

在《大寶積經》卷95：善順菩薩會第二十七中，有一則故事值得我們學習效法。

從前，在印度舍衛城裡有一個修行菩薩道，名叫「善順」的修行者。他每天只吃少量的食物過活，慾望很少很知足。他時常在城裡以「五戒（不殺生、不偷盜、不邪淫、不妄語、不飲酒）」及「八齋法

（不殺生、不偷盜、不淫慾、不妄語、不飲酒、不坐臥高廣大床、不著香華鬘和不香油塗身和不觀聽歌舞、不非時食〔即過午不食〕。）」來教化人民。

然後又教導人民修習菩薩道的「六波羅蜜（布施、持戒、忍辱、精進、禪定、智慧）」和「四無量心（慈、悲、喜、捨）」。善順篤信釋迦牟尼佛的教悔，每天依照佛法做事。

天上界的帝釋天（忉利天的天主，也是佛法的守護神）以天眼看見善順的作為之後，想試探他是在貪求什麼，於是便下了凡界。

帝釋天把自己變成四個村人，到善順的身邊，然後用種種的惡言詆毀謾罵他，拿刀棍威脅他，拿石頭丟他。但是善順都忍了下來，內心一點也不瞋恨。

帝釋天又把自己變成另外四個村人，來問善順說：「你被罵、被打，為什麼不生氣呢？不想報復呢？何不讓我們為你報仇，我們會為你殺了他們。」

善順回答說：「善男子！你們不要這麼說，殺害人會造惡業。假如有人把我殺了，我也不會有報仇之心。為什麼呢？因為殺人者會有惡報，墮落到地獄道、餓鬼道和畜生道等三惡道，即使可以投胎做人，也會有惡報，生他的父母不愛他，而且被眾人所憎惡。善男子！行善之人會得到善報，行惡之人會有惡報。打人、罵人都是惡行，那些人終究會得到報應的。」

帝釋天接著又想用金銀財寶來試探他，於是又變成一些人，帶了許多金銀財寶到善順家中。這些人說：「這些財寶你拿去隨意花用。」善順回答道：「我之所以貧窮，是前世的報應。如果我現在拿你們的錢財，則來世一樣會陷於貧困之境，所以我不能拿。」

後來，帝釋天親自改變身形，來到善順家中，試探他說：「我明天要接受審判，需要一位證人。我希望你能當我的證人，幫我做偽證，我以這些黃金來答謝你。」

善順回答道：「妄語是不善業，是一切罪惡的根本。偽證的事我不能做，因為這是欺騙自己和上天的行為，會毀掉清淨戒，會有可怕的惡報，我絕對不能答應。」

帝釋天眼見其他方法不行，於是便使出最後的手段，派遣他忉利天宮中的舍支夫人、日光夫人、五髻諸夫人和五百位天女，來到善順的住處。這些忉利天宮中的夫人和天女，化身成美女，全身散發著香氣，圍在善順旁邊說：「讓我們這些美女來陪伴你吧。」但是善順正襟危坐，絲毫不為所動的說：「無論外表如何美麗，都只是一張臭皮囊而已。我對這些一點都沒有愛意，所以妳們趕快離開吧！」

所有的試探都失敗後，帝釋天便親自到善順家中，問道：「你的一生到底是追求什麼呢？」，善順回答：「萬物皆為無常，所以我不貪求人世間的快樂。我只求勤修練佛法，最後見到不生不滅的自性佛，然後普渡眾生，但願眾生同發菩提心，同登彼岸。」

帝釋天聽了之後，恭敬真誠的佩服他。

我們要學習善順菩薩的修行：

①篤信釋迦牟尼佛的教悔，每天依照佛法做事。

②減少慾望，知足常樂。

③持「五戒（不殺生、不偷盜、不邪淫、不妄語、不飲酒）」。

④修習菩薩道的「六波羅蜜（布施、持戒、忍辱、精進、禪定、智慧）」

⑤修習「四無量心（慈、悲、喜、捨）」。

⑥遇到有人用惡言詆毀謾罵自己的時候，就是學習「忍辱波羅蜜」的好機會。首先要忍住自己的無

明火，然後告訴自己，「惡言詆毀謾罵」本是空，內心一點也不要瞋恨。

⑦行善之人會得到善報，行惡之人會有惡報。打人、罵人都是惡行，終究會得到報應。

⑧貧窮是前世的報應，如果現在拿了不義的錢財，來世一樣會陷於貧困之境。

⑨妄語是不善業，是一切罪惡的根本。偽證的事我不能做。

⑩美女無論外表如何美麗，都只是一張臭皮囊而已。

最後，要記得「萬物皆為無常」，所以不要貪求人世間的快樂。只求勤修練佛法，最後見到不生不滅的自性佛」。

八、寒山問拾得

佛教有一本《寒山拾得問對錄》，是很有名的修道書籍，很適合做為我們修道的模範。

「寒山」是唐太宗貞觀時期的僧侶，能作詩，隱居於浙江天台山的寒巖洞（寒山），人稱「寒山」，又稱「寒山子」或「貧子」。

「拾得」是一個棄兒，國清寺豐干禪師外出拾回，故稱「拾得」，後來出家，成為國清寺的和尚，掌管食堂香燈。

寒山與天台國清寺的拾得是至交，兩人常結伴雲遊四方，喜愛吟詩作偈。拾得後來待在廚房做雜務，常把殘食盛放竹筒裡，讓寒山帶回充飢。

據說，寒山和拾得兩人曾入主蘇州普明院，廣興佛法。後來普明院改名為「寒山寺」以紀念之。

《寒山拾得問對錄》原文如下：

「昔日，寒山問拾得曰：

世間謗我、欺我、辱我、笑我、輕我、賤我、惡我、騙我，如何處治乎？

拾得云：只是忍他、讓他、由他、避他、耐他、敬他、不要理他、再待幾年你且看他。

寒山云：還有甚訣可以躲得？

拾得云：我曾看過彌勒菩薩偈，你且聽我念偈曰：

老拙穿衲襖，淡飯腹中飽，補破郝遮寒，萬事隨緣了。有人罵老拙，老拙只說好；有人打老拙，老拙自睡倒；涕唾在面上，隨他自乾了，我也省力氣，他也無煩惱，這樣波羅蜜，便是妙中寶。若知這消息，何愁道不了。」

原文翻譯：

有一天，寒山問拾得說：「如果世間有人無端的誹謗我、欺負我、侮辱我、恥笑我、輕視我、鄙賤我、惡厭我、欺騙我，我要怎麼做才好呢？」

拾得回答道：「你不妨忍著他、謙讓他、任由他、避開他、耐煩他、尊敬他、不要理會他，再過幾年，你且看他怎樣。」

寒山再問道：「除此之外，還有什麼處事秘訣，可以躲避別人惡意的糾纏呢？」

拾得回答說：「我曾經看過一首彌勒菩薩偈語，我念給你聽：

老拙穿破襖，淡飯腹中飽，補破好遮寒，萬事隨緣了；

有人罵老拙，老拙只說好，有人打老拙，老拙自睡倒；

有人唾老拙，隨他自乾了，我也省力氣，他也無煩惱；
這樣波羅蜜，便是妙中寶，若知這消息，何愁道不了？」

「忍辱」是一種修行，稱為「忍辱波羅蜜」。忍耐的時候是痛苦的，但結果卻是美好的。不論是對外在的逆境、內在的煩惱或是外在的災難，都要忍。「忍辱」是一種以退為進的生存智慧，一種明心見性的修行。「忍辱」不是軟弱，不是逃避，而是一種心靈超越的處世哲學。如果能夠體會彌勒菩薩詩偈中的精神，那就是無上的處事秘訣。

一、「般若波羅蜜多心經」這八個字，正確的讀法是「般若・波羅蜜多・心・經」。「般若」是梵語Prajna的音譯，唸成ㄅㄛㄖㄜˇ，意思是「智慧」。「波羅蜜多」是梵語Paramita的音譯，也有譯成「波羅蜜」，是「度」、「到彼岸」的意思。「般若波羅蜜多」的意思是「透過智慧到彼岸」。「心」是梵語Hṛdaya的音譯，原義為心臟，與「意識心」（巴利語：Citta）不同，在此是「心髓」的意思。「經」者路也，意思是「指導學佛者走上覺悟之路，並學習佛陀的言教身教。」

二、「般若（智慧）」一詞最早出現於東漢高僧支婁迦讖所譯的《道行般若經》，《道行般若經》，又名《道行般若波羅蜜經》、《摩訶般若波羅蜜道行經》、《般若道行品經》、《摩訶般若波羅蜜經》，共十卷，後漢支婁迦讖譯，共三十品。收錄於《大正新修大藏經・般若部》。

該經為現存最早譯為漢語的般若類經典。經中主要講述各種般若波羅蜜教法，此外敘述受持不同方法的功德，與《小品般若波羅蜜經》、玄奘譯《大般若經》中第四分內容《八千頌般若經》為同本異譯。

三、佛教從一世紀傳入中國後，二世紀起開始譯經，現今所見的漢譯佛典絕大部分完成於魏晉南北朝（三至六世紀）與隋、唐時期（六世紀至十世紀初），這段時期出現許多偉大的佛經譯師。其中以西域龜茲鳩摩羅什、西北印度的真諦、中國河南的玄奘法師與斯里蘭卡的不空等四位最為著名，在中國他

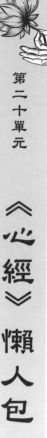

們被稱為「四大翻譯家」，至於其他有姓名記載的佛典翻譯家尚有二百多位。在諸譯師們的努力下，總共譯出佛典2,100餘種，6,000餘卷。

四、《心經》的譯本很多，自姚秦鳩摩羅什翻譯之後，一直到宋朝，可以查考的，一共經過十一次的漢譯工作，前後經過的時間約六百年。而現存於《大正藏》第八冊中僅見七種《心經》漢譯本，其中四種漢譯本已失傳。

五、姚秦天竺三藏鳩摩羅什所翻譯的《摩訶般若波羅蜜大明咒經》（西元402-412年），是《心經》最早的版本。

六、現在我們一般講誦流通最廣的是，由唐朝玄奘法師所翻譯的《般若波羅蜜多心經》（西元649年），共二百六十個字。

七、《心經》裡面，有二位主角，「觀自在菩薩」和「舍利子」。有些翻譯《心經》的作者，以字面上來解釋，這是錯誤的「依文解義」：

①「觀自在菩薩」：觀看自己內在的菩薩。

②「舍利子」：比喻為「自性」。

以上是錯誤的見解，正確的翻譯解釋如下：

①「觀自在菩薩」：就是「觀世音菩薩」。

②「舍利子」：是釋迦牟尼佛的大弟子「舍利弗」，號稱「智慧第一」的大阿羅漢。

八、《心經》不是說給凡夫聽的。

「觀世音菩薩」為三乘開示《心經》：

①為「聲聞」開示「四聖諦」，《心經》中「無苦、集、滅、道」的空性解說，超越「四聖諦」的層面，達到「四聖諦空」的境界。

②為「緣覺」開示「十二因緣」，《心經》中「無無明，亦無無明盡，乃至無老、死，亦無老、死盡」的空性解說，就是說明，當沒有無明、老死的困擾，那就沒有滅卻無明與老死的需要，達到「十二因緣空」的境界。

③為「菩薩」開示憑藉「般若波羅蜜多」，而達無智、無得的菩薩空性境界。《心經》中「無智亦無得。以無所得故，菩提薩埵依般若波羅蜜多故，心無罣礙，無罣礙故，無有恐怖，遠離顛倒夢想，究竟涅槃。」的空性解說，說明「無智、無得」是菩薩的空性境界。

九、認識「聲聞」、「緣覺」和「菩薩」：

①「聲聞」是指聽聞釋迦牟尼佛聲教而證悟出家弟子。

②「緣覺」指獨自悟道的修行者，是由觀察「十二因緣」而覺悟的聖者。

③「菩薩」是印度話「菩提薩埵」的簡稱，「菩提」是「覺悟」的意思；「薩埵」是「有情」的意思，「有情」是指有情愛感覺的動物。「菩薩」的意思就是「覺有情」，意思是說「菩薩」是覺悟的有情眾生，並且也能覺悟一切眾生的痛苦，同情一切眾生的痛苦，進而解救一切眾生的痛苦。菩薩乘是修習六波羅蜜多，而能自覺、覺他的聖者。所以，「菩薩」就是「上求佛道和下化眾生」的大聖人。

十、唸《心經》真的可以驅邪避兇，佛經有記載，忉利天的天主帝釋天曾經念誦《心經》打敗魔王波旬；唐代的玄奘法師西行印度取經，一路上也是靠著誦持《心經》，驅除魑魅魍魎，度過重重的難關，最後完成取經的任務。

在《心經》經文的最後一段，有一句佛教密宗的「咒語」：「揭諦，揭諦，波羅揭諦，波羅僧揭諦，菩提薩婆訶。」這句「咒語」的來源，出自於密宗「胎藏界」裡的「持明院」，「持明院」裡面有一尊「般若波羅蜜菩薩」，是「大日如來」的正法輪身。《心經》咒語，就是「般若波羅蜜菩薩」所傳授下來的。

正確的「般若波羅蜜菩薩」咒語（羅馬拼音）的印度讀音為：

gade gade bara-gade bara-sam-gade boti-swaha

嘎諦嘎諦 巴拉嘎諦 巴拉僧嘎諦 菩提 梭哈

注意：「g」念「ㄍ」音。

十一、感謝大梵天王（四面佛）留住釋迦牟尼佛住世說法，由於「大梵天王」的外形近似佛像，因此多誤稱為「四面佛」。這是錯誤的稱呼，因為「大梵天王」是神（應該說是天人），不是佛。

十二、在《解深密經》中提到，釋迦牟尼佛在人間的「三轉法輪」，意思是：分三階段來演說佛法。《般若波羅蜜多心經》是屬於釋迦牟尼佛在「三轉法輪」中的第二轉「無相法輪」時期，所演說的經典。主要的內容，是為「菩薩」層次的眾生解說，說明世間一切法皆「空無自性」，認知到煩惱、生死是可以斷除的，涅槃是不二的。

十三、南北朝時代南梁的智顗法師在他的著作《法華玄義》裡，提出「五時教」的理論，他把佛教所有經典的內容加以分類、解釋。從釋迦牟尼佛說法的順序，分為華嚴時、鹿苑時、方等時、般若時、法華涅槃時，名為「五時」。《般若心經》是在第四「般若時」，釋迦牟尼佛所宣說的經典。

十四、《心經》的原始出處，是從《大般若波羅蜜多經》、《摩訶般若波羅蜜經》和《佛說陀羅尼集經》裡，所節錄出來的精華版本。

十五、原本在《心經》裡，是觀自在菩薩對佛弟子舍利弗宣說佛法。但是，在六百卷的《大般若波羅蜜多經》裡，與《心經》幾乎完全相同的經文中，不是觀自在菩薩向舍利弗說法，而是釋迦牟尼佛親自向舍利弗說的。

十六、我們推測，某位古代的大師或高人，為了後代眾生容易背誦和流通《大般若波羅蜜多經》的精華，所以奉請觀自在菩薩做為《心經》的主角，以《大般若波羅蜜多經》的精髓，再附加密教的「密咒真言」而完成單行本的迷你《大般若波羅蜜多經》，也就是現在《心經》的版本。

十七、《心經》有「原版」和「簡略版」兩種版本，在正統的佛教稱為「廣本（原版）」和「略本（簡略版）」。「廣本」具有「序分（序言）」、「正宗分（本文）」和「流通分（結論）」三個部分，而「略本」只有「正宗分（本文）」。

十八、在漢文譯本中，《心經》有兩個重要的「略本」，分別由姚秦的鳩摩羅什法師和唐代的玄奘法師所翻譯，另外還有其他五個重要的「廣本」譯本，分別是：

①《普遍智藏般若波羅蜜多心經》（739），唐代．法月重譯
②《般若波羅蜜多心經》（790），唐代．般若共利言合譯
③《般若波羅蜜多心經》（燉煌石室本）．（856），唐代．法成譯
④《般若波羅蜜多心經》（860），唐代．智慧輪譯
⑤《佛說聖佛母般若波羅蜜多經》（980），宋代．施護譯

十九、玄奘法師為什麼要到西方取經？因為當時玄奘法師在博覽佛教各家宗派的論典書籍時，發現

各宗派對佛經的解釋說法不同。這時候，玄奘法師剛好遇到來自印度那爛陀寺的佛教學者波頗蜜多羅，聽他講說《十七地論》後，得到啟示。玄奘法師認為，他必須到印度的那爛陀寺，親自向波頗蜜多羅的師父戒賢大師學習完整的三乘學說《十七地論》，才能夠正確解釋所有佛經的內涵。於是，玄奘法師發願要到西方的天竺（即今天的印度）求法取經，他認為只有將原版的佛經，正確的翻譯出來，才能夠解開眾人對佛經內容的疑問，也才能夠讓正確的佛法，繼續在東土弘揚傳播，利益世人。

二十、玄奘法師和《心經》的因緣，記載在《大唐大慈恩寺三藏法師傳》，裡面有提到：玄奘法師在西行取經之前，在四川遇到一個病人，滿身膿瘡，惡臭不堪，衣服破爛骯髒。玄奘法師憐憫此人，特地向寺中要了些舊衣服和食物給他。病人十分感激，慚愧無以為報，就傳授《般若心經》給玄奘法師，這位病人就是觀世音菩薩。

二十一、玄奘法師臨終時，是發願往生兜率天內院的彌勒菩薩淨土。而我們現在普遍認為人往生了，都希望去阿彌陀佛的西方極樂世界。

二十二、什麼是「淨土」？

所謂「淨土」就是清淨的地方，沒有染污的莊嚴世界；相對的，眾生業報所感應而成的地方，就稱為「穢土」。「淨土」是諸佛為了把「穢土」的苦海眾生，渡出生死輪迴，以自身的願力所成就的佛土。

二十三、去「淨土」做什麼？

知道修佛道的眾生，大多在這一世無法修成佛果，而且往生後，一墮入六道輪迴，就不知道何時才有機會再繼續接觸佛道。因此，諸佛慈悲以願力各自成立國土，接引有願往生的眾生，為眾生提供理想的修道環境，並且親自教導，期望來「淨土」的眾生，能夠精進修持直到成佛。

所以，去「淨土」並不是大乘修持的最終目的，而只是一個「中途站」。假如把諸佛的世界比喻作「大學」，那諸佛的「淨土」，就是為了大學聯考，所設立的「補習班」。

在「淨土」裡的眾生，可以親自接受佛的教導，繼續修行到開悟見性；可以和許多善人一起學習修道；修行到較高的境界時，修持者會乘願再度重返人世間或者六道中，渡化眾生。

二十四、「淨土」有多少個？

在佛經中記載，十方都有三世無量諸佛的「淨土」。而不是只有一個，大家所熟悉的阿彌陀佛西方極樂世界「淨土」。

二十五、在佛經中常見的「淨土」

釋迦牟尼佛在各種大乘經典中，宣說介紹各種佛「淨土」，常見的有：

①阿彌陀佛的西方極樂世界；②阿閦（ㄔㄨˋ）佛的東方妙喜世界；

③藥師佛的東方淨琉璃世界；④彌勒佛的兜率淨土；

⑤《華嚴經》的華藏世界；⑥《法華經》的靈山淨土；

⑦《大乘密嚴經》的密嚴淨土；⑧《維摩詰經》的唯心淨土。

二十六、阿彌陀佛的西方極樂世界是諸佛淨土中，最殊勝的；而兜率淨土的彌勒佛是釋迦牟尼佛指定的繼任者，是我們末法眾生的大皈依處，和我們有密切關係。

假如我們用全世界的大學，來比喻西方極樂世界和兜率淨土，那西方極樂世界就是排行世界第一名的美國哈佛大學，而兜率淨土就是台灣的台灣大學。要上美國哈佛大學太難了，要讀台灣的台灣大學比較有可能。

二十七、你一定有個疑問？那以後我往生後，該去哪一個「淨土」呢？答案是：「眾生往生，隨意所願」。就看你的因緣，你喜歡去哪個「淨土」，你就選擇你喜歡的「淨土」。

彌陀淨土及彌勒淨土是釋迦牟尼佛為不同根機的眾生，所宣說的法門。其實「佛法平等，無有高下」。所以，無論是彌陀淨土，還是彌勒淨土，只要眾生契合該淨土的條件，便是最理想的淨土。

二十八、要去彌勒淨土的條件是「繫念思惟（常常想著）」三件事情：

①念兜率陀天：心中常念彌勒佛，念念不忘兜率陀天淨土。

②持佛禁戒一日至七日：平時要「諸惡莫做，眾善奉行。」

③思念十善，行十善道。

所謂「十善道」就是「身、口、意」三清（三個清淨項目）：

①身清：不殺生、不偷盜、不邪婬；

②意清：不貪欲、不瞋恚、不愚癡；

③口清：不惡口、不綺語、不妄語、不兩舌。

二十九、要去阿彌陀佛的西方極樂世界的三個條件：

①生前要有「善根福德」；

②生前要持續念阿彌陀佛的佛號，有慧根的念「一日」，遲鈍的念「七日」，而且佛號要念到「一心不亂」的境界；臨終時，要有「心不顛倒」的境界。

大多數的人並不知道，請廟裡面的和尚、尼姑，這些師父們，到往生者的靈堂前誦念《佛說阿彌陀經》，是沒有用的，根本不能讓往生者去阿彌陀佛的西方極樂世界。因為，要想去西方極樂世界，需要往生者在臨終前「親自」念阿彌陀佛的佛號，念到「一心不亂」的境界；臨終時，要「心不顛倒」；而且，在生前，還必須要有「善根福德」才可以。

三十、末法眾生去彌勒淨土的七個理由：

①彌勒淨土離我們人間的世界最近，在「欲界」六天中的第四層天「兜率陀天」的「內院」，「外院」是天人的住處。

②阿彌陀佛的西方極樂世界，距離我們非常遙遠，要往西方過十萬億個佛土，也就是「十萬億個三千大千世界」的距離，這已經是我們無法想像的遠距離。

③去彌勒淨土的條件，對末法眾生來講比較容易做的到。

④彌勒淨土的環境比較適合現代末法眾生，末世的眾生不易捨棄「五欲（指財、色、名、食、睡等五種慾望）」，生到兜率陀天仍有欲樂供享受，只是在此的欲念比人間淡薄，所以不妨礙佛道的修習。在「有欲念又不妨礙修行」的淨土中，又能經常見到彌勒佛聽聞佛法，自然能夠逐漸捨棄欲念，最後達到離欲而成佛。

⑤歷代有許多彌勒淨土的信仰者，二千五百年以來，雖然彌勒淨土的信仰者逐漸遞減，但卻無礙於歷代高僧祖師的彌勒信仰。

⑥釋迦牟尼佛授記彌勒菩薩為「未來佛」，指定彌勒菩薩為他的接班人。彌勒菩薩未來將在娑婆世界降生成佛，成為娑婆世界的下一尊佛，所以我們都要皈依彌勒佛。

⑦釋迦牟尼佛介紹彌陀淨土和彌勒淨土給眾生的目的不同，介紹彌陀淨土，是因為彌陀淨土實在太好了；介紹彌勒淨土，是因為釋迦牟尼佛指定彌勒佛是未來佛，彌勒淨土是末法眾生的「大皈依處」。

⑦往生彌陀淨土的眾生，大多是菩薩和阿羅漢，一般凡人是很難去彌陀淨土的；而釋迦牟尼佛交代彌勒菩薩於未來世當為眾生作大歸依處，我們以後都要去彌勒淨土。

三十一、在佛經的宇宙觀中，「三千大千世界」是一尊佛教化眾生的範圍，所以又稱為一個「佛土」或「佛國」。

那麼「三千大千世界」有多大呢？根據佛經的記載描述，一個日、月系統，也就是一個「太陽系」（也有人認為是「銀河系」），叫做一個「小世界」，一千個「小世界」就是「中千世界」，一千個「中千世界」，就稱為「大千世界」；因為包括了小、中、大三種「千世界」，所以一個「大千世界」也叫做「三千大千世界」，而一個「大千世界」就是一尊佛所教化的範圍。

三十二、目前在台灣，佛教界大多是提倡去阿彌陀佛的西方極樂世界。例如：

(1)佛光山：星雲法師（禪宗臨濟）

(2)慈濟：證嚴法師（以《法華經》精神為旨，承續印順長老與太虛大師，直屬釋迦牟尼佛，不屬於任何宗派。）

(3)法鼓山：聖嚴法師（禪宗臨濟與曹洞法脈的傳人）

(4)中台禪寺：惟覺老和尚（傳承虛雲老和尚，綜合禪宗五宗-曹洞、臨濟、雲門、法眼、溈仰。）

(5)淨宗學會：淨空法師（傳承印光大師的淨土宗）

(6)密宗

三十三、為什麼現在往生者大多是要去西方極樂世界呢？

①「彌勒下生思想」被野心政客所利用，所以歷代朝廷大力打擊「彌勒信仰」。

②「蓮宗」弘揚「阿彌陀佛淨土」貶斥「彌勒信仰」。

③「淨土宗」宣揚修行的方法簡便，只要念「阿彌陀佛」即可，人人都能做到。

三十四、釋迦牟尼佛教導眾生修行的「佛法」，但是《般若波羅蜜多心經》完全否認推翻這些「佛法」的存在。許多學佛法的人，對這一點無法理解。初級先說「佛法」好，到了最高層的「佛法」，卻又否定「佛法」的存在。這到底是為什麼呢？

這是因為，真正懂「佛法」的人，最後一定要拋棄「佛法」。這就好像有人生病，醫生開藥方治病，一旦病好了，就不需要藥方了。試想，你沒病，還需要吃藥嗎？眾生有「妄想執著」的病，釋迦牟尼佛開藥方（佛法）治病，病治好了（見性成佛），藥方（佛法）也就不需要了。

《心經》的經文中，「無」出現21次，完全否定「佛法」的存在。懂了這個道理，你才會明白《心經》在說什麼。

三十五、釋迦牟尼佛告訴我們說，在眾生的體內，人人都有一樣東西叫做「自性」。這個「自性」才是真正的你，因為你這一世投胎來做人，是你前世的生命結束之後，轉變成「靈魂（佛經稱為中陰身）」，「靈魂（中陰身）」帶著「自性」，隨著「業力」來投胎的。

在你的六道輪迴旅程中，你已經不知道換過多少「身分」，可能是天人道、阿修羅道、人道、畜生道、餓鬼道或者地獄道。但是，這個「自性」從來沒有改變過。所以，釋迦牟尼佛才會說，這個「自性」，才是真正的你。

三十六、為什麼大家都不知道自己有「自性」呢？因為你的「自性」被你的「妄想執著」所覆蓋。在這個狀況下，「自性」有另外一個名字，叫做「第八識（阿賴耶識）」。

三十七、「智慧（世間智慧）」是指具有思考、分析、判斷、創造的綜合能力，包括感知、知識、記憶、理解、聯想、情感、邏輯、辨別、計算、分析、判斷、文化、包容、決定等多種能力。「智慧」是讓人可以深度的理解人、事、物、社會、宇宙、現狀、過去、將來等，同時擁有思考、分析、探求真理的能力。

三十八、「般若智慧」就是「觀照萬法皆空」的智慧。這裡有兩點要注意的是：

①「般若智慧」不是用想的，也不是學習來的，而是必定要進入「禪定」中，達到「一心不亂」的境界，「般若智慧」才會顯現出來。

②「般若智慧」能觀照「萬法皆空」，這個「空」，不是「什麼都沒有」的意思。而是表示某些東西（自性）的非存在狀況，而非純然虛無的意思。這個「空」，是指世間一切現象，都是因為各種條件的聚合而形成的（稱為「因緣和合」），當條件改變時，現象也跟著改變，本身並沒有一個真正存在的實體。

簡單的說，「空」就是「無常」，是宇宙人生一切現象的真理，是指世間萬物都是「緣聚即生，緣散即滅。」遷流不息，變化無窮，無常存者。

三十九、要了解《心經》的內涵，必須要有「佛法的基礎」，而「佛法的基礎」要建立在二件事情上面：

①要學習「唯識學」

②要研究釋迦牟尼佛悟道後所說的第一句話。

四十、要學習佛法，先要研究了解《瑜伽師地論》，沒有《瑜伽師地論》的概念，就好像是瞎子摸象一樣，永遠看不懂佛經。《瑜伽師地論》，又稱為「唯識學」，說明人人都有八個心識，稱為「八識」，即「眼識、耳識、鼻識、舌識、身識、意識、末那識、阿賴耶識」等。這「八識」是讓我們「造業輪迴」的原因；也是「見性成佛」的鑰匙。

四十一、「瑜伽（ㄩˊㄐㄧㄚ）」一起源於古印度，是古印度六大哲學派別中的一個派系，專門探討「梵我合一（天人合一）」的道理與方法。「瑜伽」（Yoga）這個詞在梵文的意思是「合一、相應」，源自梵文的YUJ，原來的意思是一種稱為「軛」的工具，用來駕馭牛馬。這個詞是原始印歐語系的字根yeug-，意思就是「連結、結合、統一」。簡單來說，「瑜伽」可以直接翻譯為「內在真我的統一」。

四十二、《瑜伽師地論》的意思是「瑜伽師」的「地論」。修練「瑜珈」的人叫做「瑜伽士」，修練「瑜珈」有成就的人，稱為「瑜伽師」。「地論」的「地」是範圍，《瑜伽師地論》分成十七個範圍，專門在論說小乘和大乘的修行方法，以及分析如何修行來證得佛道，總共有一百卷。

四十三、《瑜伽師地論》又稱為「唯識學」，「唯識」的「唯」，是「唯獨」的意思，有「決定」的意義。「唯獨」什麼呢？「心識」，就是指我們平常的心理活動。「唯識學」說：世間的一切，唯獨是這個「心識」所變現的，「心識」是萬事萬物的主宰。「心識」清淨，就置身於清淨的世界；「心識」染汙，就置身於染汙的世界。所以我們要修道「見性成佛」，就要從淨化「心識」下手。而要淨化「心識」，就要先認識這個「心識」。

四十四、「唯識學」是佛法心理學，有了「八識」的概念，你才會明白為什麼修道學佛，一定要「靜坐禪定」才行？

「唯識學」告訴我們一個原理，唯有透過「靜坐禪定」的練習，才能夠讓第七識「末那識」停止作用。一旦第七識「末那識」停止作用，我們的思想活動就停止，「妄想執著」當然就不存在。這時候，你的「如來智慧德相」，也就是「自性佛」，就顯現出來，這就是所謂的「見性成佛」。

四十五、在《指月錄》第一卷裡，記載釋迦牟尼佛成道的過程：

入正「三昧」。至八日明星出時。廓然大悟。成等正覺。乃歎曰。奇哉一切眾生。具有「如來智慧德相」。但以「妄想執著」不能證得。

要學習佛法，一定要思考研究這一段經文。釋迦牟尼佛建立佛教，要傳佛道給眾生，就是起源於這句話。一定要明白什麼是「三昧」？「如來智慧德相」？「妄想執著」？不知道這三個名相（專有名詞），就進不了佛法的世界。

四十六、釋迦牟尼佛在菩提樹下悟道後，所說的第一句話。一定要明白三個名相：「三昧」、「如來智慧德相」和「妄想執著」。

①三昧：梵語的音譯，意譯為「止」、「定」、「禪定」等。亦即將心定於一處（或一境），而進入心不散亂的一種安定狀態。

②如來智慧德相：就是「自性、佛性、實相、本來真面目、真我」。

③妄想執著：「妄想執著」是我們第七識「末那識」的作用，也就是你現在用腦袋所想到的事情。第七識「末那識」的特點是「思慮考量」，功能是理智思維、分別、認知、分析、推理等心智活動。所以，「學問」和「知識」都屬於「妄想執著」。

四十七、學佛法的三把「鑰匙」：

①我們都有「自性（佛性）」，但是都被自己的「妄想執著」所蒙蔽。

②「妄想執著」的產生，來自於我們第七識「末那識」的作用。當我們的第七識「末那識」起心動念、思慮考量，進而分別好、壞，產生「分別心」的時候，就稱為「妄想執著」。

③要去除「妄想執著」，只有一個方法，就是「靜坐禪定」。

四十八、「禪」的意思，「禪」是梵語的音譯，意思是「瞑想」，漢譯作「定、靜慮、思惟修」，又稱為「禪定」。下面是對「禪」的說明：

①「禪定」是「通過一種方式，使心念安定下來的實踐」，這種方式通常是「打坐」。所謂「通過一種方式」就是指「把心念集中在某一處」。「某一處」可以是一句「佛號」，可以是一句「咒語」，可以是「自己的呼吸」，可以是「佛像」等，只要能夠讓自己的心念集中就可以，這是非常重要的一個修行心法。

②「禪定」是一種心、精神的統一作用，把心、精神集中到某一對象去，再凝聚其力量，進入深沉的瞑想境地。

③「禪定」是專心於一件事情，而不分心於別的事情，而且這種專心的狀態，是「自然而然」形成的精神集中，是一種「無意識的集中」。

④「禪定」是一種使心念專一、不散亂的修行。此中不需要一個特定的東西，作為集中的對象，初步的精神集中，是需要一對象來助成，但是最高階的精神集中，是無對象的集中，達到「非思量（無念）」的境界。

⑤「禪定」能開發你內在的潛能，《遺教經》裡說：「制心一處，無事不辦。」

四十九、《金剛經》的重點就在「應無所住，而生其心。」要做到「心無所住」（心不執著）的方法只有一個：透過靜坐禪定，讓第七識「末那識」停止作用。

五十、在佛教裡有一句名言「三界唯心，萬法唯識。」，就是「唯識學」的理論：

①「三界」：就是指眾生所處的境界，可以分為「欲界、色界、無色界」等三種境界。

②「唯心」：就是世界上的一切事物都是由「心識」所變現出來的。

③「唯識」：就是世間諸法，都是「心識」所現，一切法皆不離「心識」。

五十一、玄奘法師在《八識規矩頌》中，提到第八識「阿賴耶識」是「去後來先作主公」，意思是說：入從母胎出生的時候，「阿賴耶識」是最先來的；到了死亡的時候，「阿賴耶識」是最後離開身體的。眾生在生死輪迴中，都是「阿賴耶識」在做主，所以叫做「主人公」，第八識「阿賴耶識」才是「真正的我」。

五十二、「中陰身」是指生命在死亡之後，到下一期生命開始之前的「中間存在狀態」。一般人稱為「靈魂」，第八識「阿賴耶識」就隱藏在「靈魂」裡面（「自性」又隱藏在第八識「阿賴耶識」裡面），跟著一起投胎。

「中陰身」不是「鬼」，所謂「鬼」，是指六道輪迴中的「餓鬼道」眾生。當「中陰身」投胎到「餓鬼道」，才稱為「鬼」。

五十三、當「中陰身」投胎到「人道」，就有了我們這個生命。第八識「阿賴耶識」是在八個「心識」中，首先來報到的。第八識「阿賴耶識」入胎以後，子宮內的「胎兒」慢慢成長，這時候「前五根」和「前五識」逐漸成長。「胎兒」離開母體，就稱為「嬰兒」。「嬰兒」出生後，第六識「意識」慢慢形成，第七識「末那識」跟著產生，我們開始有了「我」這個觀念，就是這個第七識「末那識」的作用。

當我們死亡的時候，「前五根」會先壞死，「前五識」就消失。接著，「第六識（意識）」也消失，「第七識（末那識）」最後消失，「靈魂」就離開肉體，變成「中陰身」。這時候，這一世的你，就只剩下第八識「阿賴耶識」跟著「中陰身」一起隨著「業力」的牽引，繼續六道輪迴。

五十四、第八識「阿賴耶識」就好像一顆「超級無限容量硬碟」，可以容納無數的「業識種子檔案」。當第八識「阿賴耶識」裡儲存有「業識種子檔案」，就是「凡夫俗子」；當第八識「阿賴耶識」裡的「業識種子檔案」被清空歸零，變成一顆沒有「業識種子檔案」的，空白的「超級無限容量硬碟」時，就被稱為「佛」。

五十五、「自性」就是「清淨」第八識「阿賴耶識」之後，轉變成「如來藏」，證得「如來智慧德相」，此時才會產生「般若智慧」。

《心經》裡面說，「般若智慧」能照見「諸法」的「本性」都是「空」，「諸法」都是「因緣和合而成」，無獨立的「自性」、「自體」，所以稱為「空」。這個「空」，不是「空無、沒有」的意思，而是「無常」、「不能永久存在」的意思。

五十六、釋迦牟尼佛所謂的「妄想執著」，就是第八識「阿賴耶識」裡，充滿了「業識種子」，才會產生煩惱，蒙蔽「般若智慧」。「妄想執著」的本質是「空」，所謂「本來無一物，何處惹塵埃。」我們都有「般若智慧」，但是被障礙住了。

五十七、「緣起性空」：宇宙萬物，所有的一切法，都是「緣起」的現象，所以一切法都是沒有「真實不變的本質（稱為「自性」）」，所以「自性」是要被否定的，釋迦牟尼佛把這種現象稱為

「空」（但不是「什麼都沒有」的意思）。「性空」是「自性為空」的意思，表示「自性」的否定，而不是什麼都沒有、都不存在的「空無」的意思。

五十八、記住！你的「自性光」會出現，只有在一種狀況下，就是惠能大師所說的「屏息諸緣，勿生一念」和「不思善不思惡」那個時候，你就可以見到你的「本來真面目」，也就是你的「自性」（嚴格來講，只是見到「自性光」，還沒有真正見到「自性」）。

五十九、我們人的一生當中，只有二次機會，可以見到自己的「自性光」。一次是經由「禪定靜坐」，另外一次是在你「臨終」的時候：

①透過禪定靜坐，當你的第七識「末那識」暫時停止思考作用的時候，你的「自性光」就會顯現；

②你在「臨終」的時候，當你的身體進入死亡的最後一個階段，也就是你的第七識「末那識」消失了，你的「自性光」就會顯現。這個時候，你的「中陰身（靈魂）」尚未出現，假如你能夠把握這個千載難逢的機會，把你的「覺知心」定在你的「自性光」裡，投入你的「自性光」的懷抱，那你就能夠脫離六道輪迴，去到佛的世界裡。

六十、以現代醫學的角度來看，從眉間的「玄關（天目穴）」向腦內延伸，在大腦中間偏後一點的地方，位於大腦與小腦之間，有個大小如「小松果」的器官，稱為「松果體」。

「松果體」細胞與眼睛的感光細胞非常相似，它也有感光的功能。人的肉眼像是照相機的鏡頭，有對焦、採集光線的作用；「松果體」卻是像照相機的底片，有感光成像的作用。

人人都有「松果體」，都可以透過靜心冥想、打坐等方式的修煉，激發「松果體」後，不用透過視覺神經的傳導，也可以直接看到肉眼看不見的「自性光」光芒。

六十一、「妄想執著」的來源，就是我們的「自性」，「自性」是生起一切法的根本。「自性」是人人本有的靈明真心，這個真心能生起一切妙用，能顯現各種形象。

「妄想執著」是我們第七識「末那識」的作用，而第七識「末那識」是我們的「自性」所變化出來的。所以，「妄想執著」是「自性」本體的妙用。「自性」無相，本體沒有具體的形象可見。但是一切有相的東西，都是「自性」的顯現。

六十二、要怎樣修行，才能夠沒有「妄想執著」？答案是「不執著」。但是，我們要怎樣做，才能夠「不執著」呢？必須「應無所住而生其心」。

「應無所住而生其心」就是你的心，應該不執著在任何人、事、物。釋迦牟尼佛說，菩薩布施的時候，應該不執著三樣東西，就是不執著「能夠布施的我」、「受我布施的人」和「我所布施的物品」，佛經稱這三樣東西為「三輪體空」。

「三輪體空」是什麼？「輪」如車輪可以迴轉，比喻因果輪迴的演變；而「體空」是指在這三者中，你的心不可以有「執著布施」的念頭，要做「施空」，「受空」和「施物空」的觀照。

六十三、人的一生都是因為「妄想執著」而過的很苦。釋迦牟尼佛告訴我們說，眾生因為有「妄想執著」，所以會遭遇八種苦，稱為「人生八大苦」，即：生苦、老苦、病苦、死苦、愛別離苦、怨憎會苦、求不得苦和五陰熾盛苦。

六十四、「五陰」就是「五蘊」，簡述如下：

①色蘊：「色」是物質，指肉體。

②受蘊：「受」是心對外境的感受作用。

③想蘊：「想」是心對外境的想像作用。
④行蘊：「行」是行為，想像之後，如何行動去處理。
⑤識蘊：「識」是認識，以「色」身和「受、想、行」的心理作用合一，就產生了「識蘊」。
六十五、由佛教一些經典的記載，我們可以把「死亡的過程」歸納成三個階段：「中陰前期」、「中陰期」和「中陰後期」。
六十六、六根、六塵、十二處、十八界：
①六根：即眼睛、耳朵、鼻子、舌頭、身體、意識等，六種接受感覺的器官。
②六塵：即色、聲、香、味、觸、法等，六種感受到的外界對象。亦即：顏色形體（視覺）、聲音（聽覺）、香臭（嗅覺）、各種味道（味覺）、身體神經的（觸覺）和心的作用生出（意念的想法）。「法塵」是指語言、文字、思想等種種的符號，即能使我們用來記憶、分析、思想的符號都可以叫「法塵」。
③十二處：「六根」加上「六塵」，合稱為「十二處」。為什麼叫「處」？「處」是指所依託的地方，意思是說：經由依託而能產生另外六種東西的地方，這六種東西，就是「六識」。能使眼睛看到物體、耳朵聽到聲音等等而產生認識的作用，屬於受、想、行、識等心理、精神的活動。
④根」產生「六內界」（眼界、耳界、鼻界、舌界、身界、意界）；「六塵」產生「六外界」（色界、聲界、香界、味界、觸界、法界）；而接觸外界事物又會產生想法，所以又有「六識界」（眼識界、耳識界、鼻識界、舌識界、身識界、意識界）。
六十七、「十二因緣」是指人從「無明」（就是愚蠢沒智慧）起因，而開始進行十二個階段的因緣

連結（無明↓行↓識↓名色↓六入↓觸↓受↓愛↓取↓有↓生↓老死），一直到「老死」為止。

此十二個階段，說明「過去、現在、未來」三世三個時段：

①前面三個屬於「過去世」；

②中間七個屬於「現在世」；

③後面二個屬於「未來世」。

六十八、看不懂《般若波羅蜜多心經》的關鍵原因是：一般人沒有佛學基礎。

六十九、總結《心經》的內容，有兩個核心重點：

①「般若智慧」：修行「般若智慧」，才能發現自己的「自性（空性、佛性）」。

②「萬法皆空」：「五蘊」、「六根」、「六塵」、「六識」、「十二因緣」、「四聖諦」、「智慧」、「功德」和「果位」等等，這些都是「妄想執著」。

七十、《般若波羅蜜多心經》其實就是「觀自在（觀世音）菩薩」修行的心得分享，而「般若波羅蜜多」是修行「菩薩道」六種波羅蜜的第六個修行項目。

「觀自在（觀世音）菩薩」的修行法門，就是修行「菩薩道」的「六波羅蜜」。這六種波羅蜜稱為「六度波羅蜜」，分別是「布施、持戒、忍辱、精進、禪定、般若」。「六度」是「六種行之可以從生死苦惱此岸得度到涅槃安樂彼岸的法門」，為成佛必修之科目。修行這「六度」，可以對治人性的慳貪、毀犯、瞋恚、懈怠、散亂及愚痴。

七十一、「六度波羅蜜」又被稱為「福慧雙修」法門，意思是：同時修持「福德」與「智慧」二種法門。

所謂「福德法門」就是「六波羅」中的「布施、持戒、忍辱、精進、禪定」等利益他人的善業；「智慧法門」是指入「般若智慧」的門戶，為自我利益的真理、觀念。

七十二、觀自在菩薩和釋迦牟尼佛都是在修行「禪定」時，才生出「般若智慧」，透過「般若智慧」才能夠發現自己的「自性」，才能夠「照見五蘊皆空。度一切苦厄。」

七十三、《心經》是「觀自在菩薩（觀世音菩薩）」的修行心得報告，所以看完《心經》，就要研究「觀自在菩薩（觀世音菩薩）」的修行方法，而這個修行方法，在《大佛頂首楞嚴經》卷六裡，可以找到。這個「耳根圓通法門」的修行心法，才是我們讀完《心經》之後，所需要的核心重點。

七十四、「耳根圓通法門」的重點：入流亡所。

「入流」的「入」是表示人的各器官與外界接觸的現象，是一個耳朵聽進去，從另一個耳朵出來，意指入進去就流掉，不停在心裡面。此處的「入」則是「耳入」，是外界的波動震著耳膜，使人發生有聲音的感覺現象。「流」的意思是「不住」，就是說不要將「入」留停下來，要讓它一接觸「即流」。「亡所」的「亡」是「亡失、消除」的意思；「所」是所聽到的對象及因聽到而引起的一切對象的簡稱。所以，「亡所」是說在修行中「亡失了聽到的對象及因此對象而產生的一切對象。

簡單的說，「入流亡所」就是：在聞性中，耳入不住，亡失對象。

七十五、「能所」是佛法的「名相（專有名詞）」，「能所」就是「能」與「所」的並稱。某一動作之主體，稱為「能」。其動作之客體（對象），稱為「所」。「能」就是能聽的這個念心，「所」就是所聽外面的境界。

七十六、修定發慧的方法，可以分為四個步驟：

①專心默念「觀世音菩薩」的聖號。
②覺知自己在聽，自己默念的「觀世音菩薩」聖號的聲音，也覺知「觀世音菩薩」聖號的聲音，在被自己所聽，此時只有聲音和自己的和應，沒有任何雜念在心中。
③只有「觀世音菩薩」聖號的聲音，而忘失了自己的存在，把自己融入這個聲音之中。
④「觀世音菩薩」聖號的聲音，與自己融合，而且歷歷分明，別無雜念。

七十七、釋迦牟尼佛說「十八界」都是可以修成佛道的方法。「十八界」分為「六根界、六塵界和六識界」。「十八界」的修行方法，都離不開「入流亡所」這個原則，這是初階的基本功。

七十八、「觀自在菩薩（觀世音菩薩）」的「耳根圓通法門」，是被文殊師利菩薩評比之後，認證是最適合末法眾生修行的心法。

七十九、有二種方法，也很適合我們末法眾生來修行。一種是「眼根專注的法門」，另一種是「鼻根調伏氣息的法門」。

八十、在《增一阿含經》卷第七《安般品第十七》裡，記載著釋迦牟尼佛教他的獨生子「羅雲（羅睺羅）」「鼻根調伏氣息」的法門，稱為「安那般那守意法」。

八十一、什麼是「安那般那念」？即「念」專「住」於微細出入息。

「安那般那念」義譯為「入出息念、入出息觀、數息觀、安般守意」，是以觀察呼吸作為修習禪那的方法。「安那般那念」是集中注意力於「出入息」上的冥想（靜修）方法。

「安那般那」是梵語，「安那」意思是「入息（吸氣）」，而「般那」意思是「出息（呼氣）」，即氣息進入和離開身體。「念」即是念住之念。

八十二、釋迦牟尼佛教導羅雲如何修行安般的方法。

世尊告曰：「如是，羅雲！若有比丘樂於閑靜無人之處，便正身正意，結跏趺坐，無他異念，繫意鼻頭，出息長知息長，入息長亦知息長；出息短亦知息短，入息短亦知息短；出息冷亦知息冷，入息冷亦知息冷；出息暖亦知息暖，入息暖亦知息暖。盡觀身體入息、出息，皆悉知之。有時有息亦復知有，又時無息亦復知無。若息從心出亦復知從心出。若息從心入亦復知從心入。如是，羅雲，能修行安般者，則無愁憂惱亂之想，獲大果報，得甘露味。」

八十三、什麼是「結跏趺（ㄐㄧㄚ ㄈㄨ）坐」？「跏」是雙足交疊而坐，「趺」同「跗」，是腳背、足上的意思。「結跏趺坐」是盤腿端坐的姿勢，是一種佛教禪定坐法，有減少欲念、集中精神的功用。

「跏趺坐」有以下的種類：

①「雙跏趺坐」，俗稱「雙盤」。如果坐時先左足（腳掌）安右髀（ㄅㄧˋ，大腿）上，再右足安左髀上，呈右押左，稱為「吉祥坐」。因為釋迦牟尼佛成道時，是以「吉祥坐」修行，因此佛教以「吉祥坐」為最佳的修行方法。

②如果「雙跏趺坐」坐時，先右足安左髀上，再左足安右髀上，呈左押右，稱為「降魔坐」。

③如果只單以左腿置於右腿上，或右腿置於左腿上，則稱為「跏趺坐」，俗稱「單盤」。

④若初學因為身體因素無法「單盤」或「雙盤」，也可以隨意而坐。

八十四、什麼是「走火入魔」？

①「走火」是屬於生理上的問題，是用道家的方法修練時，所產生的問題。道家的修練方法，是要

先意守丹田（在肚臍眼下面一寸三分的地方），用意識把心念集中在丹田，那裡就會發燒、發熱，這就稱為「火」。然後用意識來引導這個「火」來打通任、督二脈，轉小周天和大周天。如果是方法不對，就會產生氣血逆流，導致微細神經受損，甚至發生嘔血，或是半身不遂，嚴重時會因此死亡。佛家不修這個法門，所以不會發生「走火」的情況。

②「入魔」是屬於心理上的問題。靜坐修練時，假如心中有所求，希望佛菩薩來加持，久了就會產生幻境、幻聽、幻視等等，看到佛菩薩來教導他修行的方法和吉凶禍福等，他自己就信以為真。最後，精神就陷入在自己的幻境世界裡，走不出來現實的世界，就變成一般人所謂的「神經病」。

八十五、要學習「靜坐禪定」之前，一定要看《大佛頂首楞嚴經》，簡稱《楞嚴經》，就不用害怕「入魔」。《楞嚴經》是大乘佛教經典，是屬於「唯心」範圍的作品，也是佛法心理學之一。經文中有提到「靜坐禪定」時，會遇到「五陰十魔」。

「五陰十魔」是說，在五陰（色陰、受陰、想陰、行陰、識陰）的境界裡，每一陰都會發生十種陰魔，總共有五十種陰魔。

在《楞嚴經》卷九到卷十，提到由「五陰（色陰、受陰、想陰、行陰、識陰）」所發生的五類各有十種的禪定境界和觀念。所謂的「陰魔」，是由感受「五陰」而產生的心魔。此心魔包括障礙修道的煩惱，也包括各種引起身心病變的現象，佛家稱為「禪病」。

其中，「色、受、想」三陰，是由心識所產生的精神境界，大多是魍魎、妖精、鬼神和諸天天人等「魔」所造成，屬於「妄想」的範圍；「行、識」二陰，是由心識所產生的理論觀念，是各種外道以及緣覺、聲聞二乘等的「邪見、妄執」，是由「思慮考量」所造成，稱作「狂解、中途成狂」。

八十六、《楞嚴經》的內容，可以用一句禪宗的話做總結，禪宗說：「佛來殺佛，魔來斬魔。」這裡的「殺佛」和「斬魔」，並不是真的去「殺佛」和「斬魔」。

《金剛經》上說：「若以色見我，以音聲求我，是人行邪道，不能見如來，若見諸相非相，即見如來。」所以，在「靜坐禪定」中所看見的「佛」和「魔」，都是假象，都是一種幻覺。

禪宗說：「佛來殺佛，魔來斬魔。」，「佛」代表好的境界；魔，代表壞的境界；「斬」就是不理它。看到好的，不貪著；看到壞的，也不煩惱。好的境界不理它，壞的境界也不理它，心不落兩邊，才能離相，達到無相的境界，心就能得自在，就不怕「走火入魔」。

八十七、有心要練習「靜坐禪定」的人，要注意一件事情，就是：不要執著在自己的「自性光」裡，只要認識它就夠了。靜坐修行的時候，不要執著見光，不要執著見佛，這些都是妄想執著。

八十八、以科學的角度來解釋，當「靜坐禪定」到一個程度的時候，「腦波能量」會集中射進大腦的中心處，也就是「松果體」的所在處時，「松果體」會因為「腦波能量」的刺激，而釋放出無比浩大的潛能，這股潛能會影響到各個空間，所以在佛經中經常提到「白毫相光」的記載。

八十九、釋迦牟尼佛在《楞嚴經》裡，預言二千五百年後的現在，進入了「末法時期」。「末法時期」過後，佛法將徹底消失。釋迦牟尼佛預言說，在「末法時期」的時候，正確的佛法漸失，有十種魔會在人世間進行「邪師說法」，誤導眾生，最後成為「魔的眷屬」，命終之後，必為「魔民」，墮入無間地獄。

九十、要怎麼做，才能夠保佑自己呢？答案就在《增一阿含經》中：「諸惡莫作，眾善奉行，自淨其意，是諸佛教。」這句佛偈的意思是說：透過持守戒律，廣修善法，淨化心念，而使身口意三業清淨，這是佛法修行的總綱。

九十一、「諸惡莫作，眾善奉行。」就是修行「十善業」。

簡述如下：

三種「身業」：

①不殺生：不殺害人類以及畜生下至昆蟲等生命。

②不偷盜：不偷竊奪取他人財物。

③不邪淫：不與正式結合之夫妻外，發生性行為。

四種「口業」

④不妄語：不對他人說謊話、空話，說話誠實。

⑤不兩舌：不挑撥離間，不搬弄是非。

⑥不惡口：不說粗惡辱罵他人的話，不說詛咒他人的惡毒言語。

⑦不綺語：不花言巧語。

三種「意業」

⑧不慳貪：不吝嗇佈施（慳），不貪戀他人財富。

⑨不瞋恚：不忿怒怨恨他人。「瞋」是睜大眼睛瞪人，「恚（ㄏㄨㄟˋ）」是恨、怒。

⑩不愚癡：愚癡是無明、不信因果法則、不信佛法。

修行「十善」，是往生諸佛淨土的基本條件。

九十二、修行佛法，要皈依一尊佛菩薩做你的師父。依照你的喜歡感覺，皈依阿彌陀佛，或者彌勒佛。我們往生後，要去阿彌陀佛的西方極樂世界淨土，或者彌勒佛的兜率天內院淨土，以免永遠陷在六道輪迴的苦海中。

九十三、要記住！釋迦牟尼佛的一切教法和訓練，都只有一個目的：往內觀照心性，歇下妄想執著，認識我們的「自性」，除去對死亡的恐懼，讓我們體悟到生命的真相。

九十四、「八風」是佛教名詞，指別人煽惑你心境的八件事情：利、衰、毀、譽、稱、譏、苦、樂，這八件事情是擾亂你心境的總和。

「八風」就好像是八種「境界風」，能夠吹動人的心靈大海。當我們遇到順境的時候，就歡喜快樂；當我們遇到逆境的時候，就苦惱憂愁，都是因為這八種「境界風」在我們的心靈大海興風作亂。

「八風」詳述如下：

①稱：各種對你的稱讚、讚美，你會感到滿心的歡喜。

②譏：對你冷嘲熱諷，惡意中傷，議論你的長短，會令你感到羞辱，生起三丈無明火。

③毀：對你毀謗中傷，使你信用受損。你會忍受不了，生起報復的心。

④譽：讚揚你的貢獻，你會引以為傲，而沾沾自喜。

⑤利：給你金錢物質，各項利益好處，令你感到滿足。

⑥衰：當你的事業衰敗，所有的打擊，難免不使我們感到萬分的頹喪。

⑦苦：面對各種煩惱的逼迫，折磨身心，你會深感人生是苦海。

⑧樂：物質上的享受，感情上的滿足，你會認為那是人生快樂的享受。

我們平時可以用「八風」來反省檢討自己的心境：當我們遇到「利益、名譽、稱讚、喜樂」這四種順境時，我們會得意歡喜嗎？當我們遇到「衰敗、毀謗、譏諷、痛苦」這四種逆境時，我們會喪志暴怒嗎？

九十五、《寒山拾得問對錄》原文如下：

「昔日，寒山問拾得曰：

世間謗我、欺我、辱我、笑我、輕我、賤我、惡我、騙我、如何處治乎？

拾得云：只是忍他、讓他、由他、避他、耐他、敬他、不要理他、再待幾年你且看他。

寒山云：還有甚訣可以躲得？

拾得云：我曾看過彌勒菩薩偈，你且聽我念偈曰：

老拙穿衲襖，淡飯腹中飽，補破郝遮寒，萬事隨緣了。有人罵老拙，老拙只說好；有人打老拙，老拙自睡倒；涕唾在面上，隨他自乾了，我也省力氣，他也無煩惱，這樣波羅蜜，便是妙中寶。若知這消息，何愁道不了。」

九十六、「忍辱」是一種修行，稱為「忍辱波羅蜜」。忍耐的時候是痛苦的，但結果卻是美好的。不論是對外在的逆境、內在的煩惱或是外在的災難，都要忍。「忍辱」是一種以退為進的生存智慧，一種明心見性的修行。「忍辱」不是軟弱，不是逃避，而是一種心靈超越的處世哲學。如果能夠體會彌勒菩薩詩偈中的精神，那就是無上的處事秘訣。

國家圖書館出版品預行編目資料

看懂心經／呂冬倪著. --初版.--臺中市：白象文化，2019.3
面； 公分.——（Wise；22）
ISBN 978-986-358-776-7（平裝）
1. 般若部
221.45 107022657

Wise（22）

看懂心經

作　　者　呂冬倪
校　　對　呂冬倪
發 行 人　張輝潭
出版發行　白象文化事業有限公司
412台中市大里區科技路1號8樓之2（台中軟體園區）
出版專線：（04）2496-5995　傳真：（04）2496-9901
401台中市東區和平街228巷44號（經銷部）
購書專線：（04）2220-8589　傳真：（04）2220-8505
專案主編　陳逸儒
出版編印　林榮威、陳逸儒、黃麗穎、水邊、陳媁婷、李婕、林金郎
設計創意　張禮南、何佳諠
經紀企劃　張輝潭、徐錦淳、林尉儒、張馨方
經銷推廣　李莉吟、莊博亞、劉育姍、林政泓
行銷宣傳　黃姿虹、沈若瑜
營運管理　曾千熏、羅禎琳
印　　刷　基盛印刷工場
初版一刷　2019年3月
二版一刷　2020年10月
三版一刷　2023年10月
定　　價　400元